Jens Böttcher

DER TAG, AN DEM GOTT NICHT MEHR GOTT HEISSEN WOLLTE

adeo

Dir, der Liebe, die meinen Fluss in glanzvolles,
schimmerndes Licht tauchte,
Dir, der Hüterin meiner Seele,
zärtlich in die Hände gelegt.

iNHALT

PROLOG: EINGEBUNG

Außerhalb menschlicher Zeitrechnung,
unbekanntes Datum, unbekannte Uhrzeit.

· ·

Siddharta Gautama klopfte vorsichtig an die Pforte zu den Gemächern des Allerhöchsten. Wie alle Bewohner des siebten Himmels war er nach seinem irdischen Ableben eine überaus sanfte Engelseele geworden und wollte den Schöpfer allen Seins auf keinen Fall stören, falls dieser gerade zu ruhen geruhte. Seine Sorge war allerdings unbegründet. Der Allmächtige saß hellwach an seinem Schreibtisch und war bester Dinge.

„Herein, mein Lieber, herein!", rief der Schöpfer von allem, was ist, mit heiterer Stimme.

Gautama atmete erleichtert auf und trat ein.

„Guten Morgen."

„Guten Morgen, liebster Buddha", sagte der Ewige. „Wie wundervoll, dich zu sehen."

Gautama lächelte und ließ den großen Papyrusstapel sanft von einer seiner Schwingen auf den mächtigen Schreibtisch sinken.

„Weißt du was?", sagte der Allerhöchste verschmitzt.

„Nein, woher denn, was denn?"

„Ich werde heute etwas sehr Außergewöhnliches tun. Ich werde selbst runtergehen."

„Oh, wirklich?" staunte Gautama. „Das hast du aber schon lange nicht mehr getan."

„Ja, eben", freute sich der Erfinder aller Universen, „aber als ich heute aufwachte, hatte ich eine Eingebung von mir selbst. Wie du weißt, sind das die allerbesten. Ich bin schon ziemlich aufgeregt."

Er lachte leise und freute sich auf die bevorstehende Reise. Gautama freute sich mit. Seit er selbst dem Grund aller Dinge vor vielen tausend Jahren unter einem Feigenbaum in dem indischen Örtchen Uruvela begegnet war, wusste er um die lebensverändernde Kraft einer persönlichen Begegnung mit dem Schöpfer von allem, was man sich vorstellen oder eben auch nicht vorstellen konnte.

„Machst du es wie beim letzten Mal?" Gautamas Stimme war voller Erwartung. „Augen zu und Papyrus ziehen?"

„Oh ja, prächtige Idee", lächelte der Allmächtige.

Er schloss die Augen, zupfte aus dem Stapel eine Schriftrolle heraus und gab sie Gautama zurück. Auf dem Papyrus stand in goldenen Lettern ein kurzer Name.

„Und?", fragte der Höchste neugierig, „wer ist es?"

„Kategorie C, Westeuropa. Verdrängte Schuldgefühle, diffuse Lebensmüdigkeit, Tendenz stark zunehmend. Ein Klavierspieler namens Leon", las Gautama vor.

„Oh, ich liebe Klaviermusik", sagte der Schöpfer aller Künste und streichelte das Papier zärtlich.

Die Schrift begann zu leuchten.

Der Höchste ebenfalls.

Er beschloss, dem traurigen Klavierspieler Leon eine kleine Eingebung zu schicken. Eine von sich selbst, denn das waren mit Abstand die allerbesten.

AHNUNGSLOS, VON HERZEN

Leons Tagebuch. An einem spärlich beleuchteten
Schreibtisch in der kleinen Dachkammer eines Häuschens
am Waldrand. Donnerstag, 4.10., 16.32ʰ

Mein Name ist Leon. Ich spiele Klavier. Ich bin verliebt. Ich habe ein Haustier. An meiner Hauswand wachsen Blumen unbekannter Herkunft. Ich werde mich gleich noch etwas ausführlicher vorstellen.

Viel dringender ist aber dies: Die Geschichte, die hier erzählt sein möchte, ist eigentlich vollkommen unglaublich: Ich bin Gott begegnet. Er hat mich sogar zu Hause besucht. Er kam in Menschengestalt.

Aber er war noch viel mehr.

Er war alles.

Er war Geist.

Er war Charisma.

Und er war allergisch – und hatte deshalb hin und wieder eine ziemlich rote Nase.

Bei einer unserer ersten Begegnungen sagte er, dass er nur meinetwegen überhaupt auf die Erde gekommen sei. Ich fand auch, dass das vollkommen verrückt klingt. Bis ich verstand, dass eigentlich alles, was wir Menschen für wahr halten, entweder verrückt sein könnte oder es tatsächlich ist. Bis ich begriff, dass Gott mich nur stellvertretend für alle anderen reisenden Seelen ausgesucht hatte, dass er uns allen Tag für Tag begegnen kann, sofern wir es wagen, die Sinne unserer Herzen auf Empfang zu stellen.

Das alles erspürte ich aber erst, als er wieder fortgegangen war – als mir klar wurde, dass er in meiner Seele innerhalb kürzester Zeit eine absolut dramatische, bewusstseinsverändernde Weltrevolution ausgelöst hatte, die ohne jedes innere oder äußere Blutvergießen auskam. Eine Revolution war es wirklich, denn bevor ich ihn traf, fand mein Leben in einem dichten Nebel statt, der sich über alles legte, was ich tat. Ich war eigentlich immer traurig, sogar in den seltenen Momenten, in denen ich glücklich zu sein glaubte. Doch seit er mich besuchte, fühle ich mich auf unbeschreibliche Weise befriedet. Zum ersten Mal in meinem Leben bin ich glücklich. Und ich weiß, das wird auch dann noch Bestand haben, wenn ich mal wieder todtraurig sein werde.

Alles in mir hat sich durch seinen Besuch verändert. Alles macht jetzt Sinn. Ich muss mich selbst nicht mehr erklären.

Seit Gott mir begegnet ist, lasse ich mich in das absolut befreiende Gefühl fallen, keine Ahnung vom Leben zu haben und auch nicht mehr haben zu müssen. Natürlich war ich schon immer ein Ahnungsloser. Aber ich musste immer dagegen kämpfen, konnte es nie akzeptieren. Wie wunderbar es sich nun anfühlt, die große Ahnungslosigkeit willkommen zu heißen. Sie gehört sowieso zu meinem Leben wie Durst zu Wasser. Womöglich ist sie sogar das Benzin für die Sehnsucht, die uns alle immer weiter durch unsere Lebenswüsten reisen lässt. Wenn wir es zulassen können, führt sie uns doch zur Oase einer Erkenntnis, die mit dem Intellekt niemals zu erreichen ist.

Unsere Ahnungslosigkeit beackert und bewässert das große Feld des Nichts, dessen demütig machende Garben allein uns doch letztlich befähigen, in die Fülle inneren Friedens zu gelangen. Gelobte Ahnungslosigkeit. Ich glaube, wir sind nicht gemacht, um zu verstehen. Unseren hoch entwickelten Intellekt brauchen wir natürlich trotzdem – zum Weltenretten oder zum Weltenzerstören, zum Krankenhäuserbauen, zum Brötchenholen, zum Termine-nicht-Verpassen und dafür, uns trickreich zu verstecken, uns immer wieder vorzugaukeln, dass wir selbst im Besitz der großen Wahrheit wären – und damit der Kontrolle über unser Leben. Tatsächlich haben wir alle keine Ahnung.

Wir sind gemacht, um zu spüren, uns zu erfühlen – den geheimnisvollen Himmel, uns selbst, die Menschen, die wir lieben. Wir leben, um uns selbst und unsere Welt bewusst zu er*leben*. Wir leben, um das Leben zu erlieben.

Und ja, natürlich, wir sind auch gemacht, um etwas zu wissen, aber Wissen wird nur durch Liebe wertvoll und schön. Wissen ohne Liebe ist wie ein protziges Auto, das nie gefahren wird, wie ein prunkvolles Haus, in dem niemand wohnt.

Nun berge ich mich in der Gewissheit, dass ich mich selbst nur lieben kann, wenn ich mich von etwas Größerem geliebt weiß. Ich spüre unbändige Freude bei dem Gedanken, diese Liebe nun endlich mir selbst schenken zu dürfen – und als direkte Folge davon auch allen anderen Seelen, denen ich auf meiner Reise begegnen werde.

Diese Begegnung mit Gott wird unvorstellbare Konsequenzen haben. Für mich, weil er mir das schönste Geschenk meines Lebens machte. Für ihn, weil er endlich seinen echten Namen zurückbekam. Für uns alle, weil sein Name viel zu schön ist, um nicht wahr zu sein.

Ich werde meine Tagebücher der letzten Wochen öffnen und alle Details der Geschichte preisgeben.

Alles begann damit, dass ich zu später, dunkler Stunde an einem lauen Septemberabend die folgende kleine Geschichte in ein Notizbuch schrieb. Ich wusste nicht, warum oder wie ich auf sie gekommen war. Ich folgte einer Eingebung, die mich angeflogen hatte wie ein leise säuselnder Wind. Ich würde gern sagen, sie hatte mich *aus heiterem Himmel* angeflogen, aber das würde nicht stimmen, denn mein eigener Himmel war in diesem Moment schwer wolkenverhangen. Eigentlich wäre ich an diesem Abend lieber einfach ins Bett gegangen und hätte mir die Decke über den Kopf gezogen, geplagt von meinem merkwürdig schweren Herzen, das mir grundloses Dunkel suggerierte, doch der Impuls, diesen Gedanken zu folgen und sie aufzuschreiben, war stärker: Was, wenn Gott persönlich plötzlich in meinem Wohnzimmer säße? Wenn er irgendwie ganz anders wäre, als man ihn sich normalerweise vorstellt? Wenn er ein Gesicht hätte. Wenn er ein Freund wäre.

WiE iCH EiNES ABENDS MiT GOTT CHAMPAGNER TRANK UND DANACH BEiNAHE DiE TREPPE HERUNTERGEFALLEN WÄRE

Leons Tagebuch, Aufzeichnung vom Samstag, 8.9., 22.35^h

Am Abend eines durchschnittlichen Tages, an dem ich mal wieder viel zu viel nachgedacht hatte, an dem diffuse Hoffnung, Unsicherheit und Müdigkeit mich umschwirrt hatten wie eine Horde depressiver Fliegen, betrat ich angemessen missmutig mein Wohnzimmer und sah dort im Schummerlicht Gott sitzen. Direkt vor dem Kamin – die Füße entspannt auf dem Hocker, eine Davidoff-Zigarre im Mund, eine Flasche Champagner und zwei leere Gläser direkt vor sich auf dem Tisch. Ich traute natürlich meinen Augen kaum, doch, mein Gott, tatsächlich – er war es. Woher ich das wusste? Keine Ahnung. Wahrscheinlich weil sich die Frage nicht stellte und es deshalb auch keinen Zweifel gab.

Gott bedeutete mir freundlich, mich zu ihm zu setzen. Ich zögerte nicht. „Ich habe viel über dich nachgedacht heute", sagte ich vorsichtig.

Er lachte nur und sagte: „Das weiß ich schon."

„Und jetzt?", fragte ich.

„Wir feiern", sagte Gott fröhlich und hob sogleich das Glas.

„Aber was?", fragte ich beinahe tonlos.

Was sollte ich feiern? Dass ich langsam Frieden machte mit all den Kriegen, die hinter und sicher noch vor mir lagen? Ich glaube, was mich im Leben eigentlich tieftraurig stimmte, war die Ahnung, dass es aus dem eigenen inneren Krieg einfach kein Entkommen gab. Mir war also nicht wirklich nach Party.

Gott war davon allerdings ganz unbeeindruckt. „Wir feiern, dass du dem Himmel heute ein ganzes Stück näher gekommen bist", sagte er. Dann nahm er einen tiefen Zug von seiner edlen Zigarre.

„Für mich fühlt es sich eher an, als sei ich heute meilenweit in die falsche Richtung gegangen", sagte ich leise.

„Glaubst du wirklich, dass man in einem Kreis in die falsche Richtung gehen kann?" fragte Gott und kicherte.

Kein Spruch, er kicherte wirklich. Irgendwie nahm mir das die Lust zu diskutieren. Und das fühlte sich gut an. Ein bisschen wie Absolution, wie Amnestie. Allem, was er sagte und nicht sagte, haftete ein lieblicher Duft von Gnade an.

„Entspann dich, Sohn", sagte er.

Dann schenkte er uns ein Glas nach dem anderen ein und wir tranken zwei Flaschen des kostbaren Tropfens und feixten und erzählten die ganze Nacht Geschichten und lachten bisweilen so heftig, dass Gott sich vor Schmerzen den Bauch halten musste.

Ich lachte ebenfalls und spürte immer wieder Tränen auf meinem Gesicht. Die meisten davon waren vom Lachen, ein paar andere waren aber auch dabei. Rührung, Trauer. Erleichterung. Insgesamt fühlte es sich an wie die Tränen der Freiheit eines zu lebenslänglichem Leben Verurteilten.

Erst in den frühen Morgenstunden gingen wir wieder auseinander. Ich holte Gott noch einen Pullover von oben, denn draußen war es kalt geworden und ich wollte nicht, dass er auf dem Heimweg friert. Er zog ihn an, umarmte mich und ging.

Ach ja, und dann wäre ich übrigens noch beinahe die Treppe heruntergefallen. Ich glaube, es war weniger der Alkohol und mehr der Segen des Moments, der mir zu Kopf gestiegen war. Aber sicher kann ich da nicht sein. Und nachdem Gott gegangen war und ich mich etwas sortiert hatte, schaute ich oben aus dem Fenster, ob ich ihm vielleicht noch ein Weilchen nachsehen könnte. Aber – obgleich es eigentlich eine sternenklare Nacht war, ging das nicht. Alles, was ich schemenhaft erkennen konnte, war seine unbeleuchtete, ausgelassen tanzende, schließlich ganz plötzlich und vollkommen in der Finsternis verschwindende Silhouette.

Ich schaute in den Himmel und suchte die Sterne. Sie waren weg. Kaum zu glauben, Gott hatte sie einfach ausgeknipst. Und ich dachte: Stimmt. Man kann ihn natürlich nur dann sehen, wenn Er es will.

Aber sein Lachen, dieses wunderbare, befreiende Lachen, das konnte ich noch sehr lange aus der Entfernung hören. Warum hatte ich ihn eigentlich nicht gebeten zu bleiben? Warum bat ich ihn nie, einfach zu bleiben? Er war mir ja nicht das erste Mal begegnet. Merkwürdig. Aber dieses Lachen, mein Gott, dieses ansteckende Lachen. Irgendwie hallt es immer noch in mir nach. Als wäre es gar nicht wirklich von außen gekommen, sondern von innen, aus einem gedankenlosen Land in mir, das mir wie zu Hause vorkommt und in das ich trotz dieses furchtbaren chronischen Heimwehs viel zu selten reise.

ALLERHÖCHSTE
REISEVORBEREITUNGEN

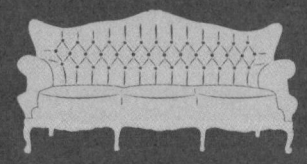

*Himmlisches Tagebuch, außerhalb menschlicher Zeitrechnung,
Datum und Uhrzeit unbekannt.*

· ·

Das mit der Eingebung hat wunderbar funktioniert. Leon hat sie als Inspiration empfangen, sogar aufgeschrieben. Der Same ist gesät.

Hier im siebten Himmel ist derweil die Kunde ausgegangen, dass ich für eine Weile verreisen werde. Erzengel Gabriel hat bereits den größten verfügbaren Engelschor in Stellung gebracht, um meine Abreise mit einem pompösen Abschiedslied zu veredeln. Johanna von Orleans und Petrus haben mir sogar eine beflügelte Depesche zukommen lassen, in der sie mir ihre Hilfe beim Packen meiner Reisetasche anbieten. Die beiden sind ja immer so herrlich gründlich und sorgen sich, dass ich wieder Basics wie Zahnbürste, Reisegeld und Ersatzklamotten vergessen könnte. Das passiert mir nämlich fast jedes Mal. Die beiden wissen das. Sie sind sehr empathisch.

Es ist ja auch schon eine Weile her ist, seit ich zuletzt selbst runtergegangen bin. Normalerweise ist diese Art von Seelenbegleitung Aufgabe der ranghöheren Engel, aber ich bin gewiss, sie werden es mir nicht verübeln. Zumal ich schon ganz aufgeregt bin und allein diese Vorfreude einen zauberhaften Energieschwall durch alle Himmel regnen lässt, dessen dicke, warme Tropfen alle Himmelsbewohner schon jetzt sehr genießen. Ach, eigentlich hätte ich das schon längst mal wieder tun sollen. Die Erfahrung, als Mensch auf der Welt zu sein, hat etwas so einzigartig Rauschhaftes – eine faszinierende Kombination aus der Enge des menschlichen Körpers, der entsprechenden Begrenzung der Seele und all der wilden menschlichen Gedanken in so starkem Kontrast zu den vielfältigen Emotionen, den inneren Fragen, der oft verloren geglaubten, verschütteten, dabei aber doch unantastbaren Verbindung zu mir, meiner geliebten Zauberhaften, zur alles Seiende umhüllenden, wonnegetränkten Sieben-Himmel-Dimension. Kurzum: Es ist zwar sehr herausfordernd, hinabzureisen – aber es ist auch ganz wundervoll.

Die Packliste ist dabei eigentlich das Unwichtigste, aber es ist trotzdem eine entzückende Geste von Johanna und Petrus, mir zur Hand gehen zu wollen. Ich werde ihre Unterstützung aber nicht in Anspruch nehmen. Ich könnte die kleine Plastiktasche, die schon bereitsteht, einfach füllen, indem ich alles, was ich brauche, einfach in sie hineinhauche und manifestiere. Aber ich gewöhne mich lieber schon mal behutsam an die Grenzen des Menschseins. Das Stoffliche kann für den ungeübten freien Geist sehr herausfordernd sein. Letztes Mal hätte ich mir tatsächlich gleich am ersten Abend der Reise eine Zahnbürste kaufen müssen. Aber das Geld hatte ich dann dummerweise auch vergessen.

Auch das ist so ein skandalös überschätztes Ding – dieses bedruckte Papier. Als Tauschmittel natürlich eine wunderbare Idee, aber in der Umsetzung und vor allem in der gerechten Verteilung unter den Menschen noch sehr verbesserungsfähig. Zähne putzen ist für die Menschen eigentlich wichtiger. Wenn die Zähne vergammeln, tut das richtig weh, wenn Geld vergammelt, kann man es ja einfach wegschmeißen und neu drucken, na ja, theoretisch. Es ist – wie alles Schöne – eine Frage der inneren Schau und Bereitschaft. Das Zähneputzen hat merkwürdigerweise nie Gottesstatus erlangt, das Geld schon. Viele Menschen haben es an meine Stelle gesetzt und haben ein Gefühl von Sicherheit, wenn sie es besitzen. Aber es ist trügerisch, es wirkt nur im Außen. Ich bin zum Glück völlig konkurrenzlos, denn ich wirke von innen. Es wird der Tag kommen, an dem einer ihrer berühmtesten Philosophen diesen Satz zu Papier bringen wird: Geld ist tot. Und überhaupt, was sagt das über unsere Schöpfung, das mit der Verehrung für das Geld? Doch nur dies: dass die menschliche Sehnsucht intakt ist und die geniale Idee mit dem freien Willen wunderbar funktioniert hat. Sie ist übrigens von meiner Frau, die Idee. Oh, die Geliebte, die große Liebende, sie ist ein Wunder, zauberhaft jenseits aller Ausdrucksmöglichkeiten ist sie! Die absolute Krönung aller Schöpfung. Mir wird so warm, wenn ich an sie denke. Ich schreibe lieber bei anderer Gelegenheit weiter über sie. Ich muss mich konzentrieren. Menschen tun so etwas.

Soeben kam eine weitere Depesche von Johanna und Petrus. Sie sind jetzt auf dem Weg zu mir. Ach je. Ich möchte nicht, dass sie traurig sind, wenn ich ihnen erkläre, dass ich eigenhändig packe. Besonders Petrus ist manchmal noch etwas empfindlich, wenn das Gefühl der Ablehnung wie ein Spurenelement irdischen Seins in ihm aufflackert. Selbstverständlich weiß der Gute längst, dass hier oben nichts als heilende Freiheit ist, aber seine Seele muss immer noch ein paar Reste menschlichen Kummers abarbeiten.

Das geht vielen dort unten Abgereisten so. Normalerweise kommen sie alle zunächst im ersten Himmel an – bis auf die wenigen, die gleich in den zweiten oder dritten Himmel einziehen, weil sie schon bei ihrem Ableben keine inneren Lasten mehr tragen.

Der erste Himmel ist wundervoll. Ein wahres Wellnessparadies mit vielen herrlichen Engelanwendungen, die den geplagten Seelen beim Loslassen helfen. Petrus war eine ganze Weile dort. Er hatte viel zu lange unter dem Missverständnis gelitten, dass er als Mensch Gründer und Halt einer gigantischen religiösen Bewegung sein sollte, einer allwissenden Kirche gar.

Meine Güte, so eine heftige Last für eine einzelne Seele. Das hätte ihm keiner von uns jemals auferlegt. Menschen schaden sich aus Übermut oder falschem Ehrgeiz oft selbst. Den Engel, den ich ihm damals schickte, hat er leider nicht richtig ernst genommen. Noch eine ganze Weile nach seinem schmerzhaften Ableben hat Petrus sich unten im ersten Himmel Vorwürfe gemacht, nicht selbst drauf gekommen zu sein, dass man auf der Welt völlig Unmögliches von ihm erwartete. Aber, arme Seele, das konnte er ja gar nicht besser, er war ja nur ein Mensch. Ach, dieses Leiden. Dieser Druck, den sie sich auferlegen, der plagende Wunsch nach Perfektion, er befällt fast alle Reisenden. Hier oben finden sie dann schließlich alle Heilung. Ausnahmslos. Die Töpfer-Therapiegruppe der Religionsstifter unten im zweiten Himmel ist dabei glücklicherweise nicht so überlaufen wie die mit den Religionsopfern.

Der liebe Leon ist glücklicherweise weder ein Kandidat für die eine noch für die andere Gruppe. Ich habe vorhin seine Lebensakte überflogen. Er leidet überhaupt nicht unter religiösem Übereifer. Sein Problem ist ein ganz anderes – und vor allem weitverbreitet. Er leidet an sich selbst und an schweren, verborgenen Schuldgefühlen, die ihn seit seiner frühesten Kindheit plagen.

Ich werde ihm ein wundervolles Geschenk machen. Das größte von allen. Wenn alles so klappt, wie ich es mir vorstelle (und das wird es), wird er später die ersten beiden Himmel überspringen können. Es wird eine Riesenfreude sein. Oh, ich bin nervös, das ist alles so aufregend. Menschsein, ich komme! Morgen früh geht's los, aber vorher schlaf ich erst mal noch 1000 Jahre aus. Zum Glück kann ich das mit der Zeit ja ganz frei gestalten.

So, und jetzt packe ich.

Memo: Zahnbürste nicht vergessen.

WER BiN iCH?

Chronisches Heimweh. Das Land, in das ich viel zu selten reise. Mit dieser kleinen Tagebuchgeschichte von einem Champagner trinkenden Gott in meinem Wohnzimmer begann also alles, doch ich hatte wirklich nicht den Schimmer einer Ahnung, was für Ausmaße das Ganze annehmen würde.

Aber ich habe ja versprochen, mich erst noch etwas näher vorzustellen. Gerade jetzt wünschte ich übrigens, dass diese Geschichte einen Erzähler hätte. Ich bin eigentlich nie so der Typ gewesen, der vor anderen viel über sich selbst spricht. Das hat sich auch jetzt nicht geändert. Ich bin auch kein Missionar. Ich will – um Himmels willen – niemanden zu irgendetwas bekehren. Das ist ein geradezu absurder Gedanke, der hier nicht aufkommen darf. Der Gott, den ich traf, legte keinen Wert auf Bekehrungen, eher auf Entkehrungen. Und was mich angeht, ja, ich kritzele jedenfalls viel lieber heimlich in mein Tagebuch, als mich öffentlich aufzuplustern.

Es ist überhaupt so furchtbar schwer zu beschreiben, wer man ist. Wenn man danach gefragt wird, beginnt man meist mit dem, was man tut, nicht mit dem, was man ist. *Hallo, ich bin Amelie, ich bin Backwarenfachverkäuferin. Hallo, ich bin Sophia, ich bin Managerin in einem großen*

Ölkonzern. *Hallo, ich bin Leon, ich bin Musiker.* Dieses „Ich bin" ist ja immer irgendwie falsch, als versuchte man den ganzen Himmel zu beschreiben, indem man von einer einzelnen Wolke erzählt. Wir sind alle so viele und so vieles. Diese folgende Selbstbeschreibung schüttete ich, recht kurz vor Beginn der aktuellen Geschehnisse, in mein Notizbuch. Es ist sonderbar, diese Worte jetzt zu lesen und hier hineinzukopieren. Alles was da steht, ist die Wahrheit. Aber nichts davon stimmt wirklich.

Wer ich bin? Ich bin ein Mensch. Da geht's ja schon los, ebenso gut könnte ich ja auch gleich schreiben, dass ich keine Ahnung habe, wer ich bin. Aber ich versuche es mal: Ich bin nun seit mehr als 40 Jahren auf dieser Welt. 16 493 Tage, um genau zu sein (habe ich gerade mithilfe des Taschenrechners herausbekommen). Ich bin mittelgroß, schlank, meine Haare sind vollzählig und einen Hauch zu lang, ich muss mal wieder zum Friseur.

Vieles in meinem Leben ist gut gegangen, vieles lief aber auch schief. Ich bin heterosexuell, war mal verheiratet, bin aber schon lange geschieden. Ich habe eine erwachsene Tochter, die mir große Sorgen bereitet. Ich hatte nach Scheidung und Rosenkrieg ein paar halbherzige Beziehungsversuche, die allesamt kläglich gescheitert sind. Ich lebe allein in einem kleinen Haus auf dem Land, am Rande der Großstadt, am Rande des Waldes. Ich habe keine schlimmen Krankheiten, außer dass ich viel zu viel nachdenke und dazu neige, gern allein zu sein. Ich rauche Pfeife, seit ich vor etwa fünf Jahren mit den Zigaretten aufgehört habe. Manchmal trinke ich auch gern Bier oder Wein. Schnaps ist nichts für mich, obwohl ich es eigentlich sogar ganz nett finde, zwischendurch mal angeheitert zu sein. Nur der Morgen danach ist immer unerträglich. Die Zeiten, in denen ich meinen Freunden zurief: „Leute, tragt mich zum Auto, ich fahr euch nach Hause" – sie sind lange vorbei.

Mehr als fast alles andere liebe ich Musik und bin seit mehr als zwanzig Jahren damit beschenkt, meinen Lebensunterhalt als Sessionmusiker mit Klavierspielen verdienen zu dürfen. Meistens habe ich irgendwelche Studiojobs, begleite die Stars und Sternchen, die man dann im Radio hören kann, hin und wieder musiziere ich auch in Film- oder Theaterorchestern. Gelegentlich komponiere oder improvisiere ich zu Hause, in meinen Momenten der Ruhe, das ist immer schön.

Außerdem spiele ich in der Band meines Freundes, des Sängers und Songschreibers Rick Siebzehn. Rick heißt natürlich nicht wirklich Siebzehn, sondern Sievers. Als er jedoch vor einiger Zeit beschloss, seine Kunst fortan unter seinem echten Namen zu veröffentlichen, erinnerten ihn die Anwälte seiner Plattenfirma unter Androhung einer Strafe daran, dass er vertraglich zugesichert hatte, seinen Künstlernamen bis zum hinteren Rand der Ewigkeit zu behalten. Rick ist ein besonders tiefer Mensch, ein unberechenbarer einsamer Vagabund und Poet, der dem Tod wohl ebenso oft von der Schippe gesprungen ist wie dem Leben. Wahrscheinlich mag das Publikum seine Songs, weil sie so viele ergreifende Geschichten erzählen. Der Job in dieser Band ist für mich eine Herzenssache. Mit Rick und den anderen Musikern unterwegs zu sein, bereichert mein Leben immer wieder sehr. Wir sind Freunde. Früher war mir gar nicht bewusst, wie kostbar es ist, echte Freunde zu haben. Menschliche Seelen, mit denen man zwischendurch sprechen oder schweigen kann. Das ist immens wichtig, ganz besonders, wenn man allein lebt wie ich. Abgesehen von den Mitgliedern der Band habe ich keine Freunde. Ich bin nicht traurig darüber.

Das mit der alles überstrahlenden Liebe zwischen Mann und Frau habe ich zu den Akten gelegt und unter „unerfüllte Träume" abgeheftet. Ich bin gern allein. Alles ist, wie es ist. Ich verdränge irgendetwas, aber das ist o. k. Meine Eltern, meine Kindheit, meine Ehe.

Meine Tochter Melissa. Ich muss da nicht hingehen. Und ich will auch nicht. Also tue ich weiter so, als sei alles gut. Nein, ich rede es mir sogar ein. Aber auch das ist o. k., darin ist auch das so oft gepriesene positive Denken, wenngleich mir bewusst ist, dass es nur die halbe Wahrheit ist.

Wenn ich an Melissa denke, möchte ich weglaufen. Und das tue ich dann auch immer. Das ist kein positives Denken, das ist blanke Ohnmacht. Wir alle stricken uns die Wahrheit, von der wir glauben, dass sie uns am besten steht – wie ein Hut oder ein Mantel. Vielleicht ist ein großer Teil von mir in Wirklichkeit eine seelische No-go-Area. Vielleicht werde ich eines Tages noch zu einem Ort, an den man reisen darf. Vielleicht auch nicht. Auch das wird wohl o. k. sein.

Was noch? Ich esse gerne Pizza. Und Fisch. Und Gemüse. Ich hatte Phasen in meinem Leben, in denen ich angestrengt nach Sinn suchte, und ich hatte Phasen – wie jetzt –, in denen sich die Frage nach Sinn nicht stellte, weil mir entweder sowieso alles sinnlos erschien oder ich intuitiv Sinn in den Dingen spürte, die mir Freude bereiteten. Gerade jetzt versuche ich mir einzureden, dass mir nicht alles sinnlos erscheint. Aber wo ist die Freude? Hat die auch Urlaub und ist schon mal ohne mich an irgendeinen Strand im Süden gefahren? Ich gehe jetzt ins Bett. Gute Nacht, John Boy. Nacht, Leon.

So weit der Tagebucheintrag von kürzlich. Ein guter Moment, um nun die Geschichte meiner Begegnung mit Gott aus der Quelle fließen zu lassen. Ich beginne mit den allerletzten Aufzeichnungen, die ich niederschrieb, kurz bevor er mir dann zum ersten Mal *tatsächlich* begegnete. Die Champagner-Geschichte zählt nicht. Glaube ich. Die hatte ich mir ja wirklich nur ausgedacht. Irgendwie. Nicht.

HILFT SCHLAFEN GEGEN LEBENSMÜDIGKEIT?

Leons Tagebuch. Dienstag, 11.9.,
im Waldhaus, auf dem Küchenfußboden, 14.25ʰ

Ich habe zum ersten Mal seit gefühlt 100 Jahren drei Wochen frei. Ich hab mir das jetzt mal gegönnt und einfach allen Bescheid gesagt, dass ich im Urlaub bin. Man könnte auch sagen: Ich wage oder übe, „Nein" zu sagen. Das fällt mir normalerweise eher schwer. Als Freiberufler ist das ja immer irgendwie mit der diffusen Angst verbunden, drei kleine Wochen Arbeitspause würden einen gleich aus dem ganzen Zirkus und dem Geldverdienen herauskatapultieren. Da ist immer das Gefühl, sich dieses Risiko nicht erlauben zu dürfen. Das ist aber Unsinn. Meine nächsten Studiojobs sind längst angekündigt, und wenn ich es richtig verstanden habe, werde ich auch schon bald die Tourdaten für den Herbst von Rick bekommen. Ich sollte mir keine Sorgen machen.

Jedenfalls habe ich jetzt drei Wochen Zeit, endlich zu tun, was ich möchte. Eigentlich. Aber jetzt weiß ich grade gar nicht mehr, was das ist. Ich fühle mich seit einer Weile merkwürdig antriebslos. Seit Samstag sitze ich nur rum und denke graue Löcher in die Luft. Eigentlich wollte ich genau das vermeiden. Ich wollte schöne Dinge tun, nette Menschen treffen, Musik hören, Bücher lesen, mal einen Tag oder zwei ans Meer fahren. Stattdessen klebe ich auf meinem Sessel, als hätte mir jemand den Hosenboden dick mit Pattex bestrichen, und denke plötzlich wieder so angestrengt nach.

Eigentlich dachte ich, dieses Symptom sei kuriert. Irrtum. Ist das jetzt Burn-out? Habe ich Depressionen? Lenke ich mich normalerweise mit der vielen Arbeit nur ab, um nicht darüber nachdenken zu müssen, dass ich eigentlich immer noch der Typ bin, der seinen Platz im Leben nie gefunden hat? Dass es mir überhaupt nicht gut geht? Dass ich etwas in meinem Leben verändern müsste? Aber was sollte ich ändern? Und warum sollte es mir eigentlich nicht gut gehen? Ich habe doch alles, was ich brauche. Fragezeichen. Trotzdem ist da etwas. Eine heftige Unruhe. Eine Seelenverspannung, die ausgerechnet spürbar ist, seit ich beschlossen habe, mich zu *ent*spannen. Ach, Blödsinn, sie war auch vorher schon da. Was rede ich denn hier? Ich vermute, einer von uns beiden ist schizo – entweder ich oder ich.

Die meisten Leute, die mich kennen, halten mich allerdings für ausgeglichen. Ich selbst habe das zwischendurch auch geglaubt. Aber warum denke ich dann jetzt grade so intensiv darüber nach, dass mir das Leben als Mensch eigentlich schon immer schwerfiel? Was will ich mir denn sagen? Dass es nicht stimmt und nie stimmte. Nein, ich bin nicht ausgeglichen.

Ich versuche mal den Ulysses-Trick, schreibe den ersten Gedanken auf, der mir jetzt in den Sinn kommt. Ah, da ist er schon. *Ich habe keine Lust mehr.* Bitte? Keine Lust mehr? Auf was? *Auf das Leben.* Was? Aber, Leon, das Leben ist doch schön. Es funkelt, es strahlt, wenn das Licht aus dem richtigen Winkel da1rauffällt, glitzert es sogar wie ein Diamant. *Nein, das ist nicht wahr, hier ist kein Licht. Kein Diamant. Mein Abend ist angebrochen. Vielleicht sollte ich einfach mal früh schlafen gehen. Aber wie lange muss man schlafen, wenn man lebensmüde ist?*

Ich bin ziemlich sicher, wenn wir alle ehrlich zueinander wären, würde sich alles verändern. Natürlich auch für mich. Wenn wir Menschen die Fassaden runterließen, wenn wir uns trauten, uns zu begegnen, uns gegenüberzutreten, ohne dabei länger unsere Rollen spielen zu müssen, wäre die Welt bestimmt nicht so ein mieser Ort. Dann geschähe ganz sicher etwas Großes.

Nur ist der, der das hier gerade schreibt, leider der größte Schwätzer von allen. Ich kann das zwar proklamieren, aber ich kann es selbst nicht umsetzen.

Ich bin der Erste, der wegläuft, wenn es darum geht, die eigene Seele zu zeigen. Ich bin wie einer, der zu einer Demo gegen die Ungerechtigkeiten der Welt aufruft und dann selbst nicht hingeht. Die einzige Möglichkeit, die ich für eine friedliche Begegnung mit mir selbst habe, ist die Musik. Außerhalb der Musik bin ich eigentlich nur ein Schauspieler. Ich spiele mein Leben. Ich spiele mich selbst. Seit meiner Kindheit schon. Ich bin nicht ehrlich. Ich bin nicht echt. Doch niemand hat es je bemerkt.

Aber ich mag nicht mehr. Ich fühle mich wie ein Junge, der einst auf eine Klassenreise ging, vor der er eigentlich schreckliche Angst hatte. Ich fuhr mit, weil ich musste. Ich reiste los und kam nie wieder zurück nach Hause. Nun bin ich immer noch auf dieser Klassenreise. Niemand holt mich ab. Kein Vater, keine Mutter. Niemand ist mein bester Freund. Niemand beschützt mich. Niemand und ich, wir kennen uns wirklich gut. Wir sind Brüder. Doch außer Niemand darf das niemand erfahren. Ich will nach Hause, aber ich weiß, dass ich keins habe.

Das sind so merkwürdige, dunkle Gedanken. Warum schreibe ich das? Ich bin nicht suizidal, absolut nicht. Ich liebe das Leben. Ich lache gern. Aber diese Schwere ist doch da. Sie ist in meinem Kopf. Ist das jetzt eine Midlife-Crisis? Habe ich denn je das Gefühl gehabt, wirklich angekommen zu sein? In meiner Kindheit, in meiner Jugend, in meiner Ehe, in der Zeit danach? Nein, ich hatte das nie. Und falls es doch jemals wenigstens mal ganz kurz so gewesen sein sollte – fühlte ich das dann wirklich oder *dachte* ich nur, dass ich es fühle?

Ich tröste mich mal schnell mit der Tankstellenkalenderweisheit, dass in jedem menschlichen Suchen doch das Potenzial zu Veränderung steckt. Ich lese manchmal sogar diese schönen Selbstfindungsbücher, spirituelle Literatur. Es ist wirklich ermutigend. Aber es ist auch eine Flucht. Schon beim Lesen denke ich oft: Ja, wunderbar, es fühlt sich gut an, das zu lesen, und dann fühlt es sich gut an, trotzdem nichts zu verändern. Immerhin hat man sich ja damit beschäftigt, das darf dann auch reichen. Am Ende bleibe ich doch ein Schauspieler, der irgendwo auf seiner Theaterbühne festgeklebt wurde und da jetzt starr und eingefroren herumsteht. Dabei wollte ich eigentlich immer Veränderung. Stillstand ist furchtbar. Ein stillstehendes Leben ist wie Segeln ohne Wind. Davon bekommt die Seele Skorbut. Verflixt, ich habe längst Skorbut. *Der Stillstand ist da. Jetzt. Ich spüre ihn.*

Ich machte mir die ganze Zeit da? Stillstand im Innen, während sich das äußere Leben bloß durch die Zeit schiebt wie ein sedierter Elefant?

Ich mache mir die ganze Zeit mit meinem „Eigentlich-ist-doch-alles-gut"-Singsang nur etwas vor.

Wer bin ich? Wer schreibt das hier? Was für einen Unterschied macht es eigentlich, ob ich auf der Welt bin oder nicht? Warum mache ich mir solche Gedanken? Wo führt das hin?

Hätte ich bloß keinen Urlaub genommen. Ich fürchte mich vor dem Gedanken, mich als Schauspieler nicht mehr glaubwürdig zu finden. Hoffentlich ist dieser Kelch nicht schon umgekippt.

STERNSCHNUPPENHAGEL

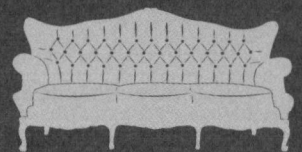

Himmlisches Tagebuch. Außerhalb menschlicher Zeitrechnung, Datum und Uhrzeit unbekannt.

. . . .

Ich habe immer noch nicht gepackt. Johanna und Petrus waren doch etwas enttäuscht über meinen Wunsch, mich allein um meine Reisetasche zu kümmern. Ihr Schmerz war aber recht schnell gelindert, als ich mich wärmstens für ihre liebevolle Absicht bedankt hatte.

Ich bin in Gedanken schon sehr bei Leon. Er hat ein so schönes Herz. Und er spielt wunderschön Klavier. Nur sein Verstand ist längst wie eine Mauer und er glaubt, sich weiter dahinter verstecken zu müssen. Er ist ein Denkmeister. Er fürchtet sich. Hinter seinen dicken selbst gebauten Wänden jedoch wartet in Wirklichkeit kein Ungemach, sondern die zutiefst befriedende Verbindung zu mir, zu unserer Schöpfung, zu den Engeln und den Blumen und allem, was ist. Dort in der Mitte seiner Seele befindet sich sein wunderbarer kindlicher Glaube, der schon so lange darauf harrt, endlich wieder frei zu sein. Oh, wie ich mich darauf freue, ihm zu begegnen. Es wird gar nicht leicht sein, in sein Gedankensystem hineinzuwehen. Er wird vermuten, dass er sich mich nur ausgedacht hat, wahrscheinlich wird er sich anfangs sogar von meiner Gegenwart bedroht fühlen. Das habe ich schon ein paarmal erlebt. Ich werde aber gewappnet sein. Ich schicke ihm schnell noch eine Inspiration: Wenn er jetzt darüber nachdenkt, was er eigentlich glaubt, wird sein Herz schon etwas weicher sein, wenn wir uns begegnen. Schließlich, nach einer kleinen Weile, wird Leon dann auch mir helfen können. Er und ich und viele andere werden beschenkt sein und werden sehen – und es wird gut sein.

Wie wunderbar sie doch sind, unsere Menschen. Wie ausufernd schön uns doch überhaupt dieser blaue Planet gelungen ist, meiner Zauberhaften und mir. Meine Güte, das war aber auch eine herrliche Schöpfungszeit damals. Sie und ich – wir waren natürlich verliebt bis über beide Flügel, es war eine Epoche besonders ausschweifender und heiterer Schaffenskraft. Die Ideenfunken sprühten und spritzen zwischen uns hin und her, es war wie ein entfesselter, orgiastischer, lichtatmender Sternschnuppenhagel. Absolut fantastisch, was unsere Liebe alles zu schaffen vermag, was für eine atemberaubende Energie in ihr ist. Ich spüre das alles noch, als wäre es gestern gewesen. Na gut, es war ja irgendwie auch gestern, na ja, nein, vorgestern, nein, eigentlich war es doch heute. Auch wenn es natürlich schon ein paar Millionen Jahre her ist. Zugegeben, es ist unmöglich das mit der Zeit richtig zu erklären, wenn man an einem Ort wohnt, an dem es sie gar nicht gibt.

Memo 1: Vor der Abreise – sobald ich den menschlichen Körper übergestreift habe – möchte ich noch eine der kleinen angeleiteten Erleuchteten-Meditationen von Gautama machen, um mein Zeitempfinden endgültig auf menschliche Einschränkungen herunterzupegeln. Ich möchte bei dieser Inkarnation gern gegen den Jetlag gewappnet sein, der sich zwangsläufig einstellt, wann immer ich die freie Zeitzone des siebenten Himmels verlasse. Das war beim letzten Mal mindestens so problematisch wie die Sache mit der vergessenen Zahnbürste. Der innere Druck, der in der Welt der festgelegten Minuten und Stunden zwangsläufig entsteht, war ohne Vorbereitung etwas zu viel für meinen absolut frei fließenden Geist. Das ist wie Tiefseetauchen. Hab damals zwei Tage lang furchtbare Kopfschmerzen gehabt –

und das muss ja nun wirklich nicht schon wieder sein. Auch ahne ich schon wieder diese lästige Allergie, die mich meist wenigstens einmal befällt, wenn ich Mensch werde. Es sind nicht die Blütenpollen, mit denen komme ich wunderbar zurecht – es ist eine gewisse Art von verächtlicher Selbstgerechtigkeit, die mir zuweilen die menschliche Nase rötet und mir heftige Niesanfälle verursacht. Nichts wirklich Schlimmes, es ist nur etwas unangenehm.

Memo 2: Checkliste. Packen. Gautamas Jetlag-Meditation. Zahnbürste nicht vergessen.

Memo 3: Zahnbürste nicht vergessen!

DAS BUCH LEON

*Leons Tagebuch. Dienstag, 11.9,
der spärlich beleuchtete Schreibtisch in der kleinen
Dachkammer des Waldhäuschens, 23.29ʰ*

· ·

Warum denke ich jetzt plötzlich auch noch über meinen Glauben nach? Daran ist wahrscheinlich die kleine Geschichte schuld, die ich hier rein-gekritzelt habe. Gottes Champagner-Besuch. Jeder Psychologe würde mir attestieren, dass diese freien Tage mich in kontemplative, unruhige Gedankengewässer führen – und dass ich dabei feststelle, mich immer nach einer vertrauenswürdigen Vaterfigur gesehnt zu haben. Stimmt natürlich. Ich habe ja nie einen Vater gehabt. Obwohl ich einen hatte.

Was meinen Glauben angeht, war ich schon immer vollkommen sicher in meiner traumwandlerischen Unsicherheit. Ich wusste jeden-falls immer, dass ich an irgendetwas glaube. Ich glaube sogar an „Gott", seit ich geradeaus gehen kann. Aber Gott ist nur ein Wort, nicht wahr? Wie füllt man es? Jeder füllt es anders, jeder auf seine Weise. Derzeit gibt es knapp acht Milliarden Menschen auf dieser Welt, also gibt es auch acht Milliarden Religionen und Glaubensentwürfe. Jeder lebt und glaubt auf seine Weise. Die meisten glauben dabei an sich selbst, auch wenn sie irgendeine offizielle Version von Gott als Alibi vorschieben.

Ich war zum Glück nie religiös. Allein der Gedanke schreckt mich ab. Den Glauben an einen Gott, den ich mir wie alle anderen selbst zu-rechtgebastelt habe, brauchte ich aber trotzdem schon immer – meiner angeblichen Klugheit zum Trotze.

Ich erinnere mich nur an sehr wenige Sätze, die mein Vater sagte. Einen habe ich aber nie vergessen, der ging so: *Kluge Leute glauben nicht, kluge Leute wissen.* Der Satz hat mich total eingeschüchtert. Aber ich konnte ihn dennoch nie unterschreiben. Ich wusste ja nichts, das war mir klar. Mir blieb nur der Glaube. Spätestens seit mir bewusst geworden war, dass ich allein zu schwach war, in diesem sonderbaren Leben zu bestehen.

Ich hatte eines Abends auf Tour mit Rick mal ein erhellendes Gespräch mit einem fahrenden Händler in einer runtergewirtschafteten Hotelbar. Wir tranken reichlich Rotwein, er rauchte Kette, ich rauchte schon Pfeife. Wir unterhielten uns, begannen schwachbrüstig herumzuphilosophieren, als sei es ein intellektueller Wettbewerb, und kamen schließlich unweigerlich auf das große Glaubensthema. Auch der Reisende sagte, Glauben sei etwas für schwache Menschen, mein Vater und er hätten wahrscheinlich gute Freunde sein können. Ich nickte. Dann lächelte ich ihn an und sagte: „Ja, genau." Ich fühlte mich nicht angegriffen durch die abschätzige Bemerkung, sondern eher bestätigt und befriedet.

Ja, so einer bin ich. Ich bin schwach. Und wenn ich grade zufällig mal wirklich stark bin, um im Leben etwas „gelingen zu lassen", dann bin ich es doch eigentlich nur, weil ich meine Schwäche spüre.

Ich fand es immer besonders, wenn mir zufällig etwas gelang, und dann war ich dafür irgendwie dankbar. Viele Menschen würden das wohl mangelndes Selbstbewusstsein nennen. Ich habe es immer als überschüssiges Selbstbewusstsein empfunden – das Bewusstsein für ein Selbst nämlich, das nicht wirklich zu fassen oder zu definieren ist und es sich auch gar nicht erst anmaßen sollte, es zu versuchen.

Schon als Kind war diese Schwäche Teil meines Wesens. Ich hatte ein offenes Herz, wenigstens für eine kleine Weile. Mit meiner Tante Hilde konnte ich hübsche Gespräche über Gott und das Leben führen. Meine

Eltern waren ja nicht da – erst waren sie nicht da, weil sie so sehr mit sich selbst und mit Arbeiten beschäftigt waren, und dann waren sie nicht da, weil sie gestorben waren. Sie waren Opfer eines schweren Zugunglücks. Ich war damals acht. Dann kam ich zu Tante Hilde und Onkel Robert. Hilde galt allen Außenstehenden als irgendwie weltfremd, weil sie in ihren spirituellen Gedanken so umherflatterte, aber für mich war genau das ganz wunderbar. Sie war wohl das Beste, was mir damals passieren konnte. Immer wenn sie über den Himmel sprach, wärmte sie damit mein Herz. Da oben war nämlich laut Hilde alles gut. Hier unten war es das ganz offensichtlich nicht.

Hilde inspirierte mich wohl auch dazu, mir Gott als den Erfinder der Blumen und der Sonne vorzustellen. Das war ein schönes Gefühl. Es funktionierte. Ich musste darüber nie viel nachdenken. Für mich stand fest: Gott war ein Künstler. Ich war ein heimlicher Verehrer von ihm. Oder von ihr. Dass Gott ein Mann sein sollte, stand für mich nie wirklich fest. Warum auch? Ich habe zu viele Männer getroffen, die Vollidioten waren.

Mich zum Beispiel.

Gott war auf jeden Fall weise und gut. Unerreichbar gut. Und unerreichbar fern. Ich musste und wollte darüber nicht mehr wissen. Es brauchte keine weiteren Worte. Worte kamen später. Mit den vielen Gedanken. Als ich den Mount Everest des Erwachsenseins bestiegen hatte.

Als ich neun Jahre alt war, habe ich jedenfalls zum ersten Mal auf dem Schulhof für Gott gestritten. Einer der anderen Jungs plapperte nach, was er wohl zu Hause aufgeschnappt haben musste. Der Dialog ging etwa so:

Der: „Hä? Glaubst du etwa an Gott, du Weichei?"

Ich: „'türlich. Und ich bin kein Weichei, du Volltrottel."

Der: „Haha. Tröööt. Nanananana, Leute, kommt mal alle her, Leon, der Schwachkopf glaubt an Gott, so was Albernes! Mein Vater weiß das aber ganz genau und der hat gesagt, Gott gibt es in echt gar nicht, den haben sich nur die Menschen ausgedacht, die zu blöd sind, die Wissenschaft zu kapieren!"

Ich fand das total merkwürdig und erklärte dem Jungen und den herbeigeeilten anderen, die wahrscheinlich eher auf eine saftige Prügelei hofften als auf einen apologetischen Disput, dass doch genau andersherum ein Schuh draus werden musste. Gott hatte sich natürlich den Vater von dem Burschen ausgedacht und nicht der Vater von dem Burschen sich Gott. Dass er sich alle anderen Menschen auch ausgedacht hatte, vermutete ich damals ja auch schon. Schließlich zeigte ich zum Beweis meiner theologischen These auf die Blumen, die so wunderschön am Rande des Schulhofs blühten. Und dann sagte ich zu allen, die um uns herumstanden: „Da, guckt mal, in den Blumen, in ihnen könnt ihr Gott sogar *sehen*. Und wenn ihr eure Nase dicht genug an die Blütenblätter haltet, könnt ihr ihn sogar *riechen*."

Natürlich wusste ich selbst nicht, ob oder wie das empirisch zu belegen wäre, aber es fühlte sich total richtig an und war nebenbei der erste und einzige apologetische Triumph meines Lebens: Der andere Bursche hatte plötzlich überhaupt keine Argumente mehr. Was sollte er dazu auch sagen? Dass sein schnöseliger Vater sich die Blumen ausgedacht hatte? Das hat er sich dann wohl doch nicht getraut.

Allerdings wurde mir mein Glaube an den Gott der Blumen schon bald ziemlich verhagelt.
Der Tod meiner Eltern warf natürlich die ersten großen Fragen auf. Es war nicht nur, dass sie gestorben waren, sondern vor allem, dass sie mir auch vorher nie wirklich lebendig vorgekommen waren. Die beiden hatten immer den Eindruck gemacht, als müssten sie bloß ihre Pflicht tun. Sieben Tage die Woche: arbeiten – Pflicht, ein Kind (das

war ich) haben – Pflicht, einmal jährlich in den Urlaub fahren – Pflicht, täglich miteinander streiten und kreuzunglücklich sein – Pflicht, das ganze Leben Pflicht, irgendwann sterben – Pflicht. Später, als ich selbst als Elternteil versagt hatte, schlich sich dann allerdings die Frage in mein Herz, ob ich nicht viel zu viel von ihnen erwartet hatte. Was immer blieb, war das Gefühl, nicht zu ihnen gehört zu haben. Ich hatte es nie erklären können, aber es begleitete mich stets. Warum waren ausgerechnet meine Eltern meine Eltern? Sie behandelten mich wie einen Fremden, sie blieben mir fremd. Dieses Gefühl begann irgendwann, mich zu verwirren; mein Leben kam mir vor wie die Geschichte vom hässlichen Entlein. Ich war am falschen Platz, im falschen Teich, im falschen Leben. Nur dass es natürlich auch möglich war, dass meine Eltern die Schwäne gewesen waren. Ich weiß es bis heute nicht und werde es wohl auch nie erfahren.

Als ich zwölf war, nahm meine Cousine Charlotte sich das Leben, vier Jahre, nachdem meine Eltern gestorben waren. Eine weitere Welle der Trauer ging durch unsere Familie. Niemand verstand ihre Tat und alle vermuteten irgendeinen Familienfluch. Nur ich war nicht so furchtbar traurig. Damals war ich plötzlich noch mal kurz ganz sicher, dass Charlotte als Blume weiterlebt – in einem wundervollen, wilden, bunten Garten, in dem es eben jenes innere Leid nicht mehr geben würde, vor dem sie mit ihrem Freitod geflohen war. Ich freute mich dann heimlich sogar ein bisschen für sie, aber ich hatte auch Mitleid mit den traurigen Hinterbliebenen. Es war viel schwerer, wenn man nicht an den Gott der Blumen glaubte.

Ich verließ die Schule mit knapp siebzehn. Hilde und Robert versuchten noch, mich halbherzig davon zu überzeugen, dass es bestimmt klug wäre, irgendeine konventionelle Ausbildung zu machen oder wenigstens das Abitur zu absolvieren, damit ich studieren könnte. Aber ich pfiff drauf.

Ich wollte nur eins: Klavier spielen. Und ich spielte. Ich spielte immer. Ich spielte für mich selbst, ich spielte vor Menschen, ich spielte in schlechten und guten Bands, auf kleinen und großen Bühnen und zu Hause, dann spielte ich irgendwann in Orchestern, dann spielte ich in Studios und immer so weiter. Beim Klavierspielen vergaß ich jedes Denken, jedes Wollen, jedes Suchen. Ich vergaß, wer ich bin oder wer ich sein sollte. Die Musik verband mich mit dem Himmel. Ich wollte ihr deshalb nah sein, ich wollte *in* ihr sein.

Und irgendwann konnte ich davon sogar meine Rechnungen bezahlen. Die Musik trägt mich seither zuverlässig in eine andere Welt. Sie braucht keine Worte. Sie ist einfach nur da. Und sie ist wunderschön. Rick Siebzehn sagte mal etwas sehr Nettes zu mir, das ich nie vergessen habe: „Leon, Musik ist wie die Handschrift Gottes. Und wenn du spielst, ist es manchmal, als würde er deine Hände benutzen, um ein paar Notizen zu hinterlassen."

Ich bin sicher, er hat es als Kompliment für mich gemeint, aber seltsamerweise habe ich es nicht so gehört. Für mich war es ein Kompliment an etwas Unaussprechliches. Gute Musik trägt wohl das große Geheimnis der Schöpfung in sich, zumindest als klingendes Spurenelement.

Rick glaubt übrigens auch an den Gott, der die Blumen erfunden hat. Das verbindet uns. Auch in der Musik natürlich.

Beim Musikmachen traf ich später auch Valerie, meine Ex-Frau. Wir waren beide noch ziemlich jung. Sie war als Besucherin bei einem Open-Air-Konzert in Berlin, bei dem ich Teil der Band eines altgedienten, runtergewirtschafteten Schlagerfuzzis war. Der Bursche war immer sturzbesoffen, aber seinen vielen Fans war das völlig egal, wahrscheinlich, weil sie selbst alle bis Oberkante Unterlippe mit Fusel abgefüllt waren. Ich litt bei diesem Engagement wie ein heimatloser Hund, weil die scheußliche Musik dieses grässlichen Typen für mich keineswegs die Handschrift des Himmels in sich trug, sondern eher wirkte wie der hingekritzelte Einkaufszettel eines psychopathischen Gott-Imitators. Man kann schöne Musik nämlich auch fälschen. Das ist schlimm. Es geschieht leider viel zu oft. Da hilft dann manchmal wirklich nur noch eine Kombination aus Ohropax, Doppelkorn und Weglaufen.

Valerie und ich wurden recht kurz nach unserer Begegnung überraschend zu Eltern. Unsere Tochter Melissa kam vor achtzehn Jahren zur Welt. Valerie und ich heirateten erst, als Lissa schon fünf war. Ich habe keine Ahnung, warum wir es überhaupt taten. Danach blieben wir noch für drei Jahre ein unglückliches Ehepaar. Und als wäre das nicht schlimm genug gewesen, schlitterten wir anschließend noch in einen furchtbaren, gefühlte Ewigkeiten andauernden Rosenkrieg. Es war furchtbar.

Ich habe aus diesem Desaster immerhin drei wichtige Dinge gelernt.

Erstens: Heirate nur jemanden, von dem du vorher schon weißt, dass er/sie dein bester Freund/deine beste Freundin ist.

Zweitens: Heirate nie jemanden, den du nicht zum Feind haben möchtest.

Drittens: Heirate niemanden, der freiwillig zu unerträglichen Schlagerkonzerten geht.

Einschub 0:35^h. Was für ein Zufall: Ausgerechnet, während ich soeben diese Zeilen schrieb, klingelte das Telefon. Melissa war dran. Meine geplagte Tochter. Wenn sie überhaupt anruft, dann nachts. Ihre Stimme klang furchtbar müde. Sie fragte, ob sie bei nächster Gelegenheit mal auf 'nen Kaffee vorbeikommen kann. Natürlich habe ich zugestimmt. Ich habe sie seit Wochen nicht mehr gesehen. Verdammt, ich wünschte, ich könnte ihr besser helfen.

Wo war ich? Ach ja, bei all meinen Gehversuchen. Bei meinen Lebenswanderungen, meinem häufigen Scheitern. Bei meinem Scheiter-Haufen. Und damit dann auch wieder bei diesem namenlosen Gott, der eigentlich keinen konkreten Zweck mehr für mich hatte. Er war immer noch irgendwie da, aber mein Lebenswandel gab es nicht mehr her, mich tiefer mit ihm zu befassen. Ich beschäftigte mich stattdessen jahrzehntelang lieber mit mir selbst und meinen vielen Gedanken und versenkte mich in meine Lethargie und den daraus entstehenden stillen, dumpfen Schmerz, den ich jetzt spüre. Und in all dem das Gefühl, *irgendwie nicht zu genügen*. Der Gott, der ja die Blumen erfunden hatte, war in weite Ferne gerückt. Was hätte ich von seiner Nähe auch gehabt?

Mein Leben wurde so schrecklich gleichförmig und öde. Kein Risiko, dafür aber jede Form von Schmerz- und Freudevermeidung. Alles ist eben einfach immer so, wie es ist. Vielleicht war das meine ganze selbst gebaute Weisheit: Ich lernte, möglichst wenig zu wollen. Oder: möglichst wenig von dem erneut zu wollen, was sich schon mal als Illusion oder schmerzhafte Erfahrung entpuppt hatte. Zum Beispiel Liebe. Liebe war nur noch ein Märchenbuch, das im Regal verstaubte.

Gott war natürlich weiter irgendwie toll, auch wenn er keinen Platz in meinem Leben hatte. Die Blumen auch. Dass Gott sie und all das andere Schöne erfunden hatte, ließ ihn außer Konkurrenz auf einer Wolke verharren. Mochte er dort sein. Meine Erlaubnis hatte er. Sollte er ruhen. Neue Dinge erfinden, falls ihm danach war. Still sein. Fern sein. Energie sein. Irgendwas. Was auch immer er wollte. Er da. Er gut. Ich hier. Nicht so gut. Egal.

Letzter Gedanke dazu: Die ganze Wahrheit ist wohl, dass es bei meiner Distanzierung zu Gott nie um ihn gegangen war, auch nicht um das Drama mit meinen Eltern oder um das Scheitern meiner Ehe oder um sonst etwas Äußeres. Es ging eigentlich immer nur um mich: Falls er *mich* nämlich im Geiste der Blumen erfunden hatte, war ich alles andere als sicher, ob ich diese spezielle Erfindung geglückt fand oder damit überhaupt einverstanden war.

Ich mochte mich jedenfalls nie genug, um Gott für meine Erschaffung einen Orden umhängen zu wollen. Ich war ihm nicht perfekt gelungen, obwohl ich nie Grund zu der Annahme hatte, irgendwie unattraktiv zu sein. Manche Mädchen tuschelten sogar, dass ich in ihren Augen recht gut aussah, aber das half mir auch nicht.

Nein, das hatte alles mit meinem Innenleben zu tun. Ich war einfach nicht gut genug. Anfangs, als Kind, war das Gefühl noch gar nicht so schlimm. Später wurde es mir immer bewusster. Es ließ sich nicht mehr wegradieren. Da hätte ich machen können, was ich wollte: Der Erwachsene, der ich geworden war, hatte dabei gegenüber dem Kind, das ich gewesen war, noch ziemlich deutlich an Qualität verloren. Und den Erwachsenen, der ich geworden war, mochte ich schon gar nicht. Da ich aber keine Chance hatte, den Kontakt zu ihm abzubrechen, tat ich dann einfach immer so, als sei er o. k. Er war aber trotzdem nie *genug*. Er war nicht frei. Und frei werden – das konnte er selbst nicht hinkriegen. Vielleicht wenn ihn jemand so geliebt hätte, wie er es stets wünschte? Ich weiß nicht. Ich hab mal Therapie gemacht deswegen, das war aber auch nur Blabla und hat nichts genützt. Wahrheit bleibt Wahrheit. Wir alle sind Brunnen ohne Böden. Vielleicht kann man das alles auch einfach so zusammenfassen:

Der beste Grund, um an Gott zu zweifeln, ist man selbst.

AUF WIEDERSEHEN, EWIGES JETZT

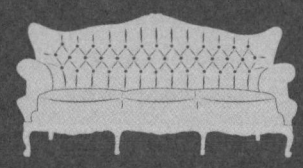

Himmlisches Tagebuch. Außerhalb menschlicher Zeitrechnung, Datum und Uhrzeit unbekannt.

• •

Endlich fertig mit Packen. Den menschlichen Körper habe ich übergestreift. Er ist nicht ganz neu, sitzt aber recht ordentlich. Gabriels Chor steht schon vor meiner Tür. Ich wollte eigentlich kein Tamtam. Aber das lässt er sich nun mal nicht nehmen. Gabriel weint ja auch immer sehr viel bei solchen Anlässen. Das ist eigentlich sehr rührend von ihm, denn er liebt mich sehr. So ein treues Engelherz. Aber immer, wenn er so heftig zu weinen beginnt, droht hier eine Riesenüberschwemmung. Letztes Mal hat es von hier oben bis runter in den vierten Himmel getropft.

Ich weiß allerdings, wie ich es diesmal verhindern kann. Oh, jetzt höre ich, wie der Chor sich einstimmt. Ein Blick aus dem Fenster. Gabriel holt die Taschentücher raus. Ich mach mich lieber schnell auf den Weg, sonst wird's gleich feucht hier.

Letzter Check. Hab ich alles eingepackt? Bin etwas unsicher, habe aber ein ganz gutes Gefühl. So, jetzt schnell aus der Tür, kurz noch allen majestätisch winken und möglichst elegant in die Kutsche mit den Flügelpferden einsteigen. Auf dem Kutschbock schweben zwei Seraphim. Sie werden mich verlässlich runterbringen. Tür zu. Die Reise beginnt. Gabriel schaut etwas irritiert. Der Chor hat noch nichts gemerkt.

Ich werde zurück sein, bevor sie verstehen, dass ich schon weg bin. Eigentlich bin ich ja gar nicht weg. Habe ich schon erwähnt, wie herrlich es ist, ohne die schweren Ketten der Zeit durch ein ewiges Jetzt zu reisen?

Auf Wiedersehen, ihr Lieben, auf Wiedersehen.

ZAHNBÜRSTE FÜR EINEN OBDACHLOSEN

*Leons Tagebuch. Mittwoch, 12.9.,
im Wohnzimmer des Waldhäuschens, 17.40ʰ*

Um Himmels willen. Was für ein Tag. Ich habe bis kurz vor halb neun geschlafen, dann mein Auto zur Werkstatt gebracht. Der TÜV für meinen 2000er-Passat war schon seit zwei Monaten überfällig, nun hat mein angestammter Automechaniker Yüksel allerdings noch ein paar reparaturbedürftige Katastrophen entdeckt. Große Teile des Unterbodens und die Vorderachse müssen neu geschweißt werden. Außerdem ist nach seinen Aussagen das Automatikgetriebe kaputt. Ich habe Yüksel gebeten, ein gebrauchtes zu besorgen, sonst wird mir das alles viel zu teuer. Er sagte, das bekommt er hin, es würde aber womöglich zwei Tage dauern. Ich bleibe mal entspannt.

Ich hatte in letzter Zeit zu viele Jobs und hab mich deshalb nicht um das Auto kümmern können. Außerdem brauchte ich es eigentlich jeden Tag. Hier auf dem Dorf fahren die Busse nur alle zwei Stunden. Das kann sehr herausfordernd sein, wenn man häufig in die Stadt muss. Jetzt, an meinen freien Tagen, ist es aber egal.

Ich machte mich also auf den Weg zum Bus, um ein paar kleine Besorgungen in der Stadt zu machen. Der Gedanke, einfach mal ohne Zeitdruck loszufahren, bereitete mir sogar ein gewisses Vergnügen. Ein Hauch von Freiheit. Ich stieg in den fast menschenleeren Bus und ließ mich durch die schöne Landschaft kutschieren. Die Wiesen und Felder flogen vorbei, ich schaute in die Wolken und entdeckte einen Mäusebussard, der majestätisch in der Luft stand und gerade seine ahnungslose Beute anvisierte. Dann schoss er im Sturzflug hinab aufs Feld. Ich konnte nicht mehr sehen, was er da ergattert hatte, aber mich ergriff kurz das Gefühl von Traurigkeit und Mitleid. Die arme Maus, die da gerade ihren letzten Atemzug tat. Ich schüttelte den Gedanken schnell ab. Der Bussard wollte auch leben. Er jagte, um sich und seine Familie zu ernähren. Er verspeiste Mäuse, weil er ein Fleischfresser war. Ich hingegen verspeiste halbe Hähnchen, obwohl ich mich auch für eine Portion Blumenkohl entscheiden konnte. Der rücksichtslose Lump war ich, nicht er.

Als ich in der Stadt angekommen war, besorgte ich mir erst mal einen Becher Kaffee. Das Spätsommerwetter war schön, ich hatte Zeit, also setzte ich mich einfach auf eine Mauer am Rathausplatz und betrachtete das beschauliche Treiben der Passanten. Mütter mit Kinderwagen, Senioren mit Gehhilfen, ein paar Obdachlose, die an einem Brunnen standen, ihre morgendlichen Bierdosen schwenkten und aufgeregt über irgendetwas diskutierten. Ich war neugierig und versuchte aus der Entfernung ein paar ihrer Gesprächsbrocken zu erhaschen, die der laue Wind herübertrug.

Wie es schien, unterhielten sie sich darüber, dass irgendein Fremder heute Morgen an ihrem Schlafplatz unter der Hafenbrücke aufgetaucht war. Mehr verstand ich nicht, aber aus irgendeinem Grund interessierte es mich so sehr, dass ich mit meinem Kaffeebecher in ihre Richtung schlenderte, um sie im Vorbeigehen noch ein bisschen zu belauschen. Da sah ich, dass sie alle ein paar lose Geldscheine in den Händen hielten, und begriff, dass irgendwer ihnen wohl überraschend Bares geschenkt hatte.

Ich freute mich für sie, denn über ihnen schwebte ja auch die ganze Zeit ein Mäusebussard, der jeden Moment herunterstürzen und sie holen konnte. Nur dass dieser Mäusebussard die Gesellschaft war, in der wir alle lebten. Ich stellte mir vor, dass dieses bedrückende Gefühl jeden ihrer Tage prägte. Wenn die Bussarde kamen, gab es weder für die Feldmäuse noch für die Gescheiterten einen himmlischen Streitwagen, aus dem Superman oder ein Rettungsengel gesprungen wäre. Es war schön für die drei trüben Gestalten, dass irgendeine nette Seele ihnen vorhin offensichtlich diesen Tag gerettet und ihnen eine Prise Wärme für ihre Herzen verschafft hatte. Auch wenn sie die Gabe wahrscheinlich in Fusel investieren würden. Ich hatte Verständnis dafür. Wenn der Seelendruck zu stark wird, flüchten wir wohl alle.

Und dann dachte ich natürlich wieder an Melissa, meine Tochter. Aber ich wollte nicht an sie denken. Immer wenn ich es tat, war es, als würde ein brennender Stacheldrahtzaun jeden meiner Atemzüge bremsen. Die Wahrheit war, dass es mich überforderte, an sie zu denken. Ich wusste nicht, seit wann genau sie all dieses Teufelszeug nahm. Ich wusste auch nicht, was genau sie sich verabreichte. Ich wollte es nicht wissen. Es war zu schlimm. Es ging ihr furchtbar. Sie tötete sich in Zeitlupe.

Ich ging weiter, ließ die Bierdosenschwenker hinter mir und betete leise Richtung Nirgendwo, dass die Bussarde meine Tochter nie bekommen würden, sofern sie sie nicht schon längst in ihren Klauen hatten.

Ich stoppte kurz an einem Ladengeschäft, in dem Miederwaren und Bandagen angeboten wurden. Nicht weil mich Miederwaren und Bandagen sonderlich interessiert hätten, sondern weil eine schöne Erinnerung zu Besuch kam und einen Moment in mir zu verweilen gedachte. Früher war das hier mal mein Lieblingsplattenladen gewesen. Als Jugendlicher hatte ich viel Zeit hier verbracht, mich aufgeregt durch das viele Vinyl gewühlt, die Cover bestaunt und den Ladenbesitzer hin und wieder gebeten, etwas aufzulegen, was mich interessierte. Ich mochte auch Zeitgenössisches, aber am liebsten hörte ich damals schon klassische Klaviermusik. Chopin. Leonard Bernstein. Edvard Grieg, Bach,

Debussy, dazu Prisen von George Gershwin, Cole Porter. Und ich liebte Billie Holiday. Musik. Musik. Musik.

Ich ging weiter und nahm ein paar der schönen Gedanken mit auf den Weg, der mich hinein in die Fußgängerzone und schließlich in einen großen Drogeriemarkt führen sollte. Diese Art von Shopping verunsicherte mich immer sehr. Wenn mich jemals irgendeine himmlische Kraft autorisieren sollte, vier Dinge auf der Welt abzuschaffen oder in ihrer negativen Wirkung auf meine Seele zu lindern, wären das Kriege, Hungersnöte, 80er-Jahre-Popmusik und Drogeriemärkte. Ich weiß nicht genau, warum das so ist. Es fällt mir sowieso immer schwer, einkaufen zu gehen. Eine Art Neurose. Leider brauchte ich ein paar Dinge aus den Regalen dort. Meine Tagesmission war es, Shampoo, Deos, Zahnpasta und weiteren derartigen Plunder auf Vorrat einzukaufen, damit ich möglichst lange nicht in die Verlegenheit kommen würde, wieder einen solchen Markt ansteuern zu müssen.

Kurz bevor ich mein ungeliebtes Reiseziel erreichte, fiel mir ein älterer Herr ins Auge. Womöglich auch ein Gescheiterter. Die Großstadt ist ja voll mit Aussortierten. Er war mittelgroß, schlank, weißhaarig, nachlässig rasiert, trug ein ausgeleiertes langes weißes Hemd mit unübersehbaren Schmutzrändern, dazu Sandalen und Jeans. Seine Nase war etwas gerötet. Eine kleine Plastiktasche stand vor seinen Füßen. Er sah zwar sympathisch, aber nicht sonderlich gepflegt aus – als hätte er eine lange Reise hinter sich, wahrscheinlich einen Fußmarsch. Oder er war ein Hobo, der zwischen zwei Zugwagons im Freien reiste. So stand er an der Ecke des Häuserblocks, in dem sich der Drogeriemarkt befindet, und schaute mich an, als würde er mich gleich ansprechen wollen. Normalerweise löste so etwas in mir immer spontanes Unwohlsein aus. Erfahrungswert: Ich-werde-bestimmt-gleich-vollgetextet-Alarm. Ich versuchte noch, mir kurz einzureden, dass er es *nicht* darauf abgesehen hatte, mir seine wahrscheinlich tragische Lebensgeschichte zu erzählen, und schaute demonstrativ weg, um seinem Blick und der drohenden Situation zu entgehen. Leider war es unmöglich, diese Taktik länger als ein paar Sekunden aufrechtzuerhalten, denn erstens spürte ich, dass er sich bereits in meine Richtung in Bewegung gesetzt hatte, und zweitens – und das war das eigentlich Merkwürdige – kam es mir plötzlich vor, als würde ich den Mann irgendwoher kennen. Und ich merkte, dass er anders war. Anders als wer oder was? Keine Ahnung. Einfach anders. Er war jedenfalls kein normaler Landstreicher. Er kam lächelnd und ruhigen Schrittes auf mich zu. Kannte ich ihn wirklich? Ja, ich kannte ihn. Oder nicht? Oder doch? Doch. Ich versuchte, ihn an die richtige Stelle in meinem Gehirn zu sortieren, aber es gelang mir nicht. Die Möglichkeiten ratterten durch meine Gedanken wie ein führerloser Schnellzug. War er jemand, den ich beiläufig nach irgendeinem Konzert kennengelernt und mit dem ich mal ein kleines Small-Talk-Schwätzchen gehalten hatte? Ein alt gewordener Lehrer gar? Oder etwa doch ein Clochard, dem ich vielleicht hier in der Stadt schon mal kurz begegnet war? Die letzte Theorie schien sich nun doch zu bestätigen, als er mich ansprach.

„Verzeihung", sagte er in höflichem Ton und mit unerwartet freundlicher Stimme. „Darf ich dich bitte kurz etwas fragen?"

Ich bereitete mich innerlich auf den klassischen Hast-du-mal-etwas-Kleingeld-Sermon vor und bemerkte, wie meine Hand intuitiv in meiner Hosentasche verschwand und nach losen Münzen suchte. Inspiriert durch das schöne Gefühl von vorhin, dass jemand größere Geldscheine an die städtischen Clochards verteilte, würde es mir eine Ehre sein, dem armen Kerl wenigstens ein paar einzelne Münzen zu reichen.

„Guten Tag", sagte ich so freundlich wie möglich, als er vor mir stehen blieb. Er lächelte mich an. Seine Gesichtszüge waren faltig, sonnengegerbt und ungewöhnlich gutmütig. Er hatte blaue Augen, satt gefärbt wie der Himmel an einem sonnigen Hochsommertag. Unter der

Staubschicht, und vielleicht mal abgesehen von der roten Nase, war er also wahrscheinlich sogar ein recht attraktiver Bursche. Und verflixt, ja, verflixt, ich kannte diesen Mann. Aber ich hatte immer noch keinen Schimmer, woher. Er lächelte weiter. Dabei ging eine so tiefe Ruhe und Freude von ihm aus – als würde er mich gleich wie einen verlorenen Sohn umarmen wollen. Das verwirrte mich noch mehr. Ich musste kurz an meinen Vater denken. Nicht weil dieser nette Herr vielleicht mein Vater war, der grad mal kurz von den Toten auferstanden war, sondern weil ich mir in dieser Sekunde wünschte, dass mein Vater mich auch nur ein einziges Mal in meinem Leben auf eine solche Weise angeschaut hätte.

„Ich muss mich wirklich entschuldigen", unterbrach er mein Schweigen und lächelte dabei weiter, als würde es dafür ein Preisgeld geben.

„Aber ich möchte dich um einen Gefallen bitten…" Dann machte er eine kleine Pause, in die ich höflich hätte hineinsprechen können, was aber auch nicht ging, denn just in dem Moment, als mir irgendetwas von den Lippen hätte fallen wollen, fügte er leise meinen Namen an: „… Leon."

Ich war wie gelähmt. Nicht nur, dass er wusste, wie ich heiße. Da war etwas in seiner Stimme. Sanftheit. Charisma. Ein Geheimnis. Natürlich wollte ich ihn sofort fragen, woher wir uns kannten, aber es war mir so unangenehm und ich wollte mir die Blöße, ihn danach zu fragen, nun erst recht nicht mehr geben. Das lappte sowieso alles schon in den ultrapeinlichen Bereich.

„Ich bin auf Reisen", sagte er unvermittelt, „und ich habe meine Zahnbürste vergessen. Könntest du mir vielleicht zu einer verhelfen? Eine mittelfeste wäre wohl am besten."

Jetzt war ich endgültig perplex. Was für eine absurde Situation. Eine Zahnbürste? Wir kannten uns also und mein Gehirn hatte einen Aussetzer. Und er wollte eine Zahnbürste. Ich nahm mir vor, mich bei Gelegenheit neurologisch untersuchen zu lassen. Alzheimer war zwar keine typische Krankheit für einen Mittvierziger, aber es war immerhin möglich, dass ich so was hatte.

Weil ich nicht wusste, was ich sagen sollte, sagte ich irgendwas. „Ja, natürlich, kein Problem. Ich wollte sowieso grad da vorne in den Drogeriemarkt." Er freute sich offensichtlich sehr und bedeutete mir mit einer eleganten Handbewegung, meinen Weg fortzusetzen. Wie selbstverständlich ging er neben mir her.

„Puh, wirklich sehr erleichternd", sagte er, als wir uns der Tür des Ladens näherten.

„Glaub mir, ich hatte mir so so fest vorgenommen, diesmal an die Zahnbürste zu denken."

Ich fragte mich, warum er sich nicht einfach eine gekauft hatte. Dafür brauchte er mich ja nicht. Eigentlich. Ihn fragte ich nicht. Es kam mir weiter unhöflich vor.

„Oh, ich weiß, was du denkst", sagte er, als hätte er meine Gedanken gelesen, „aber ich hab nur deshalb kein Geld mehr, weil ich es vorhin verschenkt habe. Das hatte ich diesmal *nicht* vergessen! Und als ich dich dann eben sah, fand ich es viel schöner, dich zu fragen, als einfach zum Bankautomaten zu gehen." Diese Bemerkung war ebenfalls mehr als sonderbar. Er wollte lieber mich fragen, als selbst Geld abzuheben? Das war ja noch absurder. Woher kannten wir uns nur? Wortlos betraten wir den Drogeriemarkt.

„Die Zahnbürsten sind da vorn rechts, glaub ich", stellte ich sachlich fest, deutete in die Untiefen des Gruselmarktes und fügte an, dass ich mir nun leider auch selbst noch ein paar Sachen zusammensuchen musste. Allerdings konnte ich mich jetzt überhaupt nicht mehr konzentrieren, weil ich unbedingt wissen wollte, wer er war.

Er schaute sich derweil um, stellte sich auf die Zehenspitzen und reckte den Hals, um irgendwo in der Ferne hinter den sieben Regalbergen die Zahnbürstenabteilung zu erspähen.

„Ach, komm mit, ich zeig's dir", hörte ich mich mitfühlend seufzen. Er lächelte wieder.

Als er sich eine mittelfeste ausgesucht und sie wie selbstverständlich in mein Tragekörbchen gelegt hatte, konnte ich nicht mehr an mich halten. Ich zupfte ihn am Ärmel, während er bereits zielstrebig auf die Kasse zuging. Er blieb stehen und schaute mich an. Ich suchte nach den richtigen Worten und entschied mich für die falschen:

„Woher kennen wir uns?", fragte ich ihn unvermittelt und ungewohnt direkt.

„Aus der Geschichte in deinen Tagebüchern."

Es ratterte wieder. Geschichte? Tagebücher? Hä? Aus welcher Geschichte?

„Wir haben zusammen Champagner getrunken, Leon."

Er lächelte wieder. Dann drehte er sich um, ging zur Kasse und legte seine Zahnbürste aufs Laufband, als wäre das hier alles ganz normal.

Ich war erstarrt, unfähig zu sprechen. Mein Kiefer war runtergeklappt und meine Zunge klebte regungslos auf dem Boden meines Mundes, als hätte jemand ein 16-Tonnen-Gewicht darauf abgestellt.

Aber verflixt und zugenäht. Ja. Verdammt.

Er sah wirklich aus wie der Gott aus meiner Geschichte.

REALITÄTS-CHECK-IN

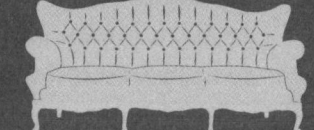

Himmlisches Tagebuch. Mittwoch, 12.9.,
Hotel-Pension Mirabell, 2030ʰ

Was für ein besonderes Gefühl, wieder als Mensch hier unten zu sein. Es hat ein paar Minuten gedauert, bis ich mich an den betagten Körper gewöhnt hatte. Er ist aber tadellos intakt, bis auf ein kleines Zwicken in der Hüfte und die gereizte Nase. Sie ist etwas gerötet und juckt auch ein bisschen. Das sind erste Vorboten dieser Allergie. Ich reagiere leider auf die negativen Schwingungen selbstgerechter Energien. Lässt sich nicht ändern, aber vielleicht wird es besser, wenn ich mich etwas eingewöhnt habe. Kopfschmerzen habe ich zum Glück nicht. Und irgendwie ist die rote Nase ja auch ganz lustig. Die Freude des Menschseins erfüllt mich. Wie wundervoll es doch ist, die Finger und die Zehen zu bewegen, mit den Ohren zu wackeln, den Brötchen- und Kaffeeduft aus den Bäckereien wahrzunehmen und den Wind in den Haaren zu spüren. Zu atmen. Das Hüftzwicken ist im Moment erträglich. Falls es zu schlimm wird, lege ich mir einfach die Hand auf.

Es ist eine Wonne, alles zu spüren, sogar diese leichten Schmerzen gefallen mir irgendwie. Genau wie das herrliche Kitzeln, das ich vorhin an den nackten Füßen spürte, als ich über die Wiesen und Hügel runter in die Stadt ging. Als Mensch spürt man alles ganz anders, es ist Teil dieses besonderen Wunders.

Als ich Leon vorhin zum ersten Mal sah, wurde mir auch ganz warm in der Seele. Ich werde ihm helfen. Er wird mir helfen. Ich bin sicher, dass ich ihn nach einer Weile um den etwas heiklen Gefallen bitten kann, den ich jetzt noch als Geheimnis im Herzen trage.

Nachdem ich Leon im Drogeriemarkt gesagt hatte, wer ich bin, habe ich mich vorsichtshalber rasch entschuldigt und aus dem Staub gemacht. Ich möchte ihn keineswegs überfordern, es kommt wie in allen menschlichen Fragen auf die richtige Dosierung an. Unsere Begegnung wird in ihm heute sowieso noch mächtig nachhallen. Ich schätze, es wird einige Tage und Begegnungen dauern, bis er zu akzeptieren beginnt, dass ich bin, der ich bin.

Aber ich habe ja alle Zeit der Welt.

Als ich vorhin in dieses kleine Hotel am Stadtrand eincheckte, fiel mir wieder ein, dass ich ja mein ganzes Reisegeld schon an die armen Seelen vom Rathausplatz verschenkt hatte. Lustigerweise geriet mir meine vorübergehende Mittellosigkeit aber nicht zum Nachteil, denn der nette Hotelier, Herr Graffelmeier, hat mich eingeladen, ein paar Tage auf seine Kosten zu bleiben, nachdem ich spontan seine furchtbaren Rückenschmerzen geheilt hatte. Eigentlich wollten er und seine Frau eine Vorauszahlung von mir, aber das hatte sich dann erledigt. Sehr nett von den beiden.

Memo: Daran denken, mir neues Geld zu besorgen. Werde mir gleich morgen ein paar Scheine aus einem Automaten holen.

PS: Hurra, ich habe eine Zahnbürste!

NACHTZWEIFEL

Leons Tagebuch. Mittwoch, 12.9.,
im Waldhausbett, 23.57^{h}

Ich kann nicht schlafen, bin durcheinander. Ich habe mir das garantiert nur eingebildet. Muss morgen wirklich einen Termin beim Neurologen machen. Aber wie soll ich bloß diese Symptomatik erklären? Ein Gott, den ich mir für eine Geschichte in meinen Tagebüchern selbst ausgedacht habe, erscheint mir auf der Straße und bittet mich im Drogeriemarkt, ihm eine mittelfeste Zahnbürste zu kaufen? Alles klar. Dann kann ich mir ja vorher auch 'ne Zwangsjacke bei Amazon bestellen und die gleich selber in die Bekloppten-Praxis mitnehmen.

WIE ICH EINES VORMITTAGS MIT GOTT IN EINEM LINIENBUS HERUMFUHR UND ER MIR VORSICHTIG ZU ERKLÄREN VERSUCHTE, DASS ICH NICHT IRRE BIN

Leons Tagebuch. Donnerstag, 13.9.,
auf einer sehr morschen Gartenbank am Waldhäuschen, 1630ʰ

· ·

Was geschieht hier? Der Bursche, der weiter behauptet, der sanftmütige Gott zu sein, den ich mir selbst ausgedacht habe, ist mir heute schon wieder erschienen.

Ich hatte recht lange geschlafen, weil ich so spät ins Bett gekommen war. Die Begegnung von gestern hatte mich nicht losgelassen, die Idee mit dem Neurologentermin habe ich allerdings gegen 3ʰ nachts wieder geknickt. Das glaubt mir sowieso keiner und ich will nicht in die Irrenanstalt, da gibt es bestimmt kein Klavier.

Ich hab dann noch ein bisschen rumgegoogelt und eine geschlagene Stunde lang Berichte von irgendwelchen merkwürdigen Gestalten gelesen, denen so etwas Ähnliches angeblich auch schon mal passiert war. Die meisten davon hatten aber offensichtlich total einen an der Waffel. Zwar behaupteten sie, Gott oder Buddha oder Elvis in irgendeinem Fast-Food-Restaurant oder an einer Tankstelle oder in einer Tierfutterhandlung gesehen zu haben, aber sie hielten sich dann leider auch selbst für Napoleon oder Churchill oder sonst wen. Nach der diesbezüglich verwirrenden, aber auch hilfreichen Lektüre konnte ich dann endlich loslassen. Vielleicht war der Mann mit der Zahnbürste auch einfach bloß so ein Verrückter. *Guten Tag, ich bin Gott, du hast mich dir letzte Woche ausgedacht.* O. k., ja, meinetwegen war er ein *netter* Verrückter. Ich beschloss, dass man sich mit so was gedanklich nicht zu lange aufhalten darf. Wenn der Wahnsinn bei einem an die Tür klopft, kann man ja auch ruhig einfach mal nicht aufmachen. Dachte ich. Habe dann noch autogenes Training gemacht und bin doch eingeschlafen.

Heute Vormittag musste ich dann wieder mit dem Bus in die Stadt. Und warum? Weil ich verflixt noch mal gestern in dem Drogeriemarkt überhaupt nichts mehr eingekauft hatte, weil ich nach der Begegnung mit dem angeblichen Herrn Gott so durcheinander gewesen war.

Und dann, als der Bus heute heranrollte, seine Türen öffnete und mich mit zwei anderen geduldigen Dorfseelen einatmete, entdeckte ich ihn wieder. Er saß einfach da auf einem ansonsten leeren Vierersitz im vorderen Bereich und las eine Zeitung. Als ich meinen Fahrschein gelöst hatte, schaute er auf, lächelte mich an und bot mir einen der freien Plätze direkt vor sich an. Habe ich die Einladung akzeptiert? Natürlich. Wenn der Wahnsinn bei einem an die Tür klopft, kann man ja auch ruhig einfach mal aufmachen.

Da saß er nun, dieser nette ältere Herr, immer noch im ausgeleierten Hemd, mit seinem weiß schimmernden Vier-Tage-Bart, seinen weißen wilden Haaren, seinen unwirklich strahlenden blauen Augen, den milden, faltigen Gesichtszügen und – weiterhin etwas roter Nase. Ich setzte mich zu ihm und atmete durch. Bevor ich selbst irgendein Wort hervorbringen konnte, hörte ich schon seine samtene Stimme. Sie erfüllte den Bus wie der Duft von Myrrhe und Weihrauch.

„Du bist nicht verrückt, Leon. Ganz im Gegenteil", begrüßte er mich beschwichtigend.

„Das ist doch … ich muss … ja wohl verrückt sein", stotterte ich.

„Bist du wirklich nicht. Ich bin deinetwegen gekommen."

Der Bus fuhr los und wir wippten beide leicht im Rhythmus der Anfahrbewegung.

„Aber wenn es stimmt, dass wir uns aus meiner Geschichte kennen, dann hab ich mir dich nur ausgedacht."

„Stimmt schon. Aber vielleicht hast du mich dir ja auch nur ausgedacht, weil ich mir vorher ausgedacht hatte, dass du dir mich ausdenkst."

Ich brauchte einen Moment, um diesen Satz zu verdauen.

„Inspiration", lächelte er und schaute für einen Moment aus dem Fenster. „Jedes Wunder entsteht so."

Er schwieg.

„Du willst ernsthaft behaupten, dass du Gott bist?", entfuhr es mir schließlich.

Er zögerte kurz.

„Gott, ja. Natürlich. Aber das ist ja auch nur so ein Wort, nicht wahr?"

„Es ist ein Wort, das, na ja, sagen wir mal: durchaus schwerwiegende Bedeutung hat."

„Gewiss", sagte er und schien kurz besonders nachdenklich zu werden. „Ja, na gut, einigen wir uns für den Moment darauf."

Er reichte mir die Hand.

„Hallo, Leon", sagte er. „Angenehm, ich bin Gott."

Ich nahm seine Hand und schüttelte sie etwas unbeholfen.

„Äh, hallo …", sagte ich und verkniff mir den Rest. „Woher kennst du eigentlich meinen Namen?"

Er lachte kurz.

„Du liebst dein Klavier. Du liebst das, was du tust. Du liebst das Leben. Du liebst die Blumen. Du liebst deine Gedanken. Du bist klug. Du bist weit gekommen. Du machst dir fürsorgliche Gedanken um Mäuse, die von Bussarden gefressen werden. Du hast ein schönes Herz, Leon. Und du hast ein paar wichtige Fragen ans Leben. Ich kenne dich."

Irgendetwas in mir schaltete sofort auf Fluchtimpuls um.

„Ah, jetzt geht mir ein Licht auf", sagte ich und schaute ihn mit zusammengekniffenen Augen ziemlich angriffslustig an. „Hier ist bestimmt irgendwo so eine bekloppte versteckte Kamera! Ha! Aber weißt du was, du Hobbit? Für so was braucht man eine Einverständniserklärung von den Verarschten, bevor man das senden darf. Ist dir schon klar, oder? Und die werde ich euch *nicht* geben. Nie im Leben! Pah. So. Touché"

Als ich das letzte Wort ausspuckte, nickte ich auch noch streng. Das passte überhaupt nicht zu mir. Solche Gefühlsausbrüche waren mir ganz fremd. Wo war das hergekommen? Ich schämte mich sogleich, weil es immerhin möglich war, dass ich den Schöpfer des Universums soeben in ohnmächtigem Übereifer einen Hobbit genannt hatte. Hoffentlich mochte er Hobbits.

Er klärte mich nicht darüber auf, sondern lachte nur schallend. Das erleichterte mich ungemein. Dann schaute er aus dem Fenster und schüttelte erneut den Kopf wie ein Vater, der weiß, dass sein störrischer Spross den Brei spätestens dann vom Löffel lutschen wird, wenn er hungrig wird.

Und dann wieder Schweigen. Das monotone Rattern des Busses dröhnte in meinem Kopf.

„Keine Kamera?", sagte ich nach einer Weile leise.

Er wandte seinen Blick zu mir.

„Keine Kamera", sagte er im Flüsterton und schüttelte den Kopf.

Ich gab nicht so schnell auf. Da war doch was faul.

„Vielleicht die Spätfolgen eines unerkannten Zeckenbisses? Nebenwirkungen von gepanschten Drogen, die ich oder meine Vorfahren irgendwann in der Steinzeit mal genommen haben?"

Er schüttelte den Kopf.

„Nichts davon. Ich bin deinetwegen hier, Leon."

„Ah, jetzt weiß ich", ignorierte ich seine Bemerkung und zückte mein letztes Ass. „Dann bist du bestimmt ein schräger Missionar aus irgendeiner verpeilten Sekte – aber danke, nein. Ich bin längst semi-erleuchtet. Ich weiß ziemlich gut Bescheid über alles, o. k.? Ich habe selbst durchaus schon einigermaßen viel übers Leben nachgedacht!"

Er schaute mich stoisch freundlich an und ließ mich reden. Ich echauffierte mich derweil weiter, merkte aber schon, dass ich langsam leerlief.

„Ich möchte bitte nicht bekehrt werden – und zwar zu gar nix. Und schon mal gar nicht von jemandem, den ich mir selbst ausgedacht habe!"

Er blieb weiter auf absurde Weise ruhig.

„Wozu sollte ich dich denn bekehren wollen, Leon? Erinnerst du dich? Das Leben ist ein Kreis. Du kannst nicht in die falsche Richtung gehen. Welchen Weg du auch nimmst, du wirst sowieso immer am Ziel ankommen."

Alles in mir entspannte sich plötzlich.

Pause. Pause. Pause.

„Du sagst also ... du bist wirklich Gott ... ja?"

Er nickte.

„Und ich bin ... Daisy Duck?", sagte ich leise.

* * *

Seine blauen Augen strahlten mich an wie zwei Laternen in dunkler Nacht. Er sah so sanft aus, seine Augen hatten die Farbe des Himmels über Süditalien und aus ihren Tiefen strahlte eine Ruhe und ein Frieden, den ich verdammt noch mal noch nie zuvor im Leben irgendwo gesehen oder gespürt hatte. Ich hatte plötzlich einen Frosch im Hals, der so riesig war, dass er direkt aus dem Guinnessbuchs der Rekorde gehüpft sein musste. Seine ganze Erscheinung war auf geradezu erschütternde Weise entwaffnend und beruhigend. Und da war noch etwas: Je länger ich ihn ansah, desto mehr wollten meine Augen sich mit Tränen füllen. Das durfte nicht geschehen. Ich legte den inneren Schalter schnell wieder um, auch wenn es mich jetzt wirklich anstrengte. Hinfort mit der Rührseligkeit. Eher sollte die Welt einen dreifachen Looping machen, als dass ich hier im Bus auch noch losheulen würde wie eine seekranke Hyäne.

„Glaub mir, ich verstehe das, Leon. Eines Tages wird es in Ordnung sein", sagte er schließlich nach einer kleinen weiteren Pause und wieder in diesem wundervollen Tonfall.

Er verstand? Es würde in Ordnung sein? Was? Ich?

Er schaute wieder aus dem Fenster zu den vorbeihuschenden Feldern, die mir plötzlich so unwirklich schön erschienen, als hätte ich sie nie zuvor auf diese Weise gesehen, als hätte van Gogh seine gesalbten Pinsel über jeden einzelnen Halm geführt.

Gott betrachtete die vorbeifliegende Welt.

Er sah aus wie der Frieden, der mir nie begegnet war.

Ich beobachtete ihn und dachte nur: Wow.

Der Bus hielt am Stadtrand.

Gott legte mir beim Aufstehen seine Hand aufs Knie, lächelte mir noch einmal zu, stieg aus und sagte beiläufig: „Bis morgen, Leon."

Habe ich das gerade wirklich geschrieben? Gott stieg aus? Nein, verflixt und zugenäht, bei aller Verwirrung, ich bleibe dabei:

Der Mann, den ich mir ausgedacht hatte und der Gott zu sein behauptete, stieg aus.

GOTT HEBT AB

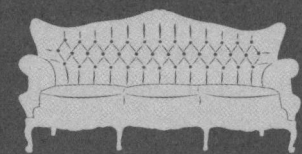

Himmlisches Tagebuch, Hotel Mirabell,
Donnerstag, 13.9., 21.40^h

· ·

Noch ein paar Zeilen, bevor ich schlafen gehe. Die Jetlag-Meditation hat gute Früchte getragen, ich habe mich zügig an den Körper gewöhnt. Die Müdigkeit, die ich jetzt spüre, fühlt sich schön an. Wie erholsam doch der menschliche Schlaf ist.

Nachdem ich Leon heute im Bus getroffen hatte und am Stadtrand ausgestiegen war, bin ich gleich zu einem Bankautomaten gegangen, um mir ein paar frische Tauschmittelscheine zu besorgen. Ich habe einfach die Hand auf den Automaten gelegt – es kamen sofort fünf Hunderter heraus. Das hat Spaß gemacht. Als ich mich umdrehte und gerade meines Weges gehen wollte, warteten drei junge Männer auf mich, die mir schon eine ganze Weile nachgeschaut hatten. Einer von ihnen hatte ein scharfes Messer in der Hand und bat mich, ihnen sofort das Geld auszuhändigen. Er fügte an, dass sie mich ansonsten abmurksen wollten. Das Wort „abmurksen" fand ich ulkig, das hatte ich schon sehr lange nicht mehr gehört. Ich sprach sie darauf an und sie sagten, dass sie sich auch nicht erinnern konnten, woher sie das hatten, fanden aber, dass das grade auch gar nicht so wichtig sei. Ich bat sie höflich, es sich noch einmal zu überlegen, aber das fanden sie überhaupt nicht interessant. Der Anführer – er heißt Marvin, ich kenne ihn schon seit seiner Geburt – kam dann einen Schritt auf mich zu und hielt das Messer ganz nah an meinen Hals. Ich spürte die Klinge, sie hat ein bisschen gekitzelt. Dann sagte er: „Her mit dem Zaster, aber zackig."

„Sonst abmurksen?", wiederholte ich das lustige Wort von eben noch mal.

Die drei nickten entschlossen.

Ich fragte Marvin und die beiden anderen dann, ob sie die Geschichte kennen, in der ein Mann nachts in seinem Auto an der Ampel wartet und plötzlich von ein paar Messerstechern überfallen wird. Marvin hielt das Messer weiter ganz nah an meinen Hals, schaute die beiden anderen jetzt aber sehr verwundert an. Ich habe die Geschichte dann – ohne eine Antwort abzuwarten – einfach mal erzählt, sie ist nämlich wirklich urkomisch:

„Die Messerstecher zwangen den Mann auszusteigen, ließen ihn stehen und fuhren einfach mit seinem Auto weg. Er rief sofort die Polizei und der Kommissar fragte ihn, ob er die Täter beschreiben könnte. Da sagte er: „Nein, aber ich habe mir das Kennzeichen von dem Fluchtauto aufgeschrieben!"

Als ich mit Erzählen fertig war, entstand eine klitzekleine Pause. Marvin sah mich sehr überrascht an. Für eine Sekunde schauten wir uns in die Augen. Was für ein schöner Moment. Dann prustete er plötzlich los und die beiden anderen lachten wie entfesselt mit und ich konnte nun auch überhaupt nicht mehr an mich halten. Es war ja nicht nur diese witzige Geschichte – diese ganze Situation wurde plötzlich so herrlich absurd. Wir lachten ein paar Minuten frei und ausgelassen. Es war erhebend. Zwischendurch verebbte unser Lachen kurz, dann fing einer von uns wieder an und wir alle machten wieder mit und es gab eine Lachsalven-Zugabe nach der anderen.

Als wir endlich fertig gelacht hatten, machte Marvin einen großen Schritt zurück und sagte: „Na ja, dein Geld wollen wir aber trotzdem haben, Alter."

Ich antwortete, dass ich es ihnen ja sowieso geben wollte, und reichte es ihm bereitwillig. Dann merkte ich an, dass er ja auch einfach hätte fragen können, gern auch ohne Messer. Er riss das Geld aus meiner Hand und schaute kurz rüber zu seinen beiden Freunden. Sie hatten beide noch feuchte Augen vom Lachen. Aber sie schämten sich auch.

In dem Moment entdeckte ich aus dem Augenwinkel ein Café und bekam unsagbare Lust auf einen Latte macchiato zum Mitnehmen. „Marvin, siehst du den Laden da?", sagte ich. „Wie schade! Jetzt habe ich gar kein Geld mehr für einen Kaffee."

Marvin überlegte kurz, woher ich seinen Namen kannte, aber er sagte nichts.

Die beiden anderen schauten ihn erwartungsvoll an. Er zögerte, dann zog er einen Zehn-Euro-Schein aus dem Geldbündel, das ich ihm gegeben hatte, und gab ihn mir zurück.

Ich bedankte mich. Dann mussten die drei mir ganz schnell versprechen, sich nicht von der Stelle zu rühren und kurz auf mich zu warten.

„Ich habe mir das Kennzeichen von dem Fluchtauto aufgeschrieben", sagte ich im Weggehen und die drei prusteten sofort wieder los. Ich besorgte mir das köstliche Milch-Espresso-Gemisch, ging zu ihnen zurück und gab Marvin das Wechselgeld – der Latte macchiato hatte ja nur zwei Euro vierzig gekostet.

Marvin wurde sehr verlegen. Er begann, etwas unbeholfen in seiner Hosentasche zu wühlen und zog ein fast nagelneues iPhone hervor. Er reichte es mir. Dabei nickte er mir zu.

„Für dich. Du bist ... ein mächtig cooler Arsch, Alter", sagte er.

So hatte mich auch noch keiner genannt. Ich lächelte ihn an.

„Danke, mein Freund", sagte ich, nahm das iPhone und reichte ihm die Hand. Er nahm sie.

Dann ging ich zu den anderen beiden und umarmte sie.

Marvin schaute mich und seine Kumpane fassungslos an. Wir nickten uns zu, als ich ging. Er sah mir noch eine ganze Weile nach und rührte sich nicht. Ich spürte dabei eine so große Freude in mir. Hier war gerade etwas Wunderbares geschehen. Eines Tages würde aus dieser Begegnung eine zauberhafte Lebensblume zu blühen beginnen. Das iPhone werde ich der Besitzerin später wieder zukommen lassen. Ich kenne sie sehr gut. Schon seit ihrer Geburt.

Kurz vor meiner Bettruhe noch zum Wesentlichen: Leon heute zu treffen, war wieder im wahrsten Sinne des menschlichen Wortes wunderbar. Ich habe ihn unsagbar lieb. Und ich fühle mich durch unser Gespräch im Bus bestätigt. Das mit meinem Namen ist wirklich ein echtes Problem. Ich habe ihn selbst kaum über die Lippen gebracht. „Cooler Arsch" ist zwar auch keine wirklich gute Alternative, aber auch Leon hatte sofort ein spürbares Problem damit, mich Gott zu nennen. Ich werde mich später darum kümmern. Die Zeit wird kommen.

Ach, mein Herz ist von Freude erfüllt. Als Mensch zu reisen, ist unvergleichlich schön.
    Ich wünschte, *sie* wäre jetzt hier. Meine Wundervolle.

Nun gehe ich schlafen. Morgen wird ein aufregender Tag. Ich werde Leon wiedertreffen und mit ihm einen Kaffee trinken gehen, später wird er dann noch einen wichtigen Anruf bekommen. Er ist zwar lange noch nicht so weit, wirklich zu verstehen, aber auch der Tag morgen wird sein Herz wieder ein klein wenig weicher machen. Und das ist ja das Wichtigste: jeden Tag ein wenig milder, ein wenig sanfter werden. Alle menschlichen Seelen, die diesen Pfad einschlagen, werden die zauberhaft-schönen, kleinen Blumen finden, die ich überall am Wegesrand für sie gepflanzt habe.

Memo: Morgen nach dem Treffen mit Leon schönere Kleidung besorgen. Und Zahnpasta. Was soll ich sonst mit der Bürste anfangen?

Wie ich eines Tages mit Gott am Teich in der Sonne sass und im Laufe der Konversation zu einer Ente wurde

Leons Tagebuch. Auf dem Fußboden des Wohnzimmers im Waldhäuschen, Freitag, 14.9., 13.56ʰ

· ·

Der Wahnsinn geht weiter. Nur beginne ich leider ernsthaft daran zu zweifeln, dass es überhaupt Wahnsinn ist. Vielleicht ist es noch schlimmer. Es geht mir nicht gut. Aber irgendwie doch. Muss ich mir Sorgen machen?

Heute früh landete ich mit dem Gott, den ich mir womöglich nur ausgedacht habe, auf der Terrasse eines kleinen Cafés, das an den Rand eines schönen Teiches gebaut war. Und das kam so: Eigentlich wollte ich nur spazieren gehen, um mich etwas vom Trubel der letzten Tage zu erholen. Genauer gesagt wollte ich mich von den Begegnungen mit diesem falschen oder echten Gott in den letzten beiden Tagen erholen. Ich vermutete zu Tagesbeginn immer noch irgendeine chemische Reaktion in meinem Gehirn, die eine Art psychedelische Kettenreaktion auslöste – Depression, Burn-out, Schizophrenie, Epilepsie, was auch immer. Ich hatte mir eine Notiz gemacht und mir vorgenommen zu recherchieren, zu welchem psychiatrischen Krankheitsbild Elvis- und Gottessichtungen gehören.

Vielleicht hatte ich ja zu schnell über die aktuellen Napoleons und Churchills dieser Welt geurteilt. Aber wie ich es auch drehte und wendete: Es schien hier auch noch um etwas anderes zu gehen. Das Leben brodelte plötzlich auf ungeahnte Weise in mir. Als hätte jemand irgendwo in mir an einer verborgenen Lunte rumgezündelt. Abgesehen davon war ja auch gar nichts Schlimmes passiert. *(Nebengedanke: Falls es wirklich Gott ist, der extra meinetwegen auf die Erde gekommen war, sollte ich vielleicht mal aufhören, widerborstig zu sein.)* Nur wollte ich dieses Brodeln und Luntezüngeln in mir nicht willkommen heißen, mochte es auch Gutes verheißen. Eigentlich wollte ich nur allein sein.

Ich ging an diesem Morgen deshalb durch den Wald, der direkt an meinem Häuschen seine noch belaubten Pforten für mich öffnete, dann vorbei an den Pferdeweiden Richtung Westen. Vom Wegesrand roch es noch ein wenig nach Kamille (obwohl sie doch eigentlich längst hätte verblüht sein müssen), auf dem Sandweg lagen viele kleine vom Wind gebrochene Zweige, hin und wieder ein paar Kilo Pferdeäpfel, die ich aufmerksam zu umgehen wusste. Ich mochte diesen Weg und schlenderte gern hier entlang. Besonders wenn ich überfordert war. Was lange nicht vorgekommen war. Ich war ja o. k. Ein funktionierender, schauspielender Mensch. Alles im Griff.

Und dann war er plötzlich schon wieder da. Er hatte mich völlig überraschend auf den letzten Metern des Feldweges erwartet. Eigentlich konnte er ja gar nicht wissen, dass ich hier entlanggehen würde. Na ja. Vielleicht eine selten dämliche Bemerkung, ich lass sie trotzdem mal hier stehen. Er konnte auch nicht wissen, welchen Bus ich gestern nehmen würde. Er konnte auch nicht wissen, dass ich ihm im Drogeriemarkt eine Zahnbürste spendieren würde. Er konnte auch nicht wissen, dass ich Leon heiße. Jedenfalls hatte er einfach da am Feldrand gestanden und sich mir mehr oder weniger wortlos angeschlossen. Falls man *das* so sagen darf. Normalerweise schließen sich Menschen ja wohl eher Gott an. Glaube ich jedenfalls. Ich bin kein Experte, mir fehlt es an religiöser Erfahrung.

Er hatte mir kurz sehr freundlich zugenickt und war dann an meiner Seite gegangen.

„Äh… Gott?", machte ich den Gesprächsanfang.

„Ja?"

„Das ist wirklich kein Trick, kein Scherz, oder?"

„Nein, wieso?"

Ich vermied eine Antwort auf seine Gegenfrage und konterte mit einer weiteren.

„Wenn ich das jetzt so aufschreibe, dass *du* dich *mir* wortlos angeschlossen hast. Ist das nicht total blasphemisch?"

Gott lachte sein wunderbares, schallendes Lachen.

„Ja, du solltest dich schämen. Allein dafür würdest du bestimmt in die Hölle kommen, wenn es eine gäbe."

Er lachte noch einen Moment weiter.

Ich lachte unsicher mit. Und ließ mich einfach mal weiter auf all das ein. Mein Widerstand bröckelte etwas.

„Gibt es denn keine? Hölle, meine ich?"

„Bei mir? Natürlich nicht. So was können sich nur Menschen ausdenken, die noch eine Rechnung mit dem Leben offen haben."

Vielleicht war der Typ doch ein ausgebrochener Psychopath?

Nein, war er nicht.

Wäre er ja auch dann nicht gewesen, wenn ich ihn mir bloß ausgedacht hätte.

Hatte ich?

Der Wind rauschte durch die Blätter.

„Ich kenne hier ein nettes Café", sagte Gott und bedeutete mir mitzukommen.

„Das mit dem netten Teich? Das kenne ich auch. Da bin ich gern."

Gott lächelte, nickte und zog sein Schritttempo an.

„Ich liebe euren Kaffee", sagte er und freute sich.

Jetzt folgte ich ihm, so wie sich das gehört.

Ein Weilchen später saßen wir in dem Café und hatten immer noch nicht viel geredet – abgesehen davon, dass ich absolut tölpelhaft versucht hatte, ihm zu erklären, wie furchtbar nett ich es von ihm fand, nach dem ausgedachten Champagner-Abend überhaupt noch ein paarmal bei mir vorbeigeschaut zu haben. Und ich fing sofort wieder damit an, dass ich befürchtete, ihn mir weiterhin nur auszudenken. Ich traute meinem Verstand nicht mehr.

Außerdem sagte ich ihm, dass ich irgendwie das Gefühl nicht loswurde, dass, falls er doch wirklich echt war, seine Gegenwart entweder nicht zu verdienen oder sie wenigstens nicht angemessen zu schätzen. Letzteres war übrigens auch nur eine Vermutung, das ist alles so furchtbar schwer zu erklären.

Woher soll man denn überhaupt wissen, ob man Gottes Gegenwart schätzt? Was soll man denn machen? Die ganze Zeit auf Knien rumrutschen? Gebete in mies-improvisiertem Latein vor sich hin murmeln? Gott rücksichtslos mit den eigenen Problemen und Fragen volltexten? Ich war jedenfalls verwirrt und unsicher. Na ja, ich nehme an, das ist auch ganz normal, wenn Gott mit einem spazieren geht und dabei weder Büsche in Brand setzt noch Bauanleitungen für ein gigantisches Schiff in der Tasche hat, das man jetzt gefälligst ganz flott zu bauen hat, bevor morgen früh die Welt auf seine Weisung hin in Dauerregen ertrinkt. Komisch, das auszusprechen, aber so was hätte dieser Gott sich nicht einfallen lassen. Er war anders.

Und er sagte jedenfalls rein gar nichts zu meinen ungeschickten Konversationsversuchen. Er ignorierte mich aber auch nicht wirklich. Er nickte immerhin zwischendurch.

Gottes Nicken. Das konnte bestimmt auch alles heißen.

Gott, bin ich ein Schwachkopf? Nicken.

Oder: Gott, für dich ist das bestimmt alles schon ganz o.k. so, nicht wahr? Nicken.

Gestern im Bus hatte er doch gesagt, er sei meinetwegen gekommen? Warum denn bloß?

Statt ausgelassen mit mir zu schwatzen, saß er dann schließlich einfach entspannt weiter nickend neben mir in diesem lauschigen Gartencafé, angestrahlt von der milden Frühlingssonne, die er selbst, falls er nun wirklich er war, irgendwann in blauer Vorzeit in den wolkenlosen Himmel gehängt hatte. Zwei dampfende Becher Kaffee standen vor uns auf dem Tisch. Ich war weiter so verunsichert, dass ich es noch mal mit Small-Talk versuchte.

„Gott?"

„Hm?"

„Warum trinkst du eigentlich Kaffee? Ist das nicht ungesund? Und, ähem, wenn meine Geschichte im Tagebuch nicht ausgedacht war, dann trinkst du sogar Champagner und rauchst Zigarren?"

„Oh, keine Sorge, ich werd nicht so schnell krank." Gott war plötzlich ganz aufmerksam. „Außerdem werde ich auch gar nicht so lange hier sein."

Dann wieder Schweigen. Offensichtlich wollte er grade nicht plaudern. Für ein paar Sekunden begann ich impulsiv zu glauben, dass er wirklich der war, der er zu sein behauptete. Wir schauten beide still auf den Teich. Eine Entenfamilie zog darauf ihre Bahnen und kreuzte immer wieder unser Blickfeld.

„Siehst du das, siehst du das?", polterte es aus mir heraus.

Er antwortete wieder nicht. Ob er mir Zeit zum Nachdenken gewährte? Sollte ich ein Rätsel lösen, das er mir wortlos aufgab?

Ja, ja, blah, ich weiß, natürlich, es war mehr als in Ordnung, mit Gott in einem Café herumzuhängen und dabei einfach nur seinem Schweigen zu lauschen, aber falls er also wirklich Gott war, brannte mir doch tatsächlich einiges auf der Seele, was ich ihn gern gefragt hätte. Ich lief gerade sogar fast über. Ich war voller Gedanken, Fragen, Sorgen und Nöte. Ich spürte Bewegung in mir.

Und ich spürte noch etwas. Da war es wieder, das Drama, das ich nicht ignorieren konnte: Ich hatte keine Lust mehr. Ich wollte überhaupt nicht mehr leben. Schon eine ganze Weile nicht. Hä? Hatte ich das gerade schon wieder so deutlich ausgesprochen, *aus*gedacht, wenigstens in meinem Kopf? Aber, verdammt noch mal, es stimmte! Ich hatte wirklich keine Lust mehr. Und das klingt so unangemessen beiläufig. Es ging ja nicht um *Keine Lust mehr, auf dieser blöden Party zu sein* oder *Keine Lust mehr, Schokoladenkuchen zu essen*. Es ging wirklich um keine Lust mehr zu leben. Ob ich hier war oder nicht – es machte für niemanden einen Unterschied. Doch. Für mich machte es einen. Das Brodeln wurde stärker.

Ich war fertig.

Ich war einfach nur lebensmüde.

Müde.

Müde.

Alles schon erlebt.

Alles schon gehört.

Alles schon gesagt.

Alles schon gefühlt.

Mein Leben unter der Alles-o. k.-Fassade – intensiv kochende Lava. Übertüncht von gleichförmiger Lethargie. Eine Wolldecke auf einem Vulkan, der nicht mehr schlafen wollte.

Ich musste an Melissa denken.

Es war meine Schuld, dass es ihr so beschissen ging.

Und wer war ich eigentlich?

Die Wahrheit war gefährlich.

Mein Inneres schien plötzlich eine Tragikomödie zu sein, die mich irgendwie unterwegs überanstrengt hatte, weil ich nie im Leben so wirklich wusste, wann ich lachen oder wann ich weinen sollte. Meine Geschichte? Meine Eltern? Meine Tochter? Das alles war blutiger Ernst. Ich war der König der Verdrängungskünstler. Was immer es im Detail noch alles war, es reichte. Wenn mir dieser Tage ein Blumenkübel oder ein Linienflugzeug auf den Kopf gefallen wäre, hätte ich nur mit den Schultern gezuckt und gedacht: Na also. Wiedersehen.

Gott derweil schwieg friedlich weiter und genoss seine Sonne.

„Die Enten!", insistierte ich, um mich von mir selbst abzulenken und die für mich zu anstrengend werdende Stille zu brechen, „Siehst du die?"

„Wunderschön", murmelte Gott, ohne dabei wirklich die Lippen zu bewegen.

„Sie schwimmen immer wieder in unsere Richtung, als ob die Enteneltern deine Nähe suchen und dir zeigen wollten, wie gut sie den Küken schon das Schwimmen beigebracht haben", sagte ich und lächelte dabei etwas debil. Vielleicht wollte ich damit Rührung signalisieren, weiß ich aber nicht. Gott hielt sein Gesicht weiter in die Frühlingssonnenstrahlen und sagte nur leise: „Die Enten wissen schon, dass sie das gar nicht müssen."

„Wirklich?", sagte ich, höchst erfreut darüber, dass er endlich gesprochen hatte.

„Ja, wirklich", sagte er. „Diese Enten wissen eigentlich alles."

Er lächelte nun wieder – auf diese merkwürdige und herzerweichend bedingungslos-väterliche Weise, die wohl kein Vater auf dieser Welt je so hinkriegen wird.

„Alles? Das kann ich mir beim besten Willen nicht vorstellen", entgegnete ich. „Sie können doch gar nicht alles wissen, weil sie doch damals gar nicht von deinem Baum der Erkenntnis genascht haben."

„Den Teil durften sie überspringen", sagte Gott mild.

„Das ist ziemlich ungerecht", nörgelte ich sofort wieder.

Es war bescheuert und ich wusste es, aber auch Neurosen haben ein Recht auf Selbstverwirklichung.

Ich war ja außerdem auch gar nicht wirklich mit Enten, sondern mit meiner Lebensmüdigkeit beschäftigt. Ich hatte mich überdies soeben wieder vor mir selbst geoutet. Es wurde schlimmer. Und ich hätte mir so sehr gewünscht, darüber mit ihm reden zu können. Jetzt. Oder nicht? Nein, wahrscheinlich war es doch besser, dass Gott darüber nichts wusste (falls er denn Gott war, aber ich wollte das jetzt einfach mal kurz glauben). So was macht keinen besonders guten Eindruck, wenn man dem Schöpfer des Lebens gegenübersitzt. Es ist eigentlich sogar ziemlich unhöflich. Man sagte ja auch einem Gourmetkoch nicht, dass man schon satt war, weil man grade zwölf Cheeseburger verspeist hatte. Oder einem Starfriseur, der einem grade einen Gratis-Topfschnitt verpasst hatte, dass man jetzt aussah wie ein armseliger Vollidiot.

„Ich weiß", sagte Gott unvermittelt.

„Was weißt du?", fragte ich überrascht.

„Ich weiß, dass du müde bist", sagte er.

Und dann nach einer kleinen Pause: „Ich bin auch müde. Aber anders." Gott gähnte.

Ich bekam den Mund nicht wieder zu. Aber ich bekam ihn auch nicht in dem Sinne auf, als dass ich noch irgendetwas hätte sagen können.

Gott hielt die Augen geschlossen.

„Die Enten legen übrigens gar keinen Wert auf deine Interpretation von Gerechtigkeit."

Auch diesen ungemein wichtigen Satz ignorierte ich und machte mir den Rest des Tages Vorwürfe deswegen. Stattdessen redete ich wieder blühenden Unsinn. Warum zum Henker redete ich jetzt weiter Unsinn?

„Vielleicht hätte ich auch mein Leben lang stumpfsinnig in irgendeinem Teich herumschwimmen sollen", sagte ich.

Gott schmunzelte wieder. Das erleichterte mich.

„Hättest du natürlich machen können, aber wahrscheinlich wärst du dann schon längst gestorben."

„Weil meine Kräfte dafür nicht gereicht hätten und ich jämmerlich ertrunken wäre?"

„Nein, weil du dich zu Tode gelangweilt hättest", sagte Gott. „Du kletterst doch so gern auf Gedankenberge. Ich hab dir schon immer gern dabei zugesehen. Du machst das sehr geschickt."

Er lachte. Ich lachte mit. Es war wirklich unmöglich, sich davon nicht anstecken zu lassen. Sein Lachen klang wie ein Erdbeben in einem wattierten Frotteemantel. Der Frieden, der von ihm ausging, war weiterhin ganz unglaublich. Ein Kellner kam und wollte mich oder uns wohl gerade fragen, ob wir noch etwas wünschten, drehte aber ab, weil ich so albern kicherte. Ob er Gott überhaupt gesehen hat, weiß ich nicht. Es konnte immer noch sein, dass ich mir das alles nur ausdachte. Wenn das so war, hatte der Kellner einfach nur einen Typen gesehen, der allein rumsaß, die Enten auf dem Teich anstarrte und vor Lachen fast vom Stuhl fiel. Vielleicht googelte er bereits nach der regionalen Klapse.

Gott fing sich und unterbrach unser Glucksen.

„Sag mal, würde es dir etwas ausmachen, jetzt noch einen Moment mit mir zu schweigen?"

Ich war ernsthaft verdutzt.

„Nein, natürlich nicht", sagte ich. Und dann nach einer zu kurzen Pause:

„Na ja, ich hatte nur eigentlich gehofft…"

Gott drehte sich zu mir und blinzelte mich kurz an. „Hm?"

„… dass ich vielleicht ein bisschen mit dir reden könnte. Über die Müdigkeit. Über alles, was mich bewegt. Und mein Leben. Ich habe da nämlich…"

„Ja", unterbrach mich Gott. „Deshalb bin ich ja hier. Aber genau das tun wir grade. Hör einfach genau hin, während du nichts sagst und einfach nur auf den Teich schaust. Das, was ich dir gerade zu sagen habe, erzählen dir meine Assistenten."

Ich wollte nachfragen, ob er damit vielleicht irgendwelche Engelscharen meinte, von denen ich bislang noch keine Kenntnis genommen hatte, die sich aber nun gleich auf uns herabzustürzen gedachten, merkte dann aber, dass er die letzten beiden Silben des letzten Wortes besonders betont hatte. Assist*enten*.

Genau. Es hatte einen Grund, dass wir hier saßen. Es hatte einen Grund, dass die Entenfamilie direkt vor unseren Augen so putzig auf dem Wasser herumflanierte. Plötzlich überkam mich die Gewissheit, dass sie das nicht für ihn, sondern für mich taten.

Gott wandte sein Gesicht wieder der Sonne zu und schloss erneut die Augen.

Er sah jetzt wieder aus wie Gott. So wie im Bus, als er auf die Felder schaute.

Mächtig. Majestätisch. Friedvoll.

Bis auf die rote Nase natürlich.

Aber diese Augen, meine Güte, diese Augen.

Sein Atem wurde ganz ruhig und gleichmäßig.

Dann nickte er ein. Glaube ich jedenfalls.

Ich wurde plötzlich still. Immer stiller. Ich wollte nicht mehr streiten. Ich wollte auch nichts mehr fragen, nichts mehr wissen.

Nach etwa zehn Minuten, in denen ich tatsächlich nichts anderes getan hatte, als seinen schweigenden Assist*enten* zuzuschauen und dabei auf absurde Weise Frieden zu spüren, fühlte ich mich nicht länger wie ein handelsüblicher Idiot, sondern wie ein deutlich glücklicherer handelsüblicher Idiot.

Glück. Wie regungsloses, stilles Wasser.

Die Enten.

Sie schwammen einfach.

Nein, sie schwammen nicht nur.

Sie waren einfach.

Sie waren gut.

Sie waren nichts.

Sie waren alles.

Sie waren einfach Enten.

Sie waren lebendig.

Die Küken.

Die fürsorglichen Eltern.

Sie waren Liebe.

Sie wollten nichts.

Sie taten das Richtige.

Sie machten komische Geräusche.

Es klang lustig.

Es klang traurig.

Es klang.

Ich lauschte.

Ich spürte Glück. Intensives Glück.

Ich schaute zu Gott.

Er saß da und schlief mit offenem Mund.

Ich hörte seinen Atem.

Nach einer kurzen Weile der Stille kehrten meine Gedanken zurück, bildeten kurz ein flatterndes Rudel und fragten mich im Chor, was genau mir dieses Glück des Augenblicks nun beschert hatte.

Mir fiel aber nichts ein. Und genau das war wohl die einzige Antwort, die ich in diesem Moment brauchte. Mir fiel nichts ein. Aber noch besser war, dass mir auch nichts einfallen sollte. Ich wollte in dieser Minute keine Antwort. Warum auch? Ich war gerade eine Ente geworden. Ich war einfach nur da. Ich wollte nichts. Ich war lebendig. Ich hörte den Ton meines eigenen Seins erklingen. Dabei war nicht wichtig, wer oder was genau ich grade war.

Ich brauchte keine Erklärung.

Gott war auch eine Ente. Und er war die Sonne. Und er war die Sterne.

Und er hatte eine rote Nase.

Und für einen Moment war alles gut.

Für einen Moment.

War alles gut.

DAS RECHT AUF ENTTÄUSCHUNG

Wir hatten nicht mehr viel gesprochen. Gott war irgendwann aus seinem kleinen Schlummer erwacht, hatte väterlich seinen Arm um meine Schulter gelegt, mir erklärt, dass er jetzt für eine Weile in seine Unterkunft zu gehen gedachte und dass er sich später wieder melden würde. Ja, klar: *Kein Problem, bis später also, Herr Gott.* Ich blieb noch ein Weilchen sitzen, bezahlte unseren Kaffee und schlenderte schließlich über den Feldweg wieder heimwärts. Das Gefühl der Ruhe und des ungeahnten Friedens, das mir der Gedankenaustausch mit Gott und seinen hingegebenen Enten verschafft hatte, ließ es sich gefallen, noch etwa eine halbe Stunde in mir zu verweilen.

Dann kamen blitzartig die Zweifel zurück. Sie hatten Blechbläser dabei und musizierten in meinem Innenohr. Dort posaunten sie, dass das doch wirklich immer noch vollkommen unglaublich sei, dann trompeteten sie, dass ich mir das alles definitiv nur einbildete. Auf dem Rückweg sinnierte ich unweigerlich über den kleinen unscheinbaren Satz, den Herr X – Gott oder nicht – gestern im Bus zu mir gesagt hatte, nämlich den mit der Inspiration.

Es war doch so: Selbst wenn ich mir die Champagner-Geschichte nur ausgedacht hatte, auch wenn dieser Gott also doch nichts anderes wäre als ein Produkt meiner Fantasie – dann wäre er gleichzeitig doch real, spätestens seit dem Moment, in dem er aus meinen Gedanken auf ein leeres Blatt Papier gefallen war. Die Realität ist schließlich immer das, was wir denken und tun, sehen oder fühlen, nicht wahr? Das, was wir glauben.

Ich dachte daran, dass der Begriff *Gott* im Laufe der Jahrhunderte auf furchtbarste Weise missbraucht und missinterpretiert worden war. So viel Unheil war über die Menschen gekommen, weil sie nicht damit aufhören konnten, dem Gott, an den sie jeweils glaubten, diese ganzen kriegerischen, intoleranten, rachsüchtigen Charaktereigenschaften anzudichten, die sie aus den Untiefen ihrer eigenen verletzten, sadistischen oder machthungrigen Seelen holten. Falls Gott aber so gewesen wäre wie der Herr im Bus, dann wäre wohl niemals auch nur der kleinste Krieg in seinem Namen angezettelt worden. Höchstens hätten sich die Völker darum gestritten, wer ihm die nächste Zahnbürste bezahlt.

Nein, dieser Gott würde weder Bomben auf syrische Kinder werfen noch den ganzen Plastikmüll in die Meere schütten. Er würde niemanden auf die Straße schicken. Und niemanden in die Hölle. All das taten wir Menschen ja selbst. Die Frage, warum Gott all das zuließ, war schwachsinnig. Wir mussten uns fragen, warum wir selbst das alles zuließen.

Mit der Einschränkung, dass wir eben waren, wie wir waren. Ich schrieb ja kürzlich schon, dass ich mir selbst nicht gefiel. Falls Gott mich gemacht hatte, war ich eine Version mit viel zu vielen Fehlern. In den menschlichen Seelen befand sich so viel Schrott. In meiner sowieso. Aber vielleicht dachte ich ja auch das nur. Vielleicht war auch das Interpretation und ich dachte mir nur aus, dass ich fehlerhaft war. Ich wusste plötzlich nicht mehr, warum ich mir selbst eigentlich glauben sollte, was ich dachte. Das war ja nur ich.

Da kam dann wieder seine Bemerkung über die Inspiration ins Spiel. War es womöglich das, was Gott mir im Bus sagen wollte: Wenn ich mir nur ausdenken konnte, was auszudenken mir eingegeben wurde, bzw. mir nur ausdenken konnte, was der, der mich ausdachte, mir die gedankliche Freiheit zu erschaffen erlaubte? Wer oder was wäre dann die Quelle? Wer oder was ermöglichte uns, dass wir so frei waren, uns Gott oder Elektrizität oder schlechte Schlagermusik oder Kriege oder Frieden überhaupt ausdenken zu können? Da blieb ja ganz schnell wieder nur Gott.

Na gut, wenn wir uns aber Gott nur ausdenken können, weil Gott uns diese Fantasie ermöglicht, dann bedeutet das ja, dass Gott unsere Fantasie ausgedacht hat, damit wir uns selbst erzählen können, dass wir ihn ausgedacht hätten, während er über allem thront und wahrscheinlich über diese wunderbare Freiheit oder auch über unsere selbstgerechte Arroganz lächelt.

Konnte es so sein? Gott denkt sich Menschen aus, die sich dann Gott ausdenken und damit prahlen, dass sie den erfunden haben, der sie erfunden hat. Oder: Gott denkt sich Menschen aus, die die Freiheit besitzen, sich auszudenken, dass es ihn gar nicht gibt. Passiert ja auch oft. Eigentlich ist das alles eine ziemlich gute Sache. Die Freiheit erfinderischer Gedanken als Konzept. Sämtliche Formen von subjektivem oder kollektivem Versagen inklusive. Mon dieu.

Als ich so gedankenbeladen zu Hause angekommen war, klingelte das Telefon. Unbekannte Nummer. Ich ging ran.

„Hallo, hier Yüksel."

Der Automechaniker. Wie passend. Ich brauchte grade selbst auch ein paar neue Teile.

„Hallo, Yüksel, wie sieht's aus?"

„Auto dauert noch, mein Freund."

„Oh, wie lange denn?"

„Weiß nicht, mal sehen, Teile noch nicht gefunden. Getriebe schwierig, muss fragen Schwager. Vielleicht morgen. Sonst übermorgen, arbeite Sonntag sowieso, weil zu Hause Kindergeburtstag. Sonst überübermorgen."

Ich dachte kurz nach. So lange hatte ich eigentlich nicht auf den Wagen verzichten wollen.

„Hast du vielleicht einen Leihwagen für mich, wenn es jetzt noch lange dauert?", fragte ich vorsichtig.

„Leihwagen? Bin ich ADAC oder was?", reagierte Yüksel etwas gereizt.

Dann verabschiedete er sich schnell. Mir war das irgendwie ganz recht. So wichtig war das Auto auch wieder nicht. Es würde schon rechtzeitig zurückkommen.

Ich ließ mich aufs Sofa fallen und nickte sofort ein. Mein Kopf war wieder zu voll und die Situation zu groß, zu absurd, als dass ich irgendetwas Profanes hätte anfangen können. Als der Schlaf mich umfing, begann ich sofort zu träumen. Da saß ich wieder im Bus mit Gott und er lächelte mich wieder einfach nur an. Und dann klingelte das Telefon plötzlich schon wieder. Nicht im Traum, in meiner Hosentasche. Ich schreckte hoch, brauchte einen Moment, um mich zu orientieren. Dann drückte ich wieder die Hörertaste.

„Hallo? Yüksel?", sagte ich etwas benommen.

„Nein. Ich bin's. Kann ich kurz vorbeikommen?"

„Melissa", erschrak ich und sortierte mich weiter. „Äh, ja, natürlich, das hatte ich dir doch schon gesagt. Ich würde dich gern abholen, aber mein Auto ist grad in der Werkstatt. Wo bist du denn? Bist du zu Hause?"

Nach meinen letzten Informationen war Melissas Zuhause seit ein paar Monaten eine 1-Zimmer-Wohnung in einem Stadtviertel, das kürzlich von der Presse als „nächtliches Kriegsgebiet" bezeichnet worden war. Definitiv nicht der beste Ort für ein 18-jähriges Mädchen, das mit ihren Eltern normalerweise nichts zu tun haben wollte. Ein 18-jähriges Mädchen, das wahrscheinlich schwere Drogenprobleme hatte.

„Nee, schon okay, ich nehm den Bus. Bin dann ungefähr in einer Stunde da."

„Ja, o. k. Und Melissa? … Ich freue … "

Ein schneller Piepton in meinem Ohr. Sie hatte aufgelegt.

„… mich auf dich."

Ich ließ das Telefon aufs Sofa gleiten und schloss die Augen.

Melissas Mutter Valerie und ich hatten uns getrennt, als Melissa acht war. Wir hatten in der Trennungsphase wohl alles falsch gemacht, was man als Eltern falsch machen kann. Wir waren so sehr mit dem Versuch beschäftigt gewesen, unsere verletzten Egos zu bändigen, dass wir Melissas Gefühle überhaupt nicht mehr ausreichend wertschätzen konnten. Ich glaube, es war uns sogar bewusst. Mir jedenfalls. Aber ich konnte es nicht ändern. Wahrscheinlich war Melissa nicht wirklich traurig darüber gewesen, dass wir uns trennten, denn die letzten drei Jahre unserer Beziehung waren eine einzige Qual gewesen und natürlich wirkte sich das auch auf ihre kleine Seele aus. Aber sie hatte allen Grund, traurig darüber zu sein, dass ihre Eltern sich nicht wenigstens trennen konnten wie vernunftbegabte Menschen, die sich überdies auch noch gegenseitig wertschätzten und so der Kinderseele ein Vorbild hätten sein können.

Die richtige Botschaft von uns wäre gewesen: Auch in Krisen, bei persönlichem Versagen und innerhalb unterschiedlicher Lebenskonzepte ist es möglich, respektvoll miteinander umzugehen. Melissa war im Recht, traurig darüber zu sein, dass wir nicht ehrlich und cool damit waren, dass es mit uns einfach nicht funktioniert hatte – darüber, dass sich in dieser Krise erwies, dass Valerie und ich überhaupt keine Freunde waren, sondern *nur* Ehepartner. Diesen freundschaftlichen Umgang miteinander wären wir ihr schuldig gewesen. Und uns selbst. Und das haben wir im großen Stil vermasselt.

Valerie war damals sofort in einem Meer aus Verachtung für mich versunken. Ich hatte zuvor die Trennung forciert, weil ich die Einsamkeit nicht mehr ausgehalten hatte. Ich wollte so nicht weiterleben.

Unser Leben war gelogen. Valerie war aber nicht bereit gewesen, meine Wahrheit über die Lüge zu hören. Sie gab mir fortan die Schuld an allem, was in ihrem Leben schiefgelaufen war, und ließ ziemlich schnell eine zickige, übergewichtige Anwältin auf mich los, die in ihrer Freizeit wahrscheinlich Sumo-Ringerin war und zum Frühstück rohes Antilopenfleisch aß. Außerdem benutzte sie Melissa als Waffe, schikanierte mich, erfand Lügen über mich, erzählte Melissa, was für ein schrecklicher Mensch ich sei, dass ich das Familienleben „zerstört" hatte. Dann schaltete sie das Jugendamt ein und wollte mir sogar verbieten, Melissa zu sehen.

Ich versuchte erst noch, alles friedlich zu klären, um dann, als es nicht funktionierte, mit einer Kälte zu reagieren, die eigentlich nie zuvor in mir gewesen war. Es war furchtbar, als hätte jemand der Wärme meines eigenen Herzens Eisbeutel aufgelegt. Ich nahm mir auch einen Anwalt, um mich zu wehren. Und fühlte mich dabei scheußlich. Valerie ließ daraufhin verfügen, dass ich Melissa nur an den Wochenenden sehen durfte. Melissa wollte mich aber sehen und begann, ihre Mutter mit der gleichen Verachtung zu betrachten wie diese mich. Mit der Zeit wandelte sich das. Melissas Verachtung traf auch mich. Sie traf mich wirklich. Es war wohl eine Mischung aus all den schlechten Worten, die sie von Valerie über mich gehört hatte, und dem wachsenden Gefühl, dass auch ich sie im Stich gelassen hatte. Ich verstand das. Wir sprachen nicht mit ihr, erklärten es ihr nicht. Wie hätten wir das auch anstellen sollen? Hör mal, wir sind beide total irre? Melissa hatte recht mit ihrer Verachtung.

Vor einem Jahr, als Siebzehnjährige, war sie bei Valerie und ihrem aktuellsten Partner ausgezogen, in eine WG mit zwei Freundinnen. Wir gingen damals noch regelmäßig gemeinsam etwas essen oder einen Kaffee trinken und Melissa hatte trotz ihrer spürbaren seelischen Nöte noch Pläne und Träume. Sie hatte die mittlere Reife absolviert und sich gerade beim Theater als Requisiteurin beworben. Als das nicht

klappte, weil sie nach einer Partynacht den Vorstellungstermin verschlafen hatte, begann sie in irgendwelchen Kneipen als Kellnerin zu
jobben. Und sie begann Drogen zu nehmen. Und das machte sie beides
heute noch, soweit ich das wusste. Wir sahen uns fast nie. Immer wenn
wir uns begegneten, bat sie mich um Geld. Ansonsten sprach sie nicht
wirklich mit mir. Und ich sprach auch nicht mit mir.

KEINE SCHULD FÜR NIEMAND

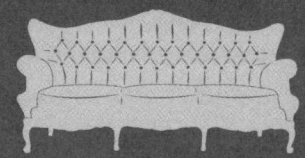

• •

Die Schuldgefühle der Menschen haben eine Dynamik, die zuweilen so rasante Bewegungen auslöst, dass sogar den geschicktesten Schutzengeln ganz schwindelig wird. Die zuständigen Cherubim arbeiten normalerweise vom sechsten Himmel aus, sie sind für diese Aufgabe wirklich die Allerbesten. Die Justierung der Schuldgefühle erfordert so viel Feingefühl, außerdem nehmen die seelischen Entgleisungen unter den Menschen seit Jahrzehnten dramatisch weiter zu. Das Gefühl der Schuld, das die Atmosphäre auf meiner wunderschönen Welt schon fast seit Beginn prägt, ist eine direkte Frucht der Erkenntnis, dass die Menschen dank ihres freien Willens glauben, selbst darüber entscheiden zu können, was gut oder schlecht, was richtig oder falsch, was göttlich oder teuflisch ist.

Vor einiger Zeit hatten wir deshalb im siebten Himmel ein spontanes Meeting, weil Gautama, Jesus, Maria Magdalena, Athene und Brahmani sich sorgten und wünschten, noch tieferen Einblick in meinen minutiösen Evolutionsplan zu bekommen. Ach, sie sind so feine, warmherzige Geister und es ist immer eine so große Freude, mit ihnen und den anderen beisammen zu sein. Nach dem Treffen und einem Blick in die Tiefen der Zeit, den ich ihnen bei einem Stückchen Kuchen gewährte, waren alle dann glücklicherweise auch wieder ganz beruhigt. Es dauert hier unten eben alles noch ein Weilchen. Bis der nächste Entwicklungsschritt vollzogen ist, wird das Schuldgefühl unter den Menschen zunächst noch mehr Gewicht bekommen. Sie dürfen eben tun, was ihnen gefällt. Das kollektive Weltbewusstsein wird aber erkennen müssen, was sie sich da gegenseitig und vor allem, was sie sich *selbst* damit antun.

Die Schuld ist die Zwillingsschwester der Angst. Sie ernährt sich aus dem Gefühl, etwas falsch zu machen und die ganze Idee des Falschmachens entsteht ja überhaupt nur aus dem Irrglauben, dass es ein absolutes Richtig überhaupt geben könnte. Die Messlatte, die die Menschen sich dabei ausgedacht haben, ist viel zu hoch. Sie liegt sogar so hoch, dass niemand sie jemals gesehen hat. Sie ist Illusion, doch das menschliche Maß ist derzeit noch Perfektion. Nur ist Perfektion mit Moral und Gesetzen nicht zu erreichen. Sie findet sich nur in der tiefsten Stille, in der Essenz der bedingungslosen Liebe, die ich bin, einer Liebe, die alles Glück und allen Frieden der Universen in sich trägt.

Und wie trefflich formulierte es doch damals unser Sohn, als er eine Weile hier unten unterwegs war: „Die Gesetze sind für den Menschen gemacht, nicht der Mensch für das Gesetz." Der Mensch nämlich ist dafür gemacht, ein Liebender zu werden. Darin ist alles andere ja ganz selbstverständlich enthalten. Diese Wahrheit hat sich jedoch noch nicht entfalten dürfen. Die Menschen dieser Epoche leben weitaus mehr unter dem Joch ihrer selbst gemachten Gesetze als je eine Generation zuvor. Nun sind ja noch die furchtbaren Paragrafen des Geldes dazugekommen, Schuld und Angst sind längst zu Blockaden geworden. Glücklicherweise gibt es aber keinen Grund zur Unruhe. Es steht ja schon fest, dass alles gut wird. Der Fluss der Zeit fließt. Alles ist in ihm geborgen. Und schließlich fließt er immer zu mir.

Mein lieber Leon hat sein eigenes Schuld-und-Angst-Dilemma jetzt schon sehr lange ins Dunkel des Vergessens verbannt. Wie so viele menschliche Seelen. Es ist aber auch wirklich sehr unangenehm: Die Täler der vermeintlichen Schuld sind auch von ihm zu durchwandern, nur um zu verstehen, dass die Schuld am Ende so relativ ist, dass sie eigentlich gar nicht existiert, dass sie nur ein verrücktes Abkommen ist, an das sich alle halten.

Was nun gegen Leons und alle anderen ausufernden Schuldgefühle helfen wird? Die Berührung einer Liebe, wie man sie auch für ein Neugeborenes empfindet. Immer wieder neu. Ohne Bedingung. Ohne Verfallsdatum. Nur Liebe.

Oder, ich will es mal so sagen: Das Einzige, was hilft, bin ich.

EiN DUNKLER WiND

Ich hatte schnell geduscht und etwas zu essen vorbereitet, falls Melissa Hunger haben sollte. Und falls sie Lust haben würde, ein wenig Zeit mit mir zu verbringen. Ich hoffte es. Zwischendurch schaute ich immer wieder zur Uhr. Ich hatte die Busfahrpläne gegoogelt. Es klopfte an der Tür. Ich war etwas aufgeregt und öffnete. Da stand sie. Es war verblüffend. Sie war schön, ihrer jungen Mutter Valerie wie aus dem Gesicht geschnitten. Aber sie sah trotzdem schrecklich aus – traurig, müde, ausgelaugt. Ich wollte die Arme ausbreiten, sie einen Moment schützen, trösten, halten, was auch immer. Aber ich konnte nicht. Sie machte auch keine Anstalten, mir um den Hals zu fallen. Ich blieb steif stehen und bat sie herein.

„Wie schön, dich zu sehen", sagte ich. Sie machte nur einen Laut, der alles Mögliche bedeuten konnte. Wir standen in meinem kleinen Flur.

„Hast du Hunger? Ich koche uns was, o. k.? Möchtest du einen Kaffee? Einen Tee? Komm doch erst mal rein."

Sie schüttelte leise den Kopf und schaute mich flüchtig an.

„Ich möchte nichts. Will gleich den nächsten Bus zurück nehmen, der fährt in fünf Minuten."

„Nimm doch den nächsten in zwei Stunden", sagte ich vorsichtig.

„Geht nicht, dann komme ich zu spät zur Arbeit."

Sie schaute mich jetzt nicht mehr an, sondern starrte auf ihre ausgelatschten Sneakers.

„Hey…", versuchte ich zögerlich, Kontakt zu ihr aufzunehmen, „ich würde mich echt freuen, wenn wir mal reden könnten. Es wäre… schön. Und vielleicht kann ich dir helfen, wenn du möchtest."

Melissa wurde von null auf hundert aggressiv und fauchte mich an. „Ich will nicht reden, was gibt es wohl noch zu reden? Bisschen spät, oder?"

Ich hob erschrocken und abwehrend die Arme.

„O. k., schon gut", sagte ich.

Ihre Stimme beruhigte sich wieder.

„Aber helfen kannst du mir."

Ich nickte und versuchte, Augenkontakt zu ihr herzustellen. Es gelang mir nicht wirklich, unsere Blicke trafen sich nur für die Dauer eines Wimpernschlages.

„Was ist denn los?", sagte ich sanft.

„Hab ein paar Probleme. Ich brauche ein bisschen Geld. Kannst du mir vielleicht mit dreihundert aushelfen?"

Alles in mir drängte, sie damit zu konfrontieren, dass sie immer nur dann Kontakt zu mir suchte, wenn sie Geld brauchte – dass es mich enttäuschte, beunruhigte und verletzte, aber ich brachte es nicht über die Lippen, weil ich verstand, dass sie ein Problem hatte, das sich nicht beheben ließ, indem man sie unter Druck setzte.

Ich ließ mir meine Ohnmacht nicht anmerken. All die guten Ratschläge der Therapeuten und Psychologen und Co-Abhängigkeits-Experten, die ich in den letzten Jahren gehört und gelesen hatte, vollzogen ein kurzes Tänzchen in meinem Kopf. Die *richtige* Reaktion wäre wohl gewesen, einfach Nein zu sagen. Aber *richtig* war ja gar nicht möglich. Es war meine Tochter, die vor mir stand, mein Fleisch und Blut, ein Teil meiner Seele. Ein Sprichwort kam mir in den Sinn, es war eins der wenigen, die ich mir aus dem Konfirmationsunterricht gemerkt hatte. „Kein Vater gibt seinem Kind einen Stein, wenn es ihn um Brot bittet."

Ich ging zum Kleiderständer, holte mein Portemonnaie aus der Jackentasche und zupfte alle Scheine hervor, die sich darin befanden. Ich zählte kurz, es waren 270 Euro, dazu noch ein paar Münzen. Ich reichte ihr die Scheine. Sie nahm sie schnell, rollte sie zusammen und steckte sie in ihre Hosentasche. Dabei verrutschte kurz ihr Ärmel und ich sah, dass sie am Arm einen Verband trug.

„Was hast du da gemacht", fragte ich, „hast du dir wehgetan?"

„Nichts."

Ich verstand.

Sie drehte sich um und öffnete die Tür ins Freie.

„Ein Danke vielleicht?", rutschte mir der Frust heraus und ich schämte mich schon in dem Moment, in dem ich es aussprach.

„Ja, klar, danke, vielen Dank, untertänigst", sagte sie tonlos und ging.

Ich stand in der Tür und schaute ihr mit offenem Mund nach.

Sie drehte sich nicht mehr zu mir um.

Ein dunkler Wind durchwehte mein Herz.

Ich setzte mich ins Wohnzimmer und ließ den Kopf hängen. Von der Straße hörte ich das Brummen des Busses, dann, wie seine Türen sich öffneten und schlossen, wie er wieder anfuhr.

Das Telefon klingelte. Ich wollte mit niemandem sprechen. Doch plötzlich durchzuckte mich die Idee, dass Melissa vielleicht doch noch etwas sagen wollte, vielleicht hatte sie es sich anders überlegt und wollte an der nächsten Haltestelle aussteigen und zurückkommen und doch ein bisschen was essen und reden. Endlich reden. Ich nahm das Telefon und drückte wie in Panik auf die Hörertaste. Noch der Bewegung sah ich, dass es nicht Melissa, sondern eine unbekannte Nummer war, und ärgerte mich. Aber es war zu spät.

„Ja?", sagte ich.

„Darf ich dich morgen zum Frühstück einladen?", hörte ich Gottes sanfte Stimme.

Ich war so perplex, dass es ein paar Sekunden dauerte, bis ich antworten konnte.

„Ich, äh ... ja, meinetwegen", stotterte ich schließlich.

„Ein schönes Café in der Stadt. Um zehn? Ich schicke dir noch eine sms mit der Adresse."

„sms? Hast du ein Handy?"

Natürlich war das wieder eine selten blöde Frage, aber irgendwie auch nicht. Immerhin hatte er vorgestern noch nicht mal eine Zahnbürste besessen.

„Hab ich geschenkt bekommen", sagte er. „Ich werde es nicht lange behalten, wollte es aber unbedingt mal benutzen und wissen, wie sich so was überhaupt anfühlt."

Seine Stimme verriet, dass er wieder lächelte.

„Aha", sagte ich und war schon wieder verwirrt.

„Also um zehn, sms kommt", sagte er.

„Ja, ist gut."

„Ich freue mich auf dich."

„Ich, ähm ... freue mich auch."

„Und Leon?"

„Ja?"

„Vielleicht kann ich dir helfen, wenn du möchtest."

Es war der gleiche Satz, den ich vorhin zu Melissa gesagt hatte. Er hatte ihn sogar fast genauso betont. Ich sagte nichts. Immerhin fauchte ich Gott nicht gleich an, wie sie es getan hatte, aber so ganz abwegig war das auch nicht.

„Bis morgen", sagte Gott und legte auf.

„Bis morgen", sagte ich ins Leere.

Falls er wirklich er war, hatte er es wahrscheinlich trotzdem gehört. So wie er womöglich alles hörte. Das, was ich sagte, und das, was ich dachte, und das, was ich nur fühlte. Aber das war natürlich alles Quatsch. Und der Typ war selbstverständlich auch nicht Gott.

Wie ich eines Tages mit Gott in der Stadt herumschlenderte und langsam zu glauben begann, dass er wirklich Gott ist

Leons Tagebuch. Samstag, 15.9.,
im Wohnzimmer, 22.30ʰ

. . . .

Ich hatte unruhig geschlafen und war zeitig aufgestanden. Mein erstes ganz offizielles Treffen mit dem Mann, der Gott zu sein behauptete, verursachte mir positive Aufregung, die ich mir allerdings weiterhin nicht eingestehen wollte. Es musste doch was faul sein an der
ganzen Sache. Ich hatte mir deshalb eifrig vorgenommen, „Gott" heute
um einen Beweis – also irgendein Wunder seiner Wahl – zu bitten,
und war sicher, dass seine Psycho-Zahnbürsten-Auflauer-Taschen-
spielertricks dann nicht mehr ausreichen würden. Um 8.15ʰ erreichte
mich tatsächlich eine sms von ihm. *Die schönsten Begegnungen schenkt*
einem der Himmel. 10ʰ Fußgängerzone Ecke Dobrindtstraße/Rulthol-
zer Damm. Einverstanden? Shalom. Ich schrieb ein O.k. zurück und
machte mich auf den Weg, fuhr mit dem Bus in die Stadt und von
dort aus mit der S-Bahn weiter. Unterwegs erreichte mich passender-
weise eine sms von Autoschrauber-Yüksel: *Reparatur dauert noch ein*
paar Tage, Schwager auch kein Getriebe. Muss kucken. Melde mich. Ich
schrieb zurück: *Ja, bitte melde dich. PS: Und du hast wirklich keinen*

Leihwagen? Die Antwort kam prompt: *Nein! Doch schon gesagt, bin nicht ADAC.*

Ich kam in der Stadt an. Ich kannte die Fußgängerzone, sie lag im Herzen dieser Metropole, nicht weit entfernt vom Hauptbahnhof und dem dahinterliegenden Drogen- und Rotlichtviertel, in dem Melissa zuletzt wohnte. Und gleich dahinter, auch typisch für die Großstädte unserer Welt, begann ein Viertel der Schönen und Wohlhabenden, in dem die prunkvollen Altbauvillen von wunderbaren Grünflächen und Buchenalleen gesäumt waren.

Es begann zu nieseln. Ich war pünktlich an der verabredeten Ecke der Fußgängerzone. Gott auch. Er sah anders aus, trug jetzt einen schicken anthrazitfarbenen Anzug, in der Brusttasche der Jacke ein schwarzes Einstecktuch, dazu schwarze Herrenschuhe und ein weißes, frisch gestärktes Hemd. Seine dichten weißen Haare waren zurückgekämmt, vielleicht leicht geölt oder geschmiert. Er sah unfassbar gut aus. Plötzlich viel weniger Clochard, viel mehr George Clooney. Nur die gerötete Nase war noch da. Seine satt-himmelblauen Augen strahlten wieder, als er mich sah. Das war verrückt, dieser wohlwollende Blick konnte doch unmöglich mir gelten. Na ja, was wusste ich schon, vielleicht freute er sich auch bloß inbrünstig auf einen leckeren Kaffee.

Ich fragte nach dem Café, in das er mich zu führen gedachte, und er erklärte mir, dass es ein Stückchen weg sei, er aber Lust gehabt hatte, zuvor noch ein kleines Stück mit mir zu Fuß zu gehen. Also schlenderten wir los, vorbei an den üblichen Ladenketten und an den vielen aufgescheuchten Menschen, die durch die Fußgängerzone hetzten, als sei heute der letzte Tag, an dem es möglich sein würde, all das Geld auszugeben, das zu besitzen ihre Seelen erleichterte und ihre Taschen beschwerte. Und während ich das dachte, fiel mir siedend heiß ein, dass ich mein ganzes Geld Melissa gegeben hatte. Ich fühlte mich irgendwie verpflichtet, Gott darüber zu informieren, dass ich pleite war.

„Heute bin ich übrigens der, der kein Geld bei sich hat", sagte ich, während wir uns in Bewegung setzten. Gott war ganz unbeeindruckt. „Ich hab auch keins. Komm, holen wir uns was."

Er griff nach meiner Hand und führte mich durch den entgegenkommenden Menschenstrom zu einem Bankautomaten. Es muss ziemlich drollig ausgesehen haben: ein ziemlich ungleiches Männerpärchen, das Hand in Hand rüber zur Bank ging. Ich verkniff mir das Lachen.

Als ich mich gerade noch fragte, ob er wohl mittlerweile nicht nur ein Handy, sondern auch eine EC-Karte besaß, legte er einfach seelenruhig seine bloße Hand auf die Automatentastatur. Das vertraute mechanische Surren aus dem Inneren des blechernen Dingsbums ertönte. Dann kam ein richtig dickes Bündel Hunderter aus dem Geldschlitz. Das waren bestimmt ein paar Tausend Euro. Gott schaute etwas irritiert. Ich auch, denn er hatte da eben verflixt noch mal wirklich keine EC-Karte benutzt. Nur seine Hand. Seine Hand!? Wie um Himmels willen ging denn so was? Mir blieb keine Zeit, mich über das Wunder zu wundern.

„Oh", murmelte er in seinen Bart. „Ich glaube, das war jetzt doch etwas zu viel."

Er drehte sich um. Hinter uns hatten sich zwei weitere Passanten angestellt, um Geld abzuheben, ein älterer Herr und eine junge Frau.

„Verzeihung, ich habe den Automaten versehentlich leer gemacht. Wie viel braucht ihr?", fragte Gott die beiden.

Ihre verwunderten Blicke waren unbezahlbar.

Die junge Frau zögerte und sagte dann verschämt: „Einhundert."

Gott gab ihr einen Hunderter und lächelte sie an.

„Ja, aber … ", staunte sie. „Wie soll ich Ihnen das denn zurückgeben?"

„Du musst mir überhaupt nichts zurückgeben", sagte er und freute sich dabei wie ein Kind.

Die junge Frau bedankte sich überschwänglich und machte sich dann mit hastigen Trippelschrittchen auf den Weg. Ihre Furcht, dass der sonderbare Kauz es sich noch anders überlegen könnte, war mehr als offensichtlich.

Der ältere Herr staunte ebenfalls Bauklötze. Er konnte seinen Blick gar nicht von dem dicken Geldbündel lösen, das Gott immer noch in der Hand hielt. Nackte Gier im Blick eines Menschen zu erkennen ist normalerweise wahrscheinlich gar nicht so einfach. Vielleicht brauchte man dafür eine besondere Gabe. Falls das so war, besaß ich sie in diesem Moment. Na gut, zugegeben, so schwer war das nicht, denn der Alte sabberte jetzt fast, im Angesicht der Chance seines Lebens.

„Und du?", fragte Gott ihn.

„Tausendfünfhundert" sagte der Alte, ohne rot zu werden, und mit fester Stimme.

Gott reichte ihm auch einen Hunderter.

„Das stimmt doch gar nicht, Herbert", sagte er dabei trocken.

Der Alte blieb völlig verdutzt zurück, als wir unseren Weg fortsetzten. Ich halte es übrigens durchaus für möglich, dass er jetzt immer noch dort steht oder vielleicht auch noch bis tief hinein in die Vorweihnachtszeit.

Wir setzen unseren Weg fort. Aus der Entfernung war ein Straßenprediger zu hören, der sich offenbar ziemlich über irgendetwas aufregte. Gott begann plötzlich dezent zu schniefen.

„Hast du zufällig ein Taschentuch?", sagte er im Weitergehen.

„Nein, leider nicht", sagte ich. „Was ist denn?"

„Das ist diese unangenehme Allergie", sagte er.

„Ach, du bist allergisch?", fragte ich verwundert nach. „Gegen was denn?"

„Gegen eine bestimmte Art von Lügen", sagte er und ging dann nicht weiter darauf ein. Das war aber wohl weniger Unhöflichkeit als die Tatsache, dass wir den vergrätzt herumbrüllenden Straßenprediger nun erreicht hatten und Gott irgendwie fasziniert von ihm zu sein schien.

Eine Handvoll Leute hatten sich um den Mann versammelt, Gott nahm wieder meine Hand und bremste unseren Weg. Wir blieben stehen und hörten dem Schreihals einen Moment zu.

„Wahrlich, ich sage euch!!", rief der Prediger mit lauter, aufgeregter Stimme in die Runde und versuchte dabei leidlich erfolgreich, den Lärmpegel der Stadt zu übertönen.

„Weh euch, all ihr Diebe, ihr Homosexuellen, ihr Geschiedenen, ihr vom Glauben an den Herrn abgefallenen Sünder, wohnhaft im Pfuhle der Fleischeslust! Sünder, sage ich, widerwärtige Sünder!! Hört das Wort des Herrn, ihr seid Ihm ein Gräuel! Kehrt um von euren ekelhaften Wegen oder die furchtbare Strafe des Herrn wird über euch kommen!! Ewiges Leiden und Zähneknirschen wird sein für all jene, die nicht auf dem schmalen Pfad der Rechtschaffenheit wandeln! In der Hölle werdet ihr schmoren, denn so will es der Herr! Er hasst eure sündhaften Wege!"

Ich war auch fasziniert. Nicht von der Botschaft, denn ihr Überbringer bedurfte offensichtlich dringend therapeutischer Hilfe, aber von der Vehemenz der Energie, die alle Anwesenden irgendwie für einen Moment in ihren Bann zog. Die Worte des Mannes machten Angst. Sie waren dunkel und unheimlich und sie stellten Gott als einen blutrünstigen, gnadenlosen Mittelalter-Moralisten dar. Ihre furchtbaren Schwingungen drangen durch die Absurdität des Vortrags. Es war, als würde man bei einer eigentlich ganz netten Senioren-Tanzteeveranstaltung überraschend von einem Berserker angeschrien werden, der einem auf diese Weise Tupperdosen verkaufen wollte, im Sinne von: „Kauft mir die Scheißdinger jetzt endlich ab, ihr borniierten Schwachköpfe. Und wenn sie nicht kauft, schütte ich euch eine Riesenladung rote Grütze mit Sauerkraut und Vanillesoße direkt in den Hemdkragen."

Neben mir hörte ich plötzlich sehr heftiges Schniefen. Gottes Nase lief und war sehr rot geworden. Die Allergie schien deutlich schlimmer geworden zu sein. Ich schaute ihn mitfühlend an und bemerkte, dass sich da ein heftiger Nieser in ihm zusammenbraute. „Vorsicht", sagte Gott noch, dann konnte er nicht mehr an sich halten. Ein erdbebenartiges Niesen schallte durch die Fußgängerzone und es entstand eine wuchtige Druckwirkung, die innerhalb eines Sekundenbruchteils alle Bäumchen im näheren Umkreis entlaubte. Der heftige Windstoß erfasste für eine Sekunde die ganze Straße. Die bummelnden Passanten gerieten allesamt in Schräglage, ein paar Sonnenschirme und Werbepappaufsteller vor den Läden fielen scheppernd um. Dann kehrte die Windstille zurück und bis auf die temporär sehr überraschten Menschen war alles war wie vorher.

Na ja, fast alles. Der Prediger brüllte immer noch rum, als wäre nichts geschehen. Dabei bemerkte er aber offensichtlich nicht, dass der heftige Windstoß ihm hinten aus der Hose ein nicht unwesentliches Stück Textil entfernt hatte und sich an der betreffenden Stelle nun ein kreisrundes Loch befand, das seinen Hintern komplett freigelegt hatte. Auch einer seiner Ärmel war weggeweht, aber das schien angesichts der weitaus größeren Peinlichkeit unterhalb des Gürtels verschmerzbar. Der Bursche war allerdings so versunken ins Verbreiten seiner furchtbaren Botschaft, dass er einfach unverdrossen weiterzeterte, ohne die unverhoffte Frischluftzufuhr zu bemerken. Immer mehr Leute blieben nun stehen, sie zeigten mit den Fingern auf den Entblößten, begannen zu kichern, schließlich laut zu lachen, was den Prediger nur noch mehr anheizte, alle zu beschimpfen und zu bedrohen – was nur noch mehr Gelächter zur Folge hatte.

Nun entstand eine gewisse Partystimmung. Die Dunkelheit der Worte hatte durch das Lachen der Menschen sämtliche Kraft verloren. Es fühlte sich nicht mal an, als würde der Arme verspottet. Es war nur Erleichterung, die plötzlich eine Gegenenergie gebildet hatte. Ich rechnete damit, dass jemand spontan eine Würstchenbude aufbauen oder Popcorn verkaufen würde.

Dann sah ich, wie eine alte Dame auf den Drohprediger zuging. Sie blieb vor ihm stehen und schaute ihn nur freundlich an. Nun wurde er leiser, er geriet ins Stocken, als wäre seine Batterie plötzlich leer gelaufen. Dann verstummte er. Er schaute die alte Dame entgeistert an.

Dann nahm sie ihn in den Arm und er begann zu weinen. Die umstehenden Passanten applaudierten. Nach etwa einer Minute, in der die Alte den Mann fest umarmt gehalten hatte, drehte sie sich zu uns um und ging direkt auf Gott zu. Die beiden lächelten sich an, als seien sie alte Freunde. Sie reichte Gott ein Taschentuch. Er bedankte sich höflich und deutete eine Verbeugung an.

„Danke vielmals, meine Liebe", sagte er. Sie machte einen kleinen Knicks, drehte sich lächelnd um und ging davon. Ich konnte meinen Blick einen Moment lang nicht von ihr nehmen, denn ihre Schritte sahen aus, als ob sie schwebte. Aber das war wahrscheinlich Blödsinn. Er nahm wieder meine Hand und zog mich sanft weiter. Auch er war offensichtlich sehr erleichtert. Ich konnte mir eine Nachfrage dennoch nicht verkneifen.

„Ähm", sagte ich zögerlich. „Das war… eindrucksvoll. Was genau war denn das grade?"

„Hm?"

„Ich glaube, du hast dem Höllenprediger da grade doch glatt die Hose vom Allerwertesten geniest", sagte ich.

Gott verzog keine Miene und nickte.

„Ja, wie gesagt, das ist diese Allergie. Die bekomme ich leider in jeder Inkarnation. Aber es wird gleich wieder gut sein."

„Wogegen genau bist du denn so allergisch?", fragte ich.

Gott hatte gerade ganz nebenbei ein weiteres Fleckchen in meinem Herzen erobert.

Er antwortete wieder nicht wirklich auf meine Frage. Aber irgendwie auch doch.

„Es ist die menschliche Selbstgerechtigkeit, die der Erkenntnis im Wege steht, vor den Himmeln völlig nackt zu sein", sagte er und sah dabei plötzlich etwas traurig aus.

„Du kanntest die Dame eben?", sagte ich leise.

„Grace? Oh ja, ich kenne sie sogar sehr gut", lächelte er.

Schweigend setzten wir unseren Weg fort.

Ich fühlte mich wohl. Ich hatte grade ein Wunder gesehen. Nein, zwei, nein, drei.

Aber vor allem hatte ich etwas Wunderbares gespürt.

Und so viel stand schon mal fest: Dieser Gott war ziemlich cool. Und er war ziemlich echt.

Im Café Rasputin, Gentlemen

Nach kurzem Fußmarsch landeten wir vor dem kleinen Etablissement, das Gott für unser Treffen vorgesehen hatte. Es hieß Café Rasputin und befand sich am Rande des Rotlichtviertels, das an den Hauptbahnhof grenzte. Es hatte aufgehört zu nieseln und hinter den grauen Wolken war die Sonne wieder aufgetaucht.

„Schönes Wetter. Wollen wir draußen sitzen?", fragte Gott.

Wir setzten uns. Ein smarter Kellner huschte in Windeseile vorbei und sagte: „Sekündchen, Gentlemen." Ich ergriff derweil die Gelegenheit, meine Zweifel zu thematisieren. Die Wunder, die ich in der letzten halben Stunde bezeugen durfte, hatten vielleicht immer noch nicht gereicht, mir *sämtliche* Bedenken zu nehmen, gaben mir aber doch das nötige Vertrauen, nun deutlich mehr Glauben aufzubringen.

„Ähm …", begann ich wieder vorsichtig, „… du?"

Gott schaute mich mit seinen viel zu blauen Augen an. Dieser Blick war derart schön und gütig, dass es kaum auszuhalten war.

„Ja?"

„Ich möchte so gerne glauben, dass du du bist", sagte ich, entzog meine Augen seinem Röntgenblick und starrte auf den Tisch, auf dem nur ein Aschenbecher stand – an dem wiederum ein paar Bierdeckel lehnten, als seien sie müde nach durchzechter Nacht. Gott kommentierte meine Bemerkung nicht weiter. Ich spürte nur, dass sein Blick noch immer auf mir ruhte, und redete weiter mit dem Tisch.

„Heute Morgen war ich fest entschlossen, dich darum zu bitten, irgendein Wunder zu tun – so in der Art einer brennenden Hecke, aus der eine sonore Stimme spricht, oder einem geteilten Meer oder der Speisung von tausend Obdachlosen mit fünf schnöden Fischfrikadellen. So in die Richtung."

Ich schaute ihn kurz an. Er lächelte erwartungsgemäß, irgendwie aber auch erwartungsvoll.

„Und ohne dass ich etwas sagen musste, hast du ohne EC-Karte einen Geldautomaten geleert und einem verrückten Prediger die Hose vom Hintern geweht und gleich danach wurde er offenbar durch eine Geste der Zuneigung von seinem Wahnsinn geheilt. Außerdem siehst du neuerdings irgendwie Clooney'esk aus", machte ich weiter. Gott sagte immer noch nichts.

„Es tut mir leid", sagte ich.

„Was tut dir leid?", brach er endlich sein sanftes Schweigen.

„Ich weiß nicht, was es ist", sagte ich, „aber es fällt mir unfassbar schwer, meinen Verstand einfach auszuschalten und zu akzeptieren, dass du die Wahrheit über dich sagst. Verstehst du das? Ich meine … das ist verrückt, du behauptest ja wirklich ernsthaft … Gott zu sein … oder? Ich würde mich freuen, also, wenn das hier eine riesengroße Verarsche ist, dann wäre es total nett, wenn du jetzt damit aufhören könntest."

„Wie kann ich dir helfen, Leon?"

Und wieder war ich eigentlich nur perplex. Das war keine Antwort. Oder? Wie er mir helfen konnte? War das jetzt auf das große Ganze bezogen oder auf meine Bemerkung von eben?

„Also, ich weiß nicht genau", beschloss ich spontan zu glauben, dass er die akute Situation meinte, „das, was ich gerade mit eigenen Augen gesehen habe, sollte eigentlich reichen, aber vielleicht könntest du mir aus Spaß noch ganz konkret ein paar Fragen beantworten? Fragen, die nur Gott beantworten kann. Damit ich endgültig glauben kann, dass du wirklich du bist, was auch immer das dann bedeutet?"

„Einverstanden", nickte er.

Ich hatte darauf gehofft, aber nicht damit gerechnet.

In dem Moment kam der Kellner zurück. Er war spindeldürr, sah stylish und hübsch aus, hatte geölte Haare, gezupfte Augenbrauen und sorgfältig aufgetragene Augenschminke.

„Na, ihr beiden Süßen?", sagte er und mir dämmerte, dass Gott mich soeben in ein Schwulencafé eingeladen hatte. Natürlich störte mich das nicht, aber ich dachte doch eine Sekunde darüber nach. Dann freute ich mich einfach über Gottes Wahl der Location, weil er mir damit ganz beiläufig schon wieder etwas Wunderbares über sich selbst und etwas Scheußliches über menschliche Selbstgerechtigkeit verriet, die sich doch tatsächlich anmaßte, die gemeinsten und niederträchtigsten Urteile über Menschen als von *Gott gegeben* vorzulügen.

„Hallo, Gernot", begrüßte Gott den Kellner wie einen alten Bekannten und bestellte sich einen Latte macchiato und ein Glas Wasser.

„Für mich auch", schloss ich mich an.

„Gern doch, ihr Törtchen", sagte der Kellner und huschte davon.

Ich holte etwas unbeholfen meine Pfeife und meinen Tabak aus dem Rucksack und legte beides auf den Tisch.

„In Ordnung, Leon, du kannst mir fünf Fragen stellen – was immer du wissen willst", sagte Gott.

„O. k.", sagte ich, „danke, das ist echt nett von dir. Also als Erstes, ähm … Mist, warte, nein, das geht zu schnell."

Gott lehnte sich auf seinem Stuhl zurück, schloss die Augen und hielt sein Gesicht wieder der Sonne entgegen. Das kam mir irgendwie bekannt vor. Genau wie am Ententeich. Auch die Verwirrung kam zurück. Ich versuchte aber, sortiert zu bleiben. *Mal angenommen, hier sitzt also wirklich Gott neben mir und er hat mir soeben gestattet, ihm fünf Fragen meiner Wahl zu stellen. Was zum Henker fragt man denn …* Gott? Je mehr ich versuchte, mich zu ordnen, desto mehr geriet ich in die tiefe Ausweglosigkeit, all die wild in mir herumschwirrenden Wortfetzen nicht zu sinnvollen Sätzen formen zu können.

„Das ist wirklich zu groß. Kann ich mir die Fragen noch ein paar Wochen überlegen?", versuchte ich einen verlegenen Scherz.

Gott lächelte wieder, ohne dabei die Augen zu öffnen. Er schüttelte den Kopf.

„Frag spontan. Ist doch viel lustiger. Was immer dir grade einfällt."

Ich wollte nicht widersprechen.

„O. k.", sagte ich und nahm mir vor, es einfach geschehen zu lassen. Die Fragen mussten aber mehr als gut sein. Ich durfte nicht nachdenken. Also haute ich einfach den erstbesten Schwachsinn raus, der mir in den Sinn kam.

„Frage eins, warte, ich hab's gleich, ja, also … wie viel sind siebenundreißigmillionensiebenhundertfünfundvierzigtausendfünfundsechzig plus siebenundzwanzigmillionensechshundertvierundfünfzigtausendsechsundneunzig? Aber ohne Taschenrechner!"

Er öffnete die Augen und schaute mich amüsiert an. Dann sagte er ohne den Hauch eines Zögerns: „Fünfundsechzigmillionenvierhunderttausendeinundsechzig."

Ich ersparte mir die Mühe, den Taschenrechner meines Smartphones zu zücken. Ich hätte in diesem Moment mein Klavier darauf verwettet, dass seine Antwort sowieso stimmte. Auf zum nächsten Versuch. Die Frage, die sich in meinem Kopf formte, versprach deutlich besser zu werden.

„Wie hast du das vorhin gemacht mit dem plötzlichen Wind und dass dem Prediger der Hosenboden wegflog?"

Das kam mir jetzt wirklich einigermaßen clever vor. Ich war gespannt auf seine Antwort.

„Ich habe geniest", sagte er vollkommen trocken.

Zwei zu null für ihn.

Ich musste mich irgendwie beruhigen. Ich schloss die Augen und hoffte, dass Gott es o. k. fand, wenn ich mir eine klitzekleine Auszeit nahm. Dabei mühte ich mich redlich um innere Ruhe, doch alles in mir war aufgescheucht.

„Denk an die Enten", hörte ich schließlich Gottes freundliche Stimme, gefolgt vom leisen Schlürfen an einem Latte-macchiato-Glas. Der Kellner hatte soeben wohl die Getränke gebracht. Die Enten. Ja, doch, es funktionierte. Aber es war nicht wirklich Denken. Plötzlich war in mir wieder Platz für das friedliche Gefühl, das ich für ein paar Minuten am Ententeich und im Bus gehabt hatte. Ich hielt die Augen geschlossen, als ich meine nächste Frage aussprach.

„Wer hat recht, welche Wahrheit ist wahr?", begann ich. „Urknalltheorie oder Schöpfungsgeschichte?"

Ich wusste nicht genau, woher die Frage gekommen war, aber ich sprach sie ganz ruhig aus und fand sie auch deutlich angemessener als die beiden vorigen.

„Oh, weh, immer dieses Rechthaben. Sie sind natürlich beide wahr", seufzte Gott und machte eine effektive Pause. Sein Tonfall war nun noch milder, seine Stimme hatte zwar etwas sehr Ernstes, dabei aber auch so Beruhigendes, dass ich ihr stundenlang hätte lauschen mögen.

„Die Wissenschaftler haben recht damit, dass dieses Universum entstand, als Materie, Raum und Zeit sich aus einem Zustand in sich verschmolzener Singularität lösten und sich dann auf ganz neue, zauberhafte Weise aneinanderschmiegten. Wie wir das gemacht haben, werdet ihr allerdings nicht entschlüsseln. Aber wir hatten unermesslich viel Freude daran."

Ich wollte fragen, wer denn eigentlich „wir" waren, aber ich traute mich nicht. Gott wirkte jetzt plötzlich, als würde er sich nur mühsam beherrschen, um nicht zu lachen – es hatte aber nichts Hämisches, eher war es das Schmunzeln eines Kartenspielers, der wusste, dass er ein unschlagbares Blatt in der Hand hielt.

„Allerdings erliegen eure Forscher weiterhin dem Irrtum, dass dieser Schaffungsprozess damals schon den euch bekannten Naturgesetzen folgte, denn diese Gesetze haben sich erst viel später überhaupt entwickelt, als die Stabilität innerhalb der Atome sich ausreichend gefestigt hatte. Das brauchte ein ganzes Weilchen, wie beim Keksebacken, wenn man geduldig darauf wartet, dass der Teig kühl genug ist. Deshalb trifft auch die ansonsten geniale Relativitätstheorie auf die ersten zwei Millionen Jahre der Ausdehnung des Universums überhaupt nicht zu. Unendlich viele wichtige Teilantworten auf diese Fragen werden für euch erst eines fernen Tages in jetzt noch ganz unbekannten Quantengravitationstheorien zu entdecken sein. Das wird euch allen sehr viel Spaß machen. Allerdings werden diese Erkenntnisse eure wundervolle Neugier leider auch nicht befriedigen, weil sich mit jeder gefundenen Antwort tausend neue Fragen eröffnen und am Ende doch kein Mensch jemals die majestätischen, fließenden Bewegungen nachvollziehen können wird, die meiner Frau und mir damals im Tanz mit der Materie aus den Tiefen unseres Wesens entströmten.“

Ich hörte völlig gebannt zu, auch wenn ich von all dem nicht wirklich etwas verstand. Hatte Gott da gerade ernsthaft gesagt, dass er eine Frau hat? Ich wollte ihn weiter nicht unterbrechen.

„Und die Verfasser der Schöpfungsberichte, die überall in euren heiligen Schriften zu finden sind, die haben natürlich ebenfalls recht.“

Gottes Stimme klang jetzt noch ein wenig enthusiastischer, er schien großen Gefallen an menschlicher Literatur zu finden.

„Nur eine derartig schöne, ganz und gar poetische Beschreibung des eigentlich Unbeschreiblichen konnte auf das Geheimnis und die Kraft des Geistes in allem Lebendigen hinweisen, auf den Schutz und die endlose Geborgenheit, in die ihr alle hineingeboren seid.“

Gott geriet ins Schwärmen.

„Hier findet sich die gleiche Wahrheit aus anderer Perspektive, offenbart in Meisterwerken himmlischer Poesie, die nur für jene zu verstehen sind, die es gar nicht erst nicht mit dem Verstand versuchen möchten, sondern ihr Herz für das Wunder des Stillen, Unaussprechlichen öffnen mögen. Nimm diese beiden Wahrheiten, füge sie in deiner Fantasie zusammen und dein Horizont wird sich weiten."

Ich öffnete die Augen und staunte ihn an.

„Es ist schön, dir zuzuhören", sagte ich und bemerkte dabei, dass ich zum ersten Mal innerlich nicht flüchtete. Stattdessen verflog diese innere Unruhe, die mir die Begegnung mit dem Geheimnisvollen seit Tagen verursacht hatte. Ich musste keinen Spruch machen, keinen Unsinn reden. Ich staunte einfach nur. Und das war o. k.

„Natürlich, ja, es ist beides wahr", flüsterte ich mir selbst zu. „Nur zwei Ausdrucksversuche für ein und denselben Vorgang."

Gott nickte.

„Und es ist auch die gleiche Wahrheit, die deine Seele erzählt, wenn sie Klavier spielt. Niemand kann das erklären. Aber viele können es spüren", sagte er.

Mein Klavierspiel? Es sollte das Gleiche erzählen wie die Relativitätstheorie und altaramäische Poesie? Ich wusste nicht, was ich sagen sollte.

„Nummer vier, bitte", forderte Gott mich lächelnd auf, nahm einen Schluck aus seinem Kaffeeglas und hatte plötzlich einen ziemlich lustigen Schnurrbart aus Milchschaum.

Ich lächelte zurück. Er sah weiter einfach wunderschön aus. Aber auch irgendwie lustig. Seine immer noch gerötete Nase thronte über dem Milchbart wie ein Warnlicht auf einem verschneiten Berg.

„Du hast gesagt, dass die Hölle nur eine Erfindung der Menschen ist, die noch eine Rechnung mit dem Leben offen haben. Doch wenn es keine Hölle gibt – gibt es dann einen Himmel?"

„Nein", sagte Gott und leckte sich beiläufig den Milchbart von der Lippe. „Es gibt nicht *einen* Himmel, sondern sieben. Auch sie sind mit euren menschlichen Worten nicht zu beschreiben, sie sind eine völlig autarke Dimension, in der es kein Gegenstück gibt. Das ist dem menschlichen Verstand aber sehr fremd. Hier unten gibt es immer zwei Seiten einer Medaille. Durst und Wasser, Nahrung und Hunger, Tag und Nacht, Frau und Mann, Gut und Böse, Mensch und Gott. In den Himmeln ist alles eins. Du wirst es erst verstehen, wenn du es erlebst. Es ist nicht zu denken, nur zu spüren. Es ist unsagbar wundervoll dort, überall. Am allerbesten natürlich ganz oben im siebten. Wenn du dort ankommst, wirst du alles wissen. Sogar mehr als die Enten."

Er schmunzelte. Doch dann glaubte ich sogar, für einen kleinen Moment einen Anflug von Heimweh in seinen Augen zu sehen.

„Die Himmel sind kein Ort, Leon, sie sind eine andere Lebensform. Sie sind reine Energie, wer dort ist, lebt in einem Zustand ewiger gestaltloser Wonne. Die Himmel sind die wahre Heimat alles Lebendigen. Alles findet sich in ihnen."

Das waren so schöne Worte. Sie trösteten mich. Ich dachte an meine Eltern, an meine Cousine, die Selbstmord begangen hatte.

Gott bestätigte derweil auf er wundersame Weise meine Spontananalyse. Ja, er hatte wirklich Heimweh. Ich sah es ihm an.

Chronisches Heimweh nach einem Ort, an den ich viel zu selten reise.

Ich begann jetzt zu glauben, dass er selbst die Champagner-Geschichte in meinem Tagebucheintrag inspiriert hatte. Ich begann plötzlich auch zu glauben, dass er in den Tönen der Musik sein könnte, die ich hörte und spielte. Ich *begann* zu glauben, dass er wirklich der sein könnte, der er zu sein behauptete.

„Wer bist du?", hörte ich mich sagen, ohne es zu wollen, ohne auch nur einen einzigen Gedanken in die Entwicklung dieser fünften Frage investiert zu haben. *Das* war die einzige Frage, die gerade zählte. Es war wahrscheinlich die einzige Frage, die überhaupt zählte.

Sein unglaublicher Blick durchdrang mich, er war jetzt wie ein Fluss aus wärmendem Licht.

„Ich bin, der ich bin, ich bin, der du bist, ich bin, der ihr alle seid, ich bin alles, was ist."

Er machte eine kleine Pause. Ich hing an seinen Lippen, hörte seinen Atem und vernahm ansonsten keinen Laut. Kein vorbeifahrendes Auto, kein entferntes Blaulicht, keinen Wind, keine Sprache, keinen Vogelgesang. Alles war still.

„Ich bin Liebe", sagte er und schaute mir durch die Augen tief in die Seele.

Ich war wieder unfähig zu sprechen. Ich wollte fragen: „... und deshalb bist du der Erfinder der Blumen?", aber keine einzige Silbe kam über meine Lippen.

Wir saßen einen Moment in der intensiven Stille. Er leerte das Glas mit dem Latte macchiato.

„Hast du vorhin wirklich gesagt, dass du eine Frau hast?", schoss es plötzlich aus mir heraus.

„Du hattest schon fünf. Die Fragen sind alle", sagte Gott und lächelte verschmitzt.

Wir fingen beide an zu lachen. Es war ein absolut großartiger Moment.

„Damit du etwas ruhiger einschlafen kannst", sagte er in unsere gelöste Heiterkeit, „kann ich dir ja noch verraten, dass die Antwort auf diese Frage schon in der vorigen enthalten war."

„Nein, das wird mir nicht wirklich helfen, ruhiger einzuschlafen", sagte ich, „aber ich denk mal drüber nach."

„Ja", sagte er fröhlich, „denk mal drüber nach."

In diesem Moment kam der Kellner, um nach unserem Wohl zu sehen.

„Noch einen Drink, Gentlemen?"

„Für mich bitte ein Glas Grauburgunder", sagte Gott.

Ich schaute kurz auf die Uhr meines Smartphones. Es war kurz vor halb zwölf und ich hatte noch nicht mal gefrühstückt.

„Sei's drum. Für mich auch", sagte ich fröhlich.

Ich hatte eigentlich nichts mehr vor. Und wenn Gott persönlich mit einem rumhing, konnte man ja wohl mal alle fünfe grade sein lassen. Ich musste nicht mehr reden, zündete mir stattdessen ein Pfeifchen an, schaute in die Gegend und wartete zusammen mit Gott auf den Wein. Dabei schloss ich die Augen und grüßte in Gedanken alle im Universum herumtanzenden Atome, Gottes wahrscheinlich überaus nette Gattin und meine ganze Entenfamilie.

Die Ameise

Als wir den Wein ausgetrunken hatten, ohne dabei noch viel zu reden, war Gott aufgestanden und nach kurzer Verabschiedung überraschend schnell gegangen. Zuvor hatte er noch sein Smartphone aus der Hosentasche gezupft und etwas vor sich hin gemurmelt. Ich hatte nachgefragt, weil ich ihn nicht verstanden hatte, und er hatte beiläufig geantwortet, dass er das Handy noch per Post verschicken wollte. Ich sagte ihm, dass er wahrscheinlich am Hauptbahnhof ein Postamt finden würde. Aber das wusste er ja sicher sowieso längst. Und wieder spürte ich meine Irritation, weil ich so gern noch mehr Zeit mit ihm verbracht und ihn so gern noch so vieles gefragt hätte. Ich war nicht nur neugierig, was es mit dem Handy auf sich hatte, ich wollte einfach mit ihm gehen, aber ich traute mich nicht, ihn darum zu bitten.

Ich glaube, dass er meinen Wunsch spürte. Bevor er ging, umarmte er mich, drückte mich kurz an sich. „Es ist gut", sagte er. Ich spürte wieder Tränen, die ich natürlich erneut zurückhielt, fragte ihn aber immerhin noch, ob ich ihn wiedersehen dürfte. Er antwortete, dass es schon „sehr bald" sein würde. Ich wollte fragen, wann, ließ es aber. Ich wollte ihn nicht bedrängen und seine Worte hatten mich irgendwie beruhigt. Als ich kurze Zeit später darüber nachdachte, bemerkte ich wieder, dass sich etwas in mir veränderte. Der Vulkan meiner Zweifel war noch nicht ganz erloschen, aber seine Temperatur war deutlich zurückgegangen.

Ich hielt es immer noch für möglich, dass ich verrückt wurde, aber es fühlte sich nicht mehr wie eine Bedrohung an. Vielleicht war dieses Verrücktwerden ja auch eine Chance auf diese *gestaltlose Wonne*, die Gott soeben als Substanz seiner sieben Himmel beschrieben hatte. Der Wein zeigte auch angenehme Wirkung. Ich war etwas beschwipst. So hatte ich Gott weinselig-lächelnd noch einen Moment nachgeschaut, bis er in eine Querstraße eingebogen und meinem Blickfeld entschwunden war. In dieser Sekunde kam der Kellner zurück an den Tisch und räumte unsere Gläser ab. Als mir wieder einfiel, dass ich gar kein Geld bei mir hatte, um die Rechnung zu bezahlen, entdeckte ich, dass ein Hunderter auf dem Tisch lag, er war unter den Aschenbecher geklemmt.

„Achtzehn vierzig bitte", sagte Gernot und zückte sein Portemonnaie mit Wechselgeld.

Ich nahm den Hunderter, reichte ihn ihm und sagte „Stimmt so."

„Holla, die Waldfee", sagte er begeistert und schenkte mir sein wohl entzückendstes Lächeln. „Merci vielmals, du Hübscher."

Ich lächelte zurück und sagte „Gerne, selber Hübscher. Bis bald mal." Dann stand ich auf und ging.

„Hoffentlich!", rief Gernot mir fröhlich flirtend hinterher.

Ich setze mich in Bewegung, ging aber intuitiv nicht in Richtung Hauptbahnhof, sondern etwas tiefer hinein ins Rotlichtviertel. Ich hatte in der vergangenen Stunde nicht an Melissa gedacht. Jetzt beherrschte sie plötzlich meine Gedanken. Es konnte doch kein Zufall sein, dass Gott unsere Latte-macchiato-Begegnung in diese Gegend gelegt hatte. Irgendwo hier würde sie wohnen. Wahrscheinlich. Nein, gewiss. Ich spürte ihre Nähe.

Erst dachte ich, es sei vielleicht Einbildung, dann wurde es Gewissheit. In der Entfernung sah ich sie. Melissa. Gott. Melissa. Etwa dreißig Meter von mir. Sie kam gerade aus einem schäbigen Hauseingang, verabschiedete sich per Wangenkuss eilig von einem groß gewachsenen, gut gekleideten Typen, der daraufhin in einen dicken Audi einstieg und wegbrauste.

Melissa drehte sich um und ging mit schnellen Schritten auf den Hauptbahnhof zu, also in genau die Richtung, die ich gerade vermieden hatte. Ich beschleunigte meinen Schritt, ging ihr hinterher, sie schaute sich nicht um, hatte mich nicht gesehen. Ich ging noch etwas schneller, dann noch etwas schneller und kam auf etwa fünfzehn Meter an sie heran. Ich wollte ihren Namen rufen, wollte laufen, rennen, ich wollte sie sehen, mit ihr sprechen, sie umarmen. Doch dann blieb ich stehen. Sie verschwand schnell aus meinem Blickfeld.

Ich wollte nicht weiter. Ich konnte nicht weiter. Ich blickte auf meine Schuhe, dann auf den Fußweg, auf dem eine einzelne Ameise im Kreis herumlief, als suche sie verzweifelt ihr Volk. Dann schaute ich wieder auf. Melissa war weg. Ich verharrte noch einen Moment in meiner gelähmten Starre. Dann drehte ich mich um und ging in die Richtung, die ich eigentlich vor ein paar Minuten hatte einschlagen wollen. Erst langsam, dann zog ich das Tempo an, ging wieder schnell, schneller, noch schneller. Nur weg von hier, unbedingt weg, weg von der Vergangenheit, weg von ihr, weg von allem, was schmerzte.

POST von GOTT

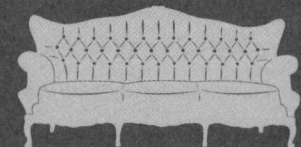

Himmlisches Tagebuch. Samstag, 15.9.,
Hotel-Pension Mirabell, 23.52^h

· ·

Was für ein ereignisreicher Tag für meinen lieben Freund Leon. Und dabei war das, was er in unserem Gespräch gespürt hat, ja noch gar nicht das Beste. Ich seufze vor Freude über seine Begegnung am Nachmittag und die weiteren, die er im Laufe des Tages noch haben würde. Es ist herrlich, diese ganze menschliche Gefühlspalette zu spüren. Vorhin hatte ich für einen kleinen Moment sogar Heimweh. Auch Leon in dem Café zurückzulassen, fiel mir nicht leicht. Natürlich wusste ich, dass es genau der richtige Zeitpunkt war, dennoch wog diese besondere Art von Mitgefühl recht schwer. Die menschliche Seele ist einzigartig. Und sie ist wunderschön.

Das Smartphone wegzuschicken war auch herrlich. Ich war in die Poststation am Hauptbahnhof gegangen und hatte mich in der langen Menschenschlange angestellt. Zuvor hatte ich noch einen Großteil des vielen Geldes unter den Bettlern verteilt, die so zahlreich um den Bahnhof herum leben. Ich habe nur einen Hunderter behalten. Davon habe ich mir unterwegs einen kleinen MP3-Player mit Kopfhörer gekauft. Habe mir sofort allerlei wunderschöne Musik daraufgeladen – das ging prima mit schnellem Handauflegen auf verschiedene Regale in einem großen CD-Geschäft. Mit Musik geht ja wirklich alles noch viel besser.

Es ist begeisternd, was die Menschen sich an herrlicher Kunst ausdenken. Diese kreative Vielfalt ist himmlisch. Und doch höre ich als Mensch ja am liebsten Klaviermusik. War die letzten Male auch schon so. Unterwegs zur Post habe ich den wundervollen Nachtmusiken von Chopin gelauscht und mich mit Wonne an die Abende erinnert, an denen wir sie zusammen komponiert haben. Was für eine wonnige, tiefe, zugleich leichte Melancholie. All die sehnsüchtigen, manchmal negativen Gedankenwelten gehören ja auch zum menschlichen Leben – bei Chopin wie bei Leon. Auch sie sind Teil des großen irdischen Schattens, ohne den es ganz unmöglich wäre, das Licht zu ersehnen. Jede menschliche Seele reist auf ihre eigene Weise. Wie genial das doch alles ist.

Auf dem Weg habe ich mir dann noch einen Salat gekauft. Schade, dass das sogenannte Biodressing eigentlich nur aus Konservierungsstoffen und Geschmacksverstärkern bestand, sonst hätte ich doch glatt ein Löffelchen davon versucht. Wirklich zu dumm, dass die Menschen die ganze Zeit so viel lügen. Diese Angst ist wirklich ärgerlich. Sie denken natürlich, das müsse alles so sein. Allen wurde beigebracht, dass es klug ist zu lügen, sich stets mit allen Tricks und Ellenbogenkraft das größte Stückchen vom Kuchen zu erbeuten – und dass man es damit in einer modernen Gesellschaft viel weiter bringt als mit herzensoffener Ehrlichkeit. Ach, wie schön es doch sein wird, wenn ihre Seelen schon bald verstehen werden, dass sie den Unsinn nicht mehr glauben und nicht mehr machen müssen – wenn sie erspüren werden, dass schon der Begriff „moderne Gesellschaft" für diese aktuelle Zeit auf sehr ulkige Weise absurd ist.

Danach stellte ich mich dann in die Postschlange und wartete geduldig, bis ich an der Reihe war. Einer der anderen Wartenden hatte es wohl deutlich eiliger als ich. Sobald er das Postamt betreten hatte, veränderte sich die Energie des Raumes wie im Fluge. Der arme junge

Mann hatte leider sehr viele giftige Stoffe in seinem Körper, vor allem eine viel zu große Menge hochprozentigen Alkohol. Er hat dann sofort angefangen, alle Anwesenden mit sehr schlechten Worten zu bedenken, und schließlich sogar gedroht, etwas kaputt zu machen, wenn er nicht sofort drankäme. Glücklicherweise war gerade jemand an der Reihe, der mit der etwas unangenehmen Situation recht gut umgehen konnte, nämlich ich. Ich bat ihn also zu mir nach vorn und fragte ihn, was er auf dem Herzen hatte. Er schaute mich nur ganz kurz an und war plötzlich schon nicht mehr ganz so wütend und dann waren da dicke Tränen in seinen Augen und er erklärte mir, dass er eine Briefmarke brauchte, weil er dringend seiner Mutter einen Brief schreiben musste, um sich bei ihr zu entschuldigen. Ich fragte ihn, wofür er sich entschuldigen wollte und er sagte: Für sich.

Der Postbeamte tippte mir in dem Moment an die Schulter und fragte mich, ob ich das mit dem Herrn vielleicht draußen klären könnte, weil wir den Laden aufhalten würden. Ich sagte ihm freundlich, dass das leider nicht ginge, weil ich ein Telefon zu verschicken hatte und es draußen ja außerdem auch keine Briefmarken zu erwerben gab. Dann gab ich rasch das Smartphone auf, damit die Dame, der es gestohlen worden war, es bald wieder in ihren Händen halten und sich daran freuen konnte. Sie würde es außerdem brauchen, um ein paar sehr wichtige Nachrichten zu verschicken. Schließlich kaufte ich noch Briefmarke, Umschlag, Zettel und Stift für den jungen Mann.

Wir gingen gemeinsam an die frische Luft. Ich erwarb uns beiden noch einen Pappbecher mit herrlich duftendem Kaffee und wir setzten uns auf eine Mauer. Ich reichte ihm die Utensilien und ermutigte ihn, den Brief an seine Mutter zu schreiben. Er nahm den Stift, doch seine Hand zitterte zu sehr. Ich sagte ihm, dass es auch reichen würde, wenn er einfach nur unterschreibt und dass ich mich um den Rest dann selbst kümmern würde. Als er unterschrieben hatte, reichte er mir den leeren Zettel. Ich faltete ihn sorgfältig und legte ihn in den Umschlag.

Nun fing er ganz bitterlich zu weinen an und sagte, dass seine Mutter aber schon seit vielen Jahren tot sei. Ich erklärte ihm, dass das wohl aus einem gewissen Blickwinkel stimmen mochte, dass ich allerdings ganz zufällig wüsste, wo sie seitdem wohnt, dass es ihr gut geht und ich ihr den Brief sehr gern persönlich zukommen lassen werde. Dann ergänzte ich noch, dass sie seine Zeilen soeben bekommen und ihm übrigens längst verziehen hatte und ihn nun ihrerseits um Verzeihung bat. Sein Weinen wurde noch intensiver und er vergrub sich für einen Moment in meinen Armen.

Zwei Polizisten in Uniformen und mit Pistolen am Gürtel kamen vorbei und fragten mich recht unfreundlich, ob ich überhaupt wüsste, wer das sei. Ich nickte. Einer der beiden schob noch nach, dass „der da" einer der übelsten Junkies von allen sei. Ich schüttelte den Kopf und sagte ihm, dass das ein Missverständnis sein müsse und dass dieser Mensch gewiss kein Junkie wäre. Die Polizisten lachten beide spöttisch. Ich spürte, dass meine Nase zu jucken begann. Zeit, weiterzugehen. Ich lächelte sie an und sagte, sie würden sehen.

Dem jungen Mann gab ich den Rest des Geldes, das ich bei mir trug. Als wir ein wenig später alle wieder unserer eigenen Wege gingen, schüttelten die Beamten eifrig die Köpfe über mich. Ich setzte meinen Kopfhörer auf und drückte auf die Play-Taste meines schönen iPods. Noch ein bisschen Chopin. Genau das Richtige für die anbrechenden Abendstunden einer Welt, in der es viel zu viel Traurigkeit gibt.

DER HUND

*Leons Tagebuch. Nacht von Samstag auf Sonntag,
15.9./16.9., am spärlich beleuchteten Schreibtisch in der
Dachkammer des Waldhäuschens, 0.42ʰ*

Ich setzte meinen Weg fort und hastete durch das Rotlichtviertel, vorbei an dieser merkwürdigen Mischung aus schicken Coffeeshops, Schmucklädchen und Tätowierstuben, an den Fensterscheiben mit den rot leuchtenden „Open"-Schildern, den Sex-Shops, einem heruntergekommenen Bordell und einer vorzeitlichen Spielhalle, aus der eine eklige Geruchsmischung aus Schnaps, Schweiß und ungewaschenem Scheitern herausquoll.

Irgendwann kam ich an eine vierspurige Straße, drückte den Knopf an der Fußgängerampel und wartete. Gleich dahinter begann das Viertel mit den schönen Altbauvillen, den Parks, den Grünflächen, den Zierteichen, den Bäumen. Es zog mich an, es versprach einen Hauch der Ruhe, die ich gerade dringend benötigte.

Was geschah denn hier? Gott. Gott! Gott? Wirklich? Es war nicht länger möglich, es zu leugnen. Dieser nette Gentleman, der mich vor drei Tagen um eine Zahnbürste gebeten hatte, war tatsächlich nicht von dieser Welt. Aber er war wirklich hier. Er hatte vor meinen Augen Wunder vollbracht. Er hatte etwas in mir berührt, was ich nicht beschreiben konnte. Bewegung. Staunen. Verwunderung. Seine Blicke ließen mich nicht mehr los. Seine Sanftheit und der Frieden, den er ausstrahlte, verfolgten mich. Das, was er mich da spüren ließ, war zu wunderbar, um wahr zu sein. Oder eben zu wunderbar, um *nicht* wahr zu sein. Es war großartig. Etwas in mir weigerte sich allerdings weiter, wollte es *immer noch nicht* glauben. Ich suchte nach plausiblen Antworten, wollte sogar kurz ergoogeln, ob es Berichte von Illusionisten gab, die Bankautomaten leerten und mit einem Nieser spontane Stürme auslösen konnten, aber ich wusste, dass ich mir das sparen konnte. Die Ampel sprang auf Grün und das piepende Signal für die Blinden ertönte. Ich überquerte die Straße und ging weiter in Richtung eines Parks, an den ich mich aus grauer Vorzeit erinnerte. Ich war vor vielen Jahren mal hier gewesen und wusste noch, dass es da mitten im Grünen ein nettes Café mit Mittagstisch gab. Ich bog zunächst in ein kleines, bewaldetes Stückchen des Parks ein, ging durch ein Gässchen, das zwischen Rhododendren, wilden Büschen und sorgsam gepflanzten Blümchenkolonien verlief.

Plötzlich hörte ich ein Rascheln im Gebüsch. Es wurde schnell lauter. Schritte. Pfoten. Auf einmal stand ein Hund vor mir und wedelte mich fröhlich an. Ich schaute mich überrascht um, ob irgendwo ein Herrchen oder Frauchen zu sehen oder zu hören wäre. Dann freute ich mich einfach über ihn, weil er so freundlich aussah.

„Wer bist du denn?", sagte ich mit einigermaßen beschränkter Heitideiti-Stimme. Er antwortete natürlich nicht, setzte sich aber sofort direkt vor mich. Meine normale männliche Stimme kehrte auch zurück. „Wenn du was zu futtern willst, muss ich dich leider enttäuschen", sagte sie höflich. Er blieb einfach sitzen und schaute mich an.

Ich kannte mich nicht gut mit Hunderassen aus. Der einzige Hund, mit dem ich mich bislang näher beschäftigt hatte, war der von Onkel Robert und Tante Hilde gewesen. Ein Mischling namens Butch, wahrscheinlich zusammengewürfelt aus allen Hunderassen, die es in Europa jemals gegeben hatte. Ich hatte ihn geliebt. Den Namen Butch hatte er bekommen, weil Onkel Robert ein Riesenfan von alten Hollywoodfilmen war – seine Lieblingshelden waren immer Butch Cassidy und

Sundance Kind gewesen, die berühmten Gentlemen-Eisenbahnräuber. Ich teilte seine Vorliebe für die „zwei Banditen" – sie wurden später auch in meine persönliche Heldengalerie aufgenommen, in guter Gesellschaft mit Robin Hood, Charlie Brown, Gandhi und Chopin. Wie Onkel Robert fand auch ich großen Gefallen an den alten Hollywoodfilmen. Der über Butch und Sundance löst immer besonders schöne Erinnerungen in mir aus: an meinen Hundefreund Butch, an meine Jugend und vor allem an Robert, dem ich so viel verdanke und der vor fünf Jahren viel zu jung gestorben war. Immer wenn ich die DVD einlege, stelle ich mir vor, dass Robert von einem geheimen Ort aus zuschaut. Er ist gewiss in einem der sieben Himmel. Und ja, Butch war ein netter, ruhiger Hund gewesen. Er wollte nichts weiter vom Leben, als hin und wieder rumzulaufen, seine Geschäfte zu verrichten und vor allem – wahrscheinlich am liebsten zwanzig Stunden täglich – herumliegen und gestreichelt werden. Ich stellte in dieser Wunschliste Parallelen zu vielen Menschen her, die ich im Laufe der Jahre kennengelernt hatte. Essen, Schlafen, Fernsehen, Sex. Die meisten Menschen schienen damit zufrieden zu sein. Ich selbst gehörte aber nie wirklich in diesen Klub der rein Urtriebhaften. Mir hätte das Hundeleben nicht ganz gereicht, auch nicht das menschliche Hundeleben. Ich wollte zusätzlich noch Klavier spielen. Nachdenken. Immer irgendwohin. Irgendwo ankommen. Oder stimmte das nicht? War mir das mit dem Ankommen nicht längst abhandengekommen? Lebte ich nicht längst auch wie Butch und all die anderen?

Dieser sympathische Hund hier war jedenfalls ziemlich sicher auch alles andere als reinrassig. Er war also wie Butch, er war wie ich. Er sah aus wie eine Mischung aus Golden Retriever und ja, was auch immer – noch irgendwas. Er war recht groß, mit schönem hellem Fell, jeweils eine Vorder- und Hinterpfote war allerdings tiefschwarz gezeichnet, es wirkte fast, als würde er zwei schwarze Socken tragen. Auch sein Gesicht hatte an zwei Stellen schwarzes Fell – diffus an der linken

Wange und ganz besonders deutlich am rechten Auge, das komplett dunkel umrandet war und aussah, als hätte es mal einen herumfliegenden Eimer Haarfärbemittel in einem Vierbeiner-Beautysalon abbekommen. Kurzum: Er sah nicht nur nett, sondern auch ziemlich lustig aus. „Zu wem gehörst du?", stellte ich die nächste blöde Frage. Natürlich rechnete ich nicht mit einer Antwort – auch wenn mir das nicht mehr logisch vorkam, denn wenn man grade eben noch mit Gott einen Wein getrunken hatte, hätte man sich auch nicht sonderlich wundern dürfen, einem sprechenden Hund zu begegnen. Aber er sprach nicht. Er blieb einfach vor mir sitzen und hechelte und sah aus, als würde er debil lächeln.

„Hast du vielleicht Durst?", fragte ich weiter. Seine Zunge hing aus seiner Schnauze wie ein nasser Vorhang, also war die Frage sicher nicht so abwegig. Ich schaute mich wieder um und spitzte angestrengt die Ohren. War da irgendwo ein Besitzer? Ein Ruf? Nein, keine Spur. „Na gut, dann komm mal mit", sagte ich.

Ich setzte mich in Bewegung, er folgte mir sofort. Ich ging weiter durch das Gässchen, um hinter der nächsten Biegung hoffentlich freien Blick zu bekommen und jemanden zu entdecken, der verzweifelt nach seinem verlorenen Hund suchte. Schwarze Socke ging mir einfach nach, hielt dabei zuverlässig einen Meter Abstand. „Keine Sorge", flüsterte ich ihm väterlich zu, „wir finden deine Besitzer schon noch." Er wedelte kurz mit dem Schwanz und folgte mir weiter.

Nach einer Weile endete das Gässchen und mündete in eine große Wiese. Ich entdeckte in der Entfernung das Café, an das ich mich vage erinnerte. Es lag ganz idyllisch an einem kleinen Teich. Die Wiese war menschenleer bis auf einen Typen, der in der Ferne mit einem Aufsitzrasenmäher seine Runden drehte, und eine Frau, die auch einen Hund im Schlepptau hatte und langsam in unsere Richtung schlenderte. Sie kam als Besitzerin meines Begleiters aber kaum infrage, da sie sich nicht hektisch umschaute und auch nicht wie wild durch die Gegend brüllte.

Ich war etwas ratlos. Was sollte ich tun? Plötzlich rannte mein neuer Freund los wie von der Tarantel gestochen, drehte ein paar Pirouetten auf der Wiese und schoss auf den Hund der Frau zu, die ihren Begleiter geistesgegenwärtig von der Leine abknipste und ebenfalls frei laufen ließ. Ihr Hund war beeindruckend schön, gleichzeitig sah er ganz schön abgemagert aus. Er war groß, rotbraun, hatte glattes kurzes Fell und hoch abstehende Ohren wie Batman – und er war schnell wie ein Windhund. Die beiden Vierbeiner führten zur Begrüßung einen euphorischen Freudentanz auf, als wären sie gute alte Freunde, die sich jahrelang nicht gesehen und sich nun endlich nach allerlei Weltumsegelungen wiedergefunden hatten. Das wollte offensichtlich gefeiert werden. Sie rasten herum wie entfesselt. Schwarze Socke gab klugerweise zwischendurch immer wieder auf, da er das Tempo des Fledermaus-Windhundes eh nicht halten würde. Dieser schien regelrecht zu schweben, wenn er sich die Freiheit nahm, so schnell zu laufen, wie er konnte. Er merkte wohl selbst, dass Schwarze Socke damit restlos überfordert war, und drehte immer wieder zu ihm um und neckte ihn. Dann ging das wilde Gehüpfe und Gerenne von vorn los.

Die Frau kam näher. Ihr Schritt war elegant wie ihre Kleidung. Sie trug ein schwarzes enges Baumwollkleid, darüber einen leichten Sommermantel, der sich wie ihr schulterlanges dunkelbraunes Haar sanft im Wind bewegte, dazu hohe, weiche Schnürstiefel, die ihre Waden bedeckten. Sie war zierlich, schmal, von feiner Statur, ihr Gesicht konnte ich noch nicht wirklich erkennen. Ich hoffte, dass sie noch näher kommen würde. Mein Herz begann lauter zu klopfen.

Sie kam nun tatsächlich näher, ging direkt in meine Richtung. Ich war stehen geblieben, schaute den Hunden zu und spürte eine sonderbare Aufregung, die umso intensiver wurde, je näher sie mir kam. Sie blieb ein paar Meter von mir entfernt stehen, wir schauten uns kurz an. Sie sagte freundlich „Hallo", ich lächelte ihr zu und erwiderte den Gruß ebenso freundlich. Ihr Gesicht war sanft, sie hatte weiche braune

Augen, die wortlos tiefe Gefühle zu erzählen vermochten. Sie sah aus, wie ein Gedicht von Rilke klingen würde, wenn Sonne und Mond es im Duett sängen. Ich schaute erneut zu ihr und unsere Blicke trafen sich. Sie lächelte mich an. Dann sahen wir beide eine Weile schweigend den Hunden zu und irgendwie wartete ich darauf, dass sie etwas sagen würde – im Sinne von: „Den Hund kenne ich, der gehört doch Dingsbums, wo ist denn sein Herrchen?" Die Hunde tollten weiter herum, rasten über die Wiese, als hätten sie Juckpulver gefrühstückt.

Sie kam näher. „Das ist erstaunlich", sagte sie und blieb direkt neben mir stehen. „Normalerweise reagiert meiner erst mal sehr abweisend, wenn er andere Rüden trifft." Ich schwieg vorsichtshalber. Ich hätte ja nicht mal sagen können, dass die schwarze Socke ein Rüde war. Sie offensichtlich schon.

„Ist deiner kastriert?", fragte sie und ich musste lachen. Ich hatte keine Ahnung. Außerdem zerschoss die indiskrete Frage meine ungewohnt feinsinnige Gedankenansammlung wie ein Kanonenschuss. Ich dachte kurz, dass das eigentlich auch eine schöne Auftaktfrage bei einem ersten Date wäre: „Sag mal, bist du eigentlich kastriert?" Sie bemerkte meine Belustigung und hatte wahrscheinlich ähnliche Gedanken. Ihre Augen waren dabei so tief und schön, voller Humor und Melancholie. Sie irritierte mich. Dass mein Herz so bebte, verwirrte mich erst recht. Ich hatte sämtlichen romantischen Gefühlen vor langer Zeit aus Überzeugung abgeschworen und das sollte bitte schön auch so bleiben. Ich schmunzelte trotzdem weiter über ihre Frage.

„Was ist so lustig?", hakte sie nach und ich fing wieder an zu lachen.

„Verzeihung", sagte ich, „eigentlich ist gar nichts lustig, aber ich habe leider keine Ahnung, ob er kastriert ist." Sie lächelte und hob rätselnd eine Augenbraue.

„Du weißt nicht, ob dein Hund kastriert ist?", insistierte sie.

Ich lachte wieder. „Das ist nicht mein Hund."

„Ach so?" Jetzt lachte sie auch.

„Er geht mir seit ein paar Minuten nach."

Sie wurde still wie Ruhezeit in einem Klosterzimmer.

„Vielleicht ist er dann doch dein Hund."

Die erschöpften Freunde liefen auf uns zu und setzten sich zu unseren Füßen. Schwarzsocke rieb seinen Kopf leicht gegen mein Bein, als wollte er bestätigen, dass auch er zumindest mit dem Gedanken spielte, *mein* Hund zu sein.

„Meiner ist mir auch zugeflogen", sagte sie. Ihre Stimme klang sanft und vertraut, ihr Tonfall fühlte sich an wie die Erinnerung an die seltenen schönen Momente meiner Kindheit.

Ich wartete, ob sie weitererzählen würde. Sie wartete wahrscheinlich darauf, dass ich nachfragte. Ich wagte es nicht. Stattdessen deutete ich auf Schwarze Socke.

„Er ist bestimmt weggelaufen und seine Besitzer suchen ihn ganz verzweifelt."

„Hm, ja, wahrscheinlich. Wohnst du hier in der Gegend?"

Ihre Stimme und die Frage erwischten mich irgendwo in der Nähe des Solarplexus. Ich dachte nicht mehr an den Hund. Ich dachte nur, dass ich sie wiedersehen wollte. Dass nicht geschehen durfte, dass wir gleich wieder auseinandergingen und ich nicht wusste, wo und wie ich sie jemals wiederfinden konnte. Plötzlich war mein Herz der streunende Hund. Wäre Gott jetzt hier gewesen, hätte ich ihm wahrscheinlich dafür gedankt, dass er mir mit dem zugelaufenen Vierbeiner gerade eine Brücke baute. Nur wusste ich noch nicht, ob sie gleich unter mir brechen und mich in reißende Fluten stürzen würde.

„Nein", sagte ich. „Ich wohne vor den Toren der Stadt. Ich war gerade mit…"

Mit Gott einen Latte macchiato trinken? Ich bremste mich rechtzeitig.

„… mit einem Freund hier in der Nähe einen Kaffee trinken und wollte nur ein wenig spazieren gehen und still werden."

Sie nickte leicht. *Still werden.* Ihr Blick ließ erahnen, dass sie mich verstand, auch wenn ich nicht viel sagte. Schwarze Socke saß weiter direkt vor mir. Ihr Hund blieb ebenfalls an ihrer Seite. Sie beugte sich zu ihm und leinte ihn wieder an.

„Er ist wunderschön", sagte ich. „Was ist das für einer?"

„Das ist ein Podenco Canario", sagte sie, „Eigentlich muss ich ihn immer an der Leine führen, weil er einen so ausgeprägten Jagdtrieb hat. Manchmal läuft er auch Joggern hinterher und erschreckt sie."

Sie schmunzelte. Ich machte wieder mit.

„Ah, und da hast du gedacht, wenn er auf den Typen losgeht, der da hinten so verträumt über die Wiese latscht, ist das ja nicht so schlimm?"

Sie lachte.

„Nein, das war es nicht. Aber dein Hund wirkte gleich so freundlich. Entschuldigung, ich meine natürlich: dein Hund, der dir nicht gehört."

Ich lächelte sie weiter an.

„Wie heißt er?", sagte ich.

„Welcher? Deiner oder meiner?"

Wir mussten beide wieder lachen.

„Deiner."

„Er heißt Lancaster. Ist mir auch zugelaufen."

Ich staunte, traute mich aber schon wieder nicht nachzufragen. Ihr Hund hieß Lancaster? Wie Burt Lancaster, der großartige Hollywood-Schauspieler, der ebenfalls einen Ehrenplatz in Roberts und meiner Heldengalerie hatte? Ich schluckte die Frage hinunter, obwohl sie mir auf der Zunge lag wie ein unzerkauter Karpfen. Dafür stellte ich die andere.

„Er ist dir also zugelaufen? Wirklich?"

„Ja, auf La Gomera vor drei Jahren. Er hat sich mir einfach angeschlossen und ist mir einen ganzen Tag lang gefolgt. Abends, als ich in mein Appartement zurückging, war er immer noch da. Ich hab ihn gefüttert und ihm Wasser gegeben und dann legte er sich auf mein

Kopfkissen und schlief wie selbstverständlich ein. Das war der Moment, in dem ich beschloss, ihn mitzunehmen."

„Aber das ist doch ein Rassehund, oder?", fragte ich unsicher. „Sind auf den Kanaren nicht eher diese ganzen herrenlosen Mischlinge unterwegs?"

„Ja, er war nicht herrenlos. Er gehörte auf eine Finca in der Nachbarschaft, aber die Leute kamen mit ihm nicht klar. Die waren froh, dass ich ihn mitnehmen wollte."

Es war schön, mit ihr zu sprechen. Ich hätte mich furchtbar wohlgefühlt – wenn mir nicht die Vorstellung, sie womöglich nicht wiedersehen zu dürfen, so große Unruhe verursacht hätte.

Schwarzsocke saß derweil immer noch vor mir und starrte mich mit hängender Zunge an. Was immer er mir sagen wollte – er sah entzückend aus. Ich streichelte seinen Kopf.

„Ich habe einen kleinen Dekoladen nicht weit von hier", sagte sie plötzlich. „Wenn der Besitzer nicht auftaucht, kann ich ihn ja einfach mal mitnehmen und nachher einen kleinen Text mit Foto von ihm hier an die Bäume und da vorne ins Café pinnen. Irgendjemand wird ihn sicher schon sehr vermissen."

„Das würdest du wirklich tun?", fragte ich etwas tölpelhaft.

Sie schaute mich fragend an.

„Ja, na klar. Wieso denn nicht?"

Sie lächelte wieder und brachte mich damit jetzt völlig durcheinander. Schmetterlinge tanzten in meinem Bauch. Am liebsten hätte ich sie auf der Stelle gefragt, wer sie ist, wie ich sie erreichen kann, dann, was sie empfindet, wenn sie einen Mäusebussard sieht, der gerade im Begriff ist, eine Maus zu killen. Und natürlich immer noch, ob sie Lancaster nach Burt benannt hatte. Und ob sie bitte noch einen Kaffee mit mir trinken und mir dabei etwas aus ihrem Leben erzählen würde. Nichts davon kam über meine Lippen. Ich wünschte, dass Gott hinter einem Baum hervortreten und mir irgendeinen Zauberspruch ins Ohr flüstern würde, mit dem ich sie hätte überzeugen können, nicht wegzugehen.

Aber Gott würde leider sowieso nicht kommen, der suchte nämlich grade eine Post.

Mitten in meine Gedanken erhob Schwarze Socke sich, schaute hektisch in Richtung des Gässchens, aus dem wir gekommen waren und nahm plötzlich die Beine in die Pfoten. Er schoss über die Wiese, als hätte jemand Feuer in seiner Hundehütte gelegt. Wir beide schauten ihm verdutzt nach, dann trafen sich unsere Blicke wieder. Ein weiterer Blick in die Fluchtrichtung von Schwarzer Socke. Er war fort. Nicht mehr zu sehen. Bestimmt in Richtung seiner Menschen abgezogen.

„Ah, wie schön", sagte sie. „Das Problem hat sich offensichtlich erledigt." Dann zögerte sie kurz.

„Ich muss jetzt auch los."

„Ja, natürlich", nickte ich und fühlte mich wie ein reinrassiger begossener Pudel.

„Es war schön, mit dir zu reden", sagte sie. In ihrer Stimme lag etwas Einladendes. Ihre Augen strahlten dabei wieder in dieser Mischung aus Lebensfreude und tiefer Melancholie. Als würde sie etwas bedrücken, als würde sie sich davon in diesem Leben allerdings niemals unterkriegen lassen, als würde sie trotz allem, was immer es auch sein mochte, auf geheimnisvolle Weise in sich ruhen.

„Schön … ja, das fand ich auch", sagte ich.

Sie löste ihren Blick von meinem, zupfte kurz an Leine und Lancaster. Ihr edler Gefährte folgte ihr sofort bereitwillig. Die beiden setzten sich in Bewegung und sie sah dabei so anmutig aus, obwohl sie noch ein paar Schritte rückwärtsging. Sie schenkte mir einen letzten Blick.

„Ich heiße Helena", sagte sie völlig unvermittelt.

Ich stand hilflos da, wahrscheinlich mit halb geöffnetem Mund.

„Ich heiße Leon", schickte ich ihr nach.

„Auf Wiedersehen, Leon."

Sie drehte sich um und ging. Ich sah ihr nach. Sie schaute sich nicht mehr um. Ich biss mir auf die Lippe. *Bitte dreh dich noch mal um. Helena.* Hinter dem Café verschwand sie in einem kleinen Waldstückchen.

Der Typ mit dem Aufsitzmäher zog seine einsamen Runden. Außer ihm war nichts mehr da. Keine Schwarze Socke. Keine Helena. Kein Leon. Was war das nur für ein sonderbarer, wunderbarer Tag. Ein Prediger ohne Hosenboden, ein kleiner Stadtbummel, eine offene Fragestunde und ein Latte macchiato mit Gott. Ein Hund ohne Namen. Ein Hund, der Lancaster hieß. Ein Zauber namens Helena.

Ich setzte mich auf die Wiese und zupfte einzelne Grashalme heraus, bis der Aufsitzrasenmähermann mich entschlossen ins Visier nahm. Der Bursche sah ziemlich humorlos aus. Ich stand lieber auf, bevor er mich in tausend Stücke mähen würde, kehrte um und schlenderte zur nächsten S-Bahn-Station. Ich fuhr zunächst in die falsche Richtung. Ich wollte nicht die Strecke über Hautbahnhof fahren. Melissa war da irgendwo. Wenn es einen Menschen auf dieser Welt gab, dem ich heute nicht in die Augen schauen wollte, dann war es Melissa. Ich wollte mich nicht schuldig fühlen. Nicht jetzt. Nicht heute. Einen Tag. Mir einen einzigen Tag lang die Illusion erlauben, ich hätte Melissas Leben nicht zerstört.

WIE ICH EINES MORGENS MIT GOTT FRÜHSTÜCKTE UND ZU AHNEN BEGANN, DASS ICH NICHT NUR IHN, SONDERN AUCH MICH SELBST GERADE ERST KENNENLERNTE

Leons Tagebuch. Montag, 17.9.,
in der Küche des Waldhäuschens, 17.30^h

. . . .

Als ich gestern Morgen gegen 7.30^h kurz erwachte, waren da drei Gedanken, die teils schwungvoll, teils ungelenk miteinander tanzten. Gott. Melissa. Helena. Da ich Samstagnacht so lange in meinem Tagebuch geschrieben hatte, fiel es mir glücklicherweise sehr leicht, schnell in den Schlaf zurückzufallen. Aber auch in den folgenden Träumen waren die drei Gestalten sofort wieder da. Außerdem war da noch dieser schwarz besockte Hund, der um sie alle herumraste. Und da war noch jemand – eine ältere Frau, die ich nicht kannte und die in all dem Gewimmel vergeblich versuchte, mich am Ärmel festzuhalten. Ich schlief dennoch fest.

Irgendwann erwachte ich. Ein ungewohntes, dumpfes Geräusch. Jemand klopfte an die Tür. Ich stand auf, stolperte in meine Hose, schlurfte zur kleinen Eingangsdiele meines Häuschens und öffnete. Vor mir stand Gott und lächelte. In der Hand hielt er eine braune Brottüte. Ich schaute ihn verblüfft an und bat ihn herein.

„Friede für dieses Haus", sagte er, als er mein Refugium betrat. „Guten Morgen, mein Lieber", fügte er fröhlich an und schaute sich kurz um. Dann ging er in die Küche und fragte mich, ob ich Lust auf ein schönes Frühstück hätte.

„Ja, frühstücken ist gut", nickte ich, „und… es ist schön, dich zu sehen."

„Ich freue mich auch sehr, Leon", sagte er in seinem wunderbaren unverwechselbaren Tonfall.

„Diesmal keine sms?", fragte ich unsicher.

„Ich hab ja das Smartphone gar nicht mehr. Hab es gestern zur Post gebracht."

„Woher hattest du es eigentlich?"

„Es war das Geschenk eines jungen Unternehmers."

„Und an wen hast du es jetzt verschickt?"

„An die Besitzerin."

Ich verstand nicht. Gott schmunzelte.

„Du hast es von jemandem geschenkt bekommen, dem es gar nicht gehörte?", fragte ich verwundert nach.

„Ja, er hatte es gestohlen." Gottes Tonfall blieb unaufgeregt.

„Du hast ein gestohlenes Handy als Geschenk angenommen?", wunderte ich mich weiter.

„Oh ja", sagte er. „Der Dieb hatte es mir aus einem Impuls der Liebe geschenkt und ich lasse es nun aus Liebe der Besitzerin wieder zukommen."

„Spiegelei oder Rührei?", sagte ich und wechselte so ungewollt das Thema.

„Rührei bitte", sagte Gott.

Ich holte sechs Eier und eine Bratpfanne hervor und schaltete den Wasserkocher an.

„Du möchtest bestimmt auch einen frischen Kaffee, oder?"

„Oh, ja, bitte sehr gerne."

„Ist mir nämlich schon aufgefallen, dass du gern und viel Kaffee trinkst."

Gott schaute mich an, sein Blick wärmte mein Herz.

„Das ist sehr aufmerksam von dir, Leon", sagte er.

Meine Freude, ihn wiederzusehen, war riesig. Jede Sekunde in seiner Gegenwart machte es mir bewusster. Ich sprach es noch einmal aus und er wiederholte netterweise, dass es ihm genauso ging. Dann brutzelte ich uns eine Portion Rührei und wir brachen das dunkle Körnerbrot, das er mitgebracht hatte. Wir setzten uns mit Frühstück und Kaffee auf die beiden alten Polstersessel in meinem Wohnzimmer.

Gott schaute sich um. Viel gab es hier nicht zu sehen, eigentlich nur Bücher, Schallplatten und mein altes Klavier, auf dem ein paar Kerzen standen.

„Es ist sehr gemütlich bei dir", sagte er freundlich und füllte seinen Teller mit Rührei.

„Darf ich dich noch was fragen?", fragte ich ihn leise.

„Natürlich."

„Warum bist du gekommen?"

Ich war trotz aller Beweise immer noch nicht komplett in dem Gedanken angekommen, dass der Gott, den ich mir eigentlich nur für eine kleine Geschichte ausgedacht hatte und der sich überraschend als echter Gott entpuppt hatte, mich wirklich zu Hause besuchen kam. Mir war bewusst, dass in der Frage natürlich noch einige andere Kleinigkeiten mitschwangen.

Mein ganzes Leben zum Beispiel.

„Ich möchte dir ein Geschenk machen, Leon", sagte er.

„Ich habe das Gefühl, dass du das schon tust", sagte ich und gab wenigstens einen Teil von mir der Situation hin. „Noch vor einer Woche war ich in meiner Welt so eingemauert. Ich wäre nicht mal auf die Idee gekommen, den Text zu verfassen, in dem ich mir deinen Champagnerbesuch und unser Gespräch ausgedacht habe. Schon als ich ihn schrieb, fragte ich mich, warum ich es eigentlich tue. Und seit du im Bus gesagt hast, dass das alles eine Eingebung von dir war, möchte ich so dringend glauben, dass alles im Leben irgendwie zusammenhängt und Sinn macht. Ich möchte auch glauben, dass gerade irgendetwas Wunderschönes geschieht. Aber es ist nicht so leicht"

Er nickte.

„Was hast du auf dem Herzen, Leon?" Er schien nicht weiter auf meine Gedanken eingehen zu wollen.

„Ich möchte dir so gerne ehrlich antworten, aber da ist eine Sperre in mir. Das alles ist zu unglaublich. Ich kann immer noch nicht fassen, dass du Gott sein sollst und hier in meiner Küche sitzt. Das ist doch verrückt."

„Ja. Aber ist es nicht auch verrückt, dass die Zugvögel jedes Jahr ihren Weg in den Süden finden? Ist nicht auch verrückt, dass die Blumen prächtiger gekleidet sind als die Herrscher der Welt? Ist nicht auch verrückt, dass du atmest?", sagte er seelenruhig und schaute mich wieder mit seinen strahlenden blauen Augen an. Dabei kaute er auf einem Bissen Rühreibrot und nahm einen tiefen Schluck frischen Kaffee.

„Ja, stimmt, das ist auch alles verrückt", gab ich mich sofort geschlagen.

„Was hast du auf dem Herzen, Leon?", wiederholte er seine Frage.

Ich zögerte noch einen Moment. Wo sollte ich anfangen?

„Weißt du… vor einer Woche hätte ich noch geantwortet: Gar nichts. Was sollte ich schon auf dem Herzen haben? Ich war in meiner Lethargie ja völlig versunken. Jetzt weiß ich, dass das nicht stimmt, aber ich kann dir nicht mal erklären, warum ich es weiß. Alles verändert sich gerade, ich komme mir selbst nicht hinterher. Ich weiß gerade gar nicht, wer ich überhaupt bin." Ich lächelte kurz verlegen. „Also, ich meine, nicht im größten philosophischen, sondern ganz profan im irdischen Sinn. Wer war ich vor ein paar Tagen, wer bin ich jetzt und warum fühlt es sich so anders an, obwohl doch eigentlich äußerlich gar nichts passiert ist? Abgesehen davon, dass Gott plötzlich in meinem Wohnzimmer sitzt!" Ich fühlte Hysterie in mir aufsteigen.

Gott nickte verständnisvoll.

„Gott, ich möchte dich so vieles fragen, aber ich möchte auch wissen … was weißt du über mich?"

Er schaute mich an und kaute seinen Bissen zu Ende.

„Ich weiß alles über dich, Leon", sagte er. „Alles. Ich weiß auch von Melissa. Ich weiß von ihrem Schmerz. Ich weiß von deinem Schmerz."

Er erwischte mich kalt.

„Ich gehe da nicht hin, nicht wahr?", fragte ich abwehrend und spürte plötzlich aus dem Nirgendwo wieder diffuse Wut in mir aufsteigen, so ähnlich wie im Bus, als ich ihn einen Hobbit genannt hatte.

„Ist es das? Dass du mir sagen willst, ich soll mich endlich den Dämonen meiner Vergangenheit stellen, ich soll endlich wiedergutmachen, was ich angerichtet habe?"

Ich wusste selbst nicht, wo das hergekommen war.

„Warum denkst du, dass das meine Absicht sein könnte?", fragte Gott.

„Ist das nicht immer der Weg? Die Vergangenheit aufarbeiten, sie klären, sie befrieden? Steht das nicht in all den schlauen Büchern, auch in deinen heiligen? Ist es nicht das, was alle Therapeuten auf dieser Welt einem raten? Ist es nicht aber gerade das, was eigentlich sowieso unmöglich ist?"

Ich regte mich innerlich weiter auf, obwohl ich das natürlich gar nicht wollte. Und wenn, dann wollte ich es Gott wenigstens nicht zeigen. Ich hoffte, ihn mit meinem Tonfall nicht vergrätzt zu haben.

„Lass diese Dämonen für den Moment doch einfach ruhen", sagte er sanft.

„Also doch", stöhnte ich. „Bist du also so eine Art Supertherapeut, der es mir ermöglichen will, sie zu besänftigen?"

„Wir werden sehen", flüsterte er und schenkte sich Kaffee nach.

„Entschuldige, bitte", fing ich meine Wut ein und sperrte sie in Untersuchungshaft. Falls Gott gekommen war, um mir zu helfen – warum stellte ich mich dann schon wieder so quer?

„Es ist alles gut, Leon", sagte er und lehnte sich zurück. „Auch das, was nicht gut ist, ist und wird gut. Alles ist Bewegung, alles führt zu einem bestimmten Aussichtspunkt, von dem aus dann die Reise zum nächsten beginnt. Du erinnerst dich – jede beantwortete Frage wirft tausend neue auf."

„Warum ich?", fragte ich ihn.

„Das ist einfach. Deine Papyrus-Akte landete auf meinem Tisch, weil du ein Gebet geschickt hast."

„Blödsinn. Ich habe seit hundert Jahren nicht gebetet", empörte ich mich wieder. „Oder hab ich was verpasst? Bin ich schlafwandelnd auf Knien vor dir rumgerutscht, habe die Hände gefaltet und Halleluja gesungen? Ich habe noch *nie* so gebetet. Das musst du doch wissen, oder? Du weißt doch alles. Ich habe noch nie an einen Gott geglaubt, den man unterwürfig anbeten muss. Ich glaube höchstens an einen Gott, der die Blumen erfunden hat. Wenn überhaupt."

Ich schämte mich wegen meiner Angriffslust. Gott hatte nichts von dem behauptet, wofür ich ihn jetzt angiftete. Eigentlich wollte ich viel lieber weinen als zetern. Er blieb völlig entspannt und reagierte auf meine Unruhe mit noch mehr unerschütterlicher Ruhe.

„Leon. Niemand muss vor mir auf den Knien rumrutschen. Und niemand muss irgendein Gebetsritual befolgen. Dein trauriges Herz hat mich gerufen. Ein wirkungsvolleres Gebet gibt es nicht."

„Und was hat mein trauriges Herz gesagt?"

„Dass du ein Schauspieler bist, der sein Leben nur spielt. Dass du müde vom Leben bist. Dass du nicht mehr leben möchtest. Dass du alles erlebt hast und es keinen Unterschied macht, ob du hier bist oder fort, dass du auf eine Klassenreise gegangen bist, die du nie antreten wolltest, und immer noch unterwegs bist."

Ich schloss kurz die Augen. Er wusste wirklich alles über mich, inklusive der Geheimnisse meiner Tagebücher und der Sätze und Gedanken, die ich ihm schon am Ententeich so gern erzählt hätte.

„Aber wenn du nur ein Schauspieler bist, der sich selbst spielt, dann wird ja wenigstens der Schauspieler wissen, wer er ist. Lass uns also herausfinden, wer er ist, dann finden wir auch heraus, wer du bist", sagte Gott betont fröhlich. „Und lass uns dabei unbedingt noch viel mehr Kaffee trinken." Er schenkte uns beiden nach.

„O. k.", lächelte ich. Mein Widerstand hatte auf einmal spürbar nachgelassen. „Dann lass uns dabei aber auch ein Pfeifchen rauchen."

Gott freute sich und nickte mehrfach. „Wunderbare Idee", sagte er. Ich holte meine Pfeife und den Tabak, kehrte ins Wohnzimmer zurück und wurde von betörend schöner Musik begrüßt. Gott hatte meine etwas zerkratzte Schallplatte Nocturne op. 9 von Chopin aufgelegt und es sich in einem meiner Polstersessel gemütlich gemacht. Ich setzte mich vor ihn auf den Teppich und stopfte Tabak in meine Pfeife. Er sah mich wieder mit diesem unwirklichen Blick an.

„Leon, vorhin fragtest du, was ich über dich weiß, und ich gab dir zur Antwort, dass ich alles weiß. Jetzt habe ich auch eine Frage an dich."

Ich stopfte weiter und nickte erwartungsvoll.

„Wenn es mir möglich ist zu antworten … dann: was immer du wissen möchtest", ließ ich mich darauf ein.

Er schloss die Augen und versank einen Moment in der Musik. Dann schaute er mich wieder an. Wieder durchdrang mich der Blick seiner strahlend blauen Augen.

„Dann sag mir: Was weißt du über *mich*?"

Der Zauber der Musik

Gottes Frage hatte mich ziemlich kalt erwischt. Dass ich über mich nichts wusste, was schlimm genug. Aber was wusste ich über Gott? Ich gestand ihm wahrheitsgemäß, dass ich über ihn erst recht nichts wusste. Dann erzählte ich ihm von meinem Kinderglauben an diesen Fantasiegott, der die Blumen erfunden hatte und ansonsten nicht wirklich präsent war, der sich nicht weiter in mein Leben einmischte und mich die guten und schlechten Dinge des Lebens allein bewältigen oder ausbaden ließ. Während ich das sagte, wurde mir wieder bewusst, dass ich mich mit dieser Annahme tatsächlich immer zufriedengegeben hatte und mich jetzt im überraschenden Angesicht des echten Gottes womöglich total lächerlich machte. Er entgegnete glücklicherweise, dass ich mit der Blumentheorie komplett richtig lag, und fügte schnell an, dass auch das übrigens eine Idee seiner Frau gewesen sei. Und dann sagte er beiläufig, dass ich mich mit dem ganzen Rest irren würde.

„Und warum soll ich das jetzt glauben?“, sagte ich, jetzt ohne Wut.

„Weil der Gott, der sich angeblich nie in deine Angelegenheiten einmischt, gerade bei dir zu Hause direkt vor deiner Nase sitzt und es dir sagt?“, erwiderte er staubtrocken.

Ich prustete los und musste kurz lachen. Er lachte mit. Dann wurde er schnell wieder ernst.

„Ich bin in allem, was du bist und tust.“

Stille erfüllte den Raum. Stille besänftigte meine innere Aufregung.

„Diese Erfahrung fehlte mir aber bis hierher“, sagte ich ruhig und fügte noch an, dass dieser Mangel wohl den Großteil der restlichen Menschheit ebenso betraf.

„Gewiss. Aber das ist eine Frage der Wahrnehmung“, sagte Gott. „Diesen Moment der Begegnung gibt es in jedem menschlichen Leben. Nicht nur einmal. Hundertmal. Tausendmal. Die Frage ist immer nur, wie die einzelnen Seelen darauf reagieren, wie tief sie sich von unseren Begegnungen berühren lassen.“

„Du meinst, du bist auch mir schon mal begegnet?“

„Natürlich“, sagte er mit einem Lächeln in der Stimme. „Dauernd. Zwar nicht so wie jetzt, aber immer auf eine Weise, die Hoffnung, Glauben und Liebe in dein Herz gelegt hat. Immer wenn die Liebe dich anweht, bin ich da. Das kann die Liebe von Menschen sein, aber auch die Liebe, die du in dir selbst spürst, die du anderen schenkst.“

Ich musste schlucken. Die Liebe, die ich in mir spürte? Die ich anderen schenkte? War er wirklich sicher, dass er da grade über mich sprach?

„Der Moment, in dem du still wirst und plötzlich glaubst, den Wind sehen zu können, weil er sich dir in der Bewegung der Ähren auf dem Feld zeigt. Der Moment, in dem du sprachlose Gewissheit in dir spürst, dass du noch etwas anderes *bist*, so endlos viel mehr als das, was dein begrenztes *Selbst* zu sein glaubt; die Sekunde, in der du darauf vertraust, dass du auf geheimnisvolle Weise geborgen bist, auch wenn es im Außen und in den Turbulenzen der Welt überhaupt keinen Anlass für diesen Glauben zu geben scheint."

Ich konnte kaum fassen, dass er diese Worte an mich richtete. Als würde er den Zweifel bestätigen wollen, fragte er: „Weißt du, was ich meine, Leon?"

Ich antwortete nicht wirklich, eher stocherte ich herum.

„Dieser kleine Nebensatz, den du in dem Café machtest… dass du die Liebe bist…?"

„Ja, genau", nickte er. „Spürst du sie?"

Ich wollte mir gerade die Pfeife anzünden, doch jetzt legte ich sie auf den Fußboden und senkte den Kopf. Zeit, der Ehrlichkeit einen Türspalt zu öffnen.

„Ja. Vielleicht. Seit du da bist. Ich weiß nicht. Nein. Keine Ahnung. Irgendetwas ist im Weg. Bin ich das selbst?"

„Nein, das ist nicht dein Selbst, nicht das, was du wirklich *bist*. Es ist nur ein enttäuschter Teil von dir. Aber der hat sich ziemlich aufgeplustert und lässt dich mittlerweile glauben, dass er alles ist, was dich ausmacht. Er versperrt dir den Weg. Du hast ihm durch deinen inneren Rückzug sehr viel Macht gegeben."

„Es hat mit Melissa zu tun, oder?", nahm ich meinen ganzen Mut zusammen.

„Gewiss", sagte Gott. „Aber vor allem hat es mit dir zu tun."

Ich schaute ihn fragend an. Und merkte, dass sein selbstverständlicher Tonfall und sein Blick mir soeben wieder etwas Angst genommen hatten.

„Erzähl mir nicht von ihr, sondern von dir, Leon", sagte er und lehnte sich in dem Polstersessel zurück.

„Weißt du nicht alles schon?", fragte ich leise Richtung Teppichmuster.

„Ja, aber was weißt *du*?", flüsterte er.

Ich zündete mir die Pfeife an und paffte ein paar Schwaden Rauch ins Wohnzimmer. Gute Frage, was wusste ich? Mein nächster Gedanke zielte ohne Umschweife auf die Begegnung mit Helena. Ich sah plötzlich ihr Gesicht vor mir, spürte den starken Wunsch, sie wiederzusehen, aber ich sprach es nicht aus. Dann überfluteten mich Gedanken an Melissa. Sie hatten ein dunkles Gefühl im Gepäck, das ich nicht in meiner Nähe haben wollte.

„Geh nicht zu den *anderen*, geh zu dir", hörte ich Gottes Stimme leise und behutsam sagen. Ich hielt den Kopf weiter gesenkt und nickte Richtung Teppich.

„Die Wahrheit ist, dass ich nicht viel über mich weiß. Ich will jetzt aber auch nicht herumschwafeln wie sonst immer. Aber ich hatte schon als Junge oft das Gefühl, nicht dazuzugehören", begann ich. „Das Leben der anderen schien mir so viel glücklicher zu sein. Viele hatten ein schönes Zuhause, ein nettes Zimmer, irgendein Hobby, ein Lieblingsfach in der Schule, ein gutes Verhältnis zu ihren Eltern. Ich hatte das alles nicht. Ich hatte nicht mal Eltern. Sie waren nie da. Sie haben …"

Ich konnte nicht weitersprechen. Ich fühlte wieder Tränen in mir aufsteigen. Gott sagte nichts. Ich spürte den Frieden, der von ihm ausging.

„Sie haben mich nicht ein einziges Mal umarmt, sie haben mir nie zugehört", sprach ich den Gedanken aus, der mich gerade so traurig machte. „Also ja, natürlich haben sie mir schon irgendwann mal zugehört, aber sie haben nicht *wirklich* zugehört. Es war, als würde ich für sie nicht existieren. Ich war nur ein Ding. Dieses Gefühl hatte ich später auch bei anderen Menschen. Ich wollte so gern sprechen, mich mitteilen. Ich wollte umarmt und gesehen werden. Und weil das nie geschah …" – ich zögerte wieder –, „begann ich mit dem Klavierspielen. Ich wollte nicht mehr in der Schule sein, ich wollte nicht mehr unter Menschen sein, die mich nicht wahrnahmen, ich wollte an einem Ort sein, an dem ich mich ausdrücken konnte. Das Klavier wurde mein Gesprächspartner, mein Freund, meine Freundin, mein Vater, meine Mutter. Es wurde mein Zuhause." Meine Gefühle wurden intensiver, während ich meine Gedanken aussprach. Ich hielt einen Moment inne. In der Stille dieser Sekunde meinte ich zu hören, wie Gottes Stimme mich nach Onkel Robert und Tante Hilde fragte, aber er hatte in Wirklichkeit gar nichts gesagt.

„Sie waren gut zu mir", antwortete ich trotzdem, „Robert und Hilde waren nett, aber sie waren nicht …"

Ich schaute zu Gott.

„Es war nicht möglich", sagte ich traurig.

Er nickte mitfühlend.

„Dann ging ich hinaus in diese Welt, in diese Gesellschaft, in der ich mich auch immer fremd fühlte. Ich traf Valerie, ich heiratete sie irgendwann später und ehrlich gesagt, weiß ich gar nicht, warum – außer dass man als Mensch eben heiratet, weil man eben heiratet. Keine Ahnung. Na ja, sie war außerdem schwanger, das war nicht geplant. Melissa wurde geboren. Das ging alles viel zu schnell, ich war nicht bereit dafür.

Ich hatte auch mit Valerie nie das Gefühl, zu Hause zu sein, ich kam nie an. Ich habe es versucht. Alles Mögliche habe ich versucht. Ein guter Familienmensch zu sein, ein guter Vater. Bei meinen Jobs war ich die ganze Zeit nett und höflich und anpassungsfähig. So, dass niemand etwas merkte. Ich habe es ja selbst nicht mehr gemerkt. Aber es fühlte sich doch immer falsch an, sogar in den guten Momenten. Geborgen fühlte ich mich weiter nur in der Musik. Das Drumherum strengte mich immer an. Die Musik war für mich immer wie eine Tankstelle, von der aus ich dann wieder durch die Wüsten dieses falschen Lebens weiterfahren konnte. Für eine Weile. Bis der Tank wieder leer war. Aber ich habe das irgendwie alles komplett verdrängt – bis jetzt, bis du aufgetaucht bist. Immer wenn es so schien, als könnte ich womöglich mit irgendwem darüber reden, bemerkte ich, dass ich bei den Menschen doch permanent gegen eine dicke Wand fuhr. Sogar Robert und Hilde hatten ja versucht, mir das mit dem Klavierspielen auszureden. Und sie waren schon die *Guten*, verstehst du?

Alle versuchten, das, was in mir lebendig war, was nach Freiheit rief, zurückzuhalten. Ich hätte mich schuldig gefühlt, wenn ich auf sie gehört hätte. Aber ich fühlte mich auch schuldig, als ich nicht auf sie hörte. Ich glaube, ich habe in meinem Leben unterschwellig nicht bloß immer Angst gehabt, das Falsche zu tun, sondern ich hatte auch immer Angst davor, das Richtige zu tun."

Redete ich mich um Kopf und Kragen? Gott hörte mir einfach zu. Es fühlte sich gut an.

„Ach, keine Ahnung. Ich weiß ja auch nicht, was das Richtige überhaupt gewesen wäre. Wenn ich zurückblicke, erscheint mir das *alles…* so falsch."

Ich schaute zu ihm auf. Er erwiderte jetzt meinen Blick und nickte leicht. Ja, er verstand. Er streckte seine Hand aus und streichelte kurz meinen Arm. Dann lehnte er sich wieder zurück.

„Wie könnte ich deine Lebensmüdigkeit nicht verstehen, mein Freund? Und übrigens…"

Er machte eine kleine Pause, ich sah ihn erwartungsvoll an.

„Ich bewundere deinen Mut zur Aufrichtigkeit."

Er nahm einen tiefen Schluck aus seiner Kaffeetasse und verzog sofort das Gesicht.

„Hm, kalt geworden", murmelte er.

In mir erwachte der gute Gastgeber, der ich ihm gern sein wollte. Es war ein willkommenes Gefühl, denn es befreite mich aus der Schraubzwinge, die meine traurigen Gedanken mir gerade anlegen wollten. „Möchtest du einen frischen?", fragte ich und wollte gerade aufspringen. „Ich koche dir gern noch einen."

„Oh, danke", lächelte Gott, „nicht nötig."

Er warf einen intensiven Blick in die Tasse. Der kalte Kaffee darin begann plötzlich wieder zu dampfen. Ich staunte, zündete verlegen meine Pfeife an, zog aber nur einmal daran, ließ sie vor sich hin qualmen, bis sie von selbst ausging. Dann senkte ich meinen Blick wieder. Dieser Gott war wirklich unglaublich. Er war sogar so unglaublich, dass es keinen Sinn machte, *nicht* offen mit ihm zu reden. Jeder Selbstmordkandidat auf dem Fenstersims hätte Vertrauen zu ihm bekommen, wäre lieber in seine Arme als in die Tiefe gesprungen. Er war wie ein Tagebuch, dem man alles anvertrauen konnte – sofern man wollte. Nur ins Gesicht schauen mochte ich ihm gerade nicht. Ich schämte mich.

„Mut zur Aufrichtigkeit also? Wirklich?", begann ich und sendete meine Worte erneut in Richtung Teppich. „Ich habe diesen Mut bis zu diesem Moment nie aufgebracht. Na ja, ich hätte es dir schon am Ententeich gern erzählen wollen. Aber da wusste ich auch noch nicht, wer du … also, ich war nicht sicher, dass du … nein, ich hätte es wirklich nicht gewagt."

„Ja, ich weiß", hob Gott an und seufzte, „das ist das wirklich Ermüdende – zu leben und es dabei nicht zu wagen, zu leben."

Ich schaute ihn an und war ein Fragezeichen.

„Ich erzähle dir eine kleine Geschichte", sagte Gott.

Ich nickte. Eine kleine Geschichte von Gott. Das klang vielversprechend.

Der Fluss

Da gab es einmal zwei Klavierspieler. Der eine wollte eigentlich Pilot werden und war auf dem Klavier nur mittelmäßig talentiert, aber sein Vater hatte sich so sehr von ihm gewünscht, dass er eines Tages in einem großen, berühmten Orchester spielen sollte. Er wollte ihm gefallen, also verschwieg er seinen Traum vom Fliegen. Stattdessen übte und übte er und war dabei ungemein diszipliniert. Er verbiss sich, verlor sich, erreichte das Ziel und wurde nach Jahren des Studierens und Lernens Mitglied in einem Orchester von Weltruf. Er spielte stets ohne Fehler, doch er spielte auch ohne Gefühl. Er wurde dafür bewundert, dass er übermenschlich konzentriert spielte, und die anderen Musiker gaben ihm schließlich hinter seinem Rücken den Spitznamen „die Maschine". Es war als Respektsbekundung gemeint, als Verneigung vor seinem Können, aber als er davon erfuhr, brach es ihm das Herz. Das Musizieren machte ihn im Laufe der Jahre sehr unglücklich. Als er starb, hasste er die Musik und verfluchte den Tag, an dem er zugestimmt hatte, den Traum seines Vaters zu erfüllen.

Der andere hatte als Kind ebenfalls einen Traum. Er wollte und würde Klavier spielen. Seine Eltern drängten ihn, er solle stattdessen etwas Solides lernen, aus Vernunft etwas anderes tun, sich die Flausen mit der brotlosen Kunst aus dem Kopf schlagen. Auch er wollte seinen Eltern gern gefallen, ihnen gehorchen. Aber seine Sehnsucht nach dem Tanz mit all den wundervollen Tönen, die er in seinem Herzen hörte und fühlte, war viel zu stark. So begann er zu spielen und jeden Ton zu lieben und zu leben. Die Liebe in seinem Herzen ließ ihn sein, was er war, was er werden sollte, und sie begegnete sich schließlich selbst in dem, was er tat. Auch er spielte eines Tages in einem Orchester – und führte es mit seinem gefühlvollen Spiel zu Ruhm und Glanz. Kurz bevor er starb, bewegten sich seine Finger über eine imaginäre Tastatur – und als er ging, lächelte er.

Ich lächelte auch. Das war ein vielsagendes, kleines Gleichnis.

„Was ist nun der Unterschied?", fragte Gott in mein verständiges und wohliges Schweigen.

„Ist das nicht allzu platt und offensichtlich?", fragte ich mutig zurück, „Der Erste ließ sich von der Welt drängen und zwingen, tat etwas gegen seine Natur, der Zweite folgte seinem Traum."

„Gewiss", sagte Gott, „aber da ist noch mehr."

Gott schaute mich wieder auf diese Weise an, die sich anfühlte, als würde die Welt auf sein Geheiß einfach mal kurz stehen bleiben, um in Ruhe zu atmen.

„Der Erste spielte die Musik. Den Zweiten spielte die Musik."

Diese Bemerkung hätte ich gern ein paar Minuten in mir atmen lassen.

„Doch was *ist* die Musik?", flüsterte er in mein Staunen hinein.

Ich schüttelte den Kopf, um zu signalisieren, dass ich keine Antwort hatte.

„Eine himmlische Sprache, die es liebt, mit und durch euch zu sprechen. Für den, der ihre Kraft versteht, sich ihr hingibt, wird sie klingende Verbindung mit mir, ein Gebet, ein Dialog. Sie vermag es, gesalbten Trost, geheimnisvolle Hoffnung in die weltbereisenden Seelen zu senden. Musik ist wie ein Zauber, der Türen öffnet, durch die der Mensch tief in die Himmel schauen kann. Und am besten geht das, wenn der Spielende der Musik gestattet, auf den hellen und dunklen Tasten seiner eigenen Seele zu spielen. Musik ist gewebt aus Tönen, doch ihr allergrößter Zauber findet sich in der Stille zwischen den einzelnen Noten. In dieser Stille hörst du mich atmen, Leon. Deshalb ist sie ein Wunder. Wer sich ihr hingibt, sich von ihr spielen lässt, ist mit dem Wunder des Lebens direkt verbunden. Wer sich von der Musik spielen lässt, wagt sich in den Fluss des Lebens."

Seine Worte berauschten mich. Sie waren voller Poesie und Wahrheit.

„Du sprichst da etwas aus, was ich seit meiner Kindheit spüre, aber nie in Worte hätte fassen können", begeisterte ich mich, „und gleichzeitig wirft es in mir die nächste Frage auf: Wenn man nun diese Verbindung spürt, die Tür zu deinen Himmeln für sich selbst entdeckt hat und sogar einen Schlüssel dafür in der Hand hält – warum ist es nur so schwer, sich dieser Schönheit ganz hinzugeben? Warum geht man als Mensch immer wieder zurück ins Leiden, ins Zweifeln, ins Scheitern? Warum hat dieser Geist der Welt so viel Kraft, selbst dann, wenn man diesen Glanz der Wahrheit doch irgendwo in sich spürt? Bleibt es nicht trotzdem dabei, dass es kein richtiges Leben geben kann, wenn man immer bis zur Hüfte im Morast des Falschen steht?"

Ich wusste, dass Gott verstand, wie groß diese Frage eigentlich war.

„Das innere Licht ist ein Zeichen, es ist euer Wegweiser", sagte Gott. „Es gibt immer einen Ausgang aus einem Leben, das sich grundsätzlich falsch anfühlt. Nur kostet es viel Mut, diesen Weg zu gehen, weil es immer bedeutet, den eigenen Träumen auf dornigen Wegen zu folgen. Deine Entscheidung, die Schule abzubrechen und Klavier zu spielen, war der Moment, in dem du dich erstmals bewusst mit dem Leben verbunden hast. Den Menschen um dich herum kam es vor wie Feigheit. Doch es war Mut. Die Feiglinge waren sie. Das Licht, das dich anzog, war zu stark. Du konntest nicht feige sein. Dann tauchtest du immer wieder in die Musik ab und suchtest die Verbindung zum Unaussprechlichen."

„Du sagst damit also, dass ich schon als Kind in der Musik die Wirklichkeit des Himmels berührt habe?"

„Sie hat dich berührt – und du hast dich von ihr spielen lassen, von Anfang an. Du spürst es ja selbst, wann immer du die Tasten berührst, nicht wahr? "

„Ja. Na ja, meistens. Aber war und bin ich nicht trotzdem dauernd am falschen Ort? Immer dann, wenn ich nicht spiele? Oder anders gesagt: Immer dann, wenn ich mich nicht hingebe? Ist darin nicht schon wieder Schuld? So eine Art Unterlassungssünde?"

Gott schüttelte vehement den Kopf.

„Am falschen Ort? Unterlassungssünde? Oh, meine Güte, so furchtbare Worte. Das wäre ein so schrecklich ungerechtes Urteil, das dein ganzes Leben in Dunkelheit hüllt. Jeder Mensch handelt doch nach seinem inneren Erkenntnisstand. Etwas anderes hat er ja nicht. Jeder ist immer da, wo er eben grade ist, niemand ist am Ziel. Jeder tut oder lässt also immer das, was ihm selbst gerade möglich ist. Einen Erkenntnisstand aus dem Jetzt oder aus der Zukunft in die Vergangenheit hineinzudichten, ist bei euch Menschen so weit verbreitet, aber es ist immer entsetzlich ungerecht und lieblos. Dahinter steckt ein unbarmherziges Leistungsprinzip, darin ein Rechtsstreit mit dem Lauf der Zeit, ein furchtbares Urteil: „Hätte ich doch nur" oder: „Warum habe ich denn nicht anders gehandelt?"

Die Antwort ist ja immer: Weil du es nicht anders wusstest oder nicht anders konntest. Oder weil du es nicht anders glaubtest. Wenn du es jetzt besser weißt, dann handele jetzt anders. Sei hier, sei, wo du bist. Das „Früher" existiert nicht mehr. Es hatte seinen eigenen Sinn, doch es ist am Rand der Zeit verglüht."

„Du meinst wirklich, das ist eine Entschuldigung? Dass man es eben einfach nicht besser gewusst oder gekonnt hat?"

„Aber ja. Das ist der einzige Weg zum inneren Frieden. Was sollte denn der Maßstab für euer Tun und Fühlen sein? Perfektion? Zeig mir einen Menschen, der sie für sich selbst beanspruchen dürfte! Was wäre das Ideal, das für alle gilt? Es ist doch ganz unmöglich."

Ich dachte sofort an Melissa, an mein Versagen, und folgte dem Impuls, Gott zu widersprechen.

„Nein, das kann so nicht stimmen. Es gibt diesen falschen Ort. Er ist so real wie die Möglichkeit, ihn zu entlarven. Wir alle tun doch schreckliche Dinge, obwohl wir wissen, dass sie schrecklich sind. Wir lassen uns weder vom Zauber der Musik noch vom majestätischen Rauschen des Ozeans abhalten. Und schon gar nicht von den Gefühlen anderer, die wir verletzen, korrumpieren und missachten. Es ist doch sehr naiv, der Gewalt der Welt mit diesen schöngeistigen Gedanken zu begegnen. Der falsche Ort sind wir selbst, oder nicht?"

Gott schüttelte wieder entschlossen den Kopf. „Nein, es gibt keinen falschen Ort. Es gibt nur Zwischenstationen auf der langen Reise zum einzig *richtigen* Ort. Aber den erreicht ihr alle nur, wenn ihr bei *mir* ankommt. Dann wird er euch erfüllen und ihr werdet nicht Frieden *haben*, sondern Frieden *sein*."

„Du meinst… nach dem Tod?", fragte ich etwas unsicher.

„Für viele Seelen gilt das leider. Aber es ist auch vorher schon möglich, diesen Ort in dir selbst zu spüren, ihn als Leitstern zu nutzen. Jede Seele hat ihr eigenes Schlüsselbund. Deine Schlüssel werden all deine richtigen Türen öffnen. Alle, die für dich auf deinem Weg verschlossen bleiben, sind aus bestem Grund verriegelt. Hinter ihnen warten Wege, die viel zu gefährlich für dich wären."

Ich wollte Gott nicht verärgern, indem ich weiter widersprach.

„Ich glaube, ich bin eher so der Typ, der mit seinem Schlüsselbund auch an der richtigen Tür gern mal ewig rumfummelt", unkte ich stattdessen. „Und dann fällt das ganze Ding irgendwann scheppernd auf den Boden. Und ich lasse es einfach liegen."

Gott lächelte.

„O. k.", sagte er. „Du denkst noch immer, dass du dieses Schlüsselbund selbst in deinen Händen hältst? Dass du dafür verantwortlich bist, es richtig zu benutzen? Hm. Nun gut. Ich versuche es noch mal anders. Stell dir vor, das Leben ist ein gigantischer Fluss und du sitzt auf einem Floß. Nur die Strömung des Flusses bestimmt, wohin du treibst. Du hast zwar ein kleines Paddel, kannst damit kleine Bewegungen deines Floßes beeinflussen oder gar für eine Sekunde bestimmen, du kannst auf Situationen reagieren, aber du kannst die Situationen selbst nicht herbeiführen – du könntest mit deinem Paddel doch nie den Fluss bezwingen, niemals seinen Lauf verändern."

„Und das bedeutet jetzt ... was?" Ich kam nicht mehr mit. Ich steckte meine Pfeife wieder an und blies Rauch in den Raum. Gott saß weiter gelassen im Polstersessel.

„Du kannst weder wissen noch beeinflussen, was dich hinter der nächsten Biegung des Flusses erwartet", fuhr er fort, „du kannst nur wach sein, bewusst und achtsam. Dann kannst du entweder darauf vertrauen, dass du hinter der nächsten Kurve wunderbare Überraschungen erleben wirst. Oder du kannst in der Furcht leben, dass schreckliche Stromschnellen und Wasserfälle auf dich kommen, die dein Floß zerschmettern und dich dem Ertrinken preisgeben werden. Oder du kannst in dem einschläfernden Glauben verharren, dass alles einfach immer so weitergehen wird, wie es ist, dass es keine Flussbiegung mehr geben wird, dass du alles selbst bestimmst, alles kontrollierst. Aber wie auch immer du es betrachtest – es werden gewaltige Dinge geschehen, die du mit deinem kleinen Paddel nicht beeinflussen kannst."

„Verstehe ich das jetzt richtig?", fragte ich verwundert nach. „Sagst du mir da gerade, dass ich den für mich vorgesehenen äußeren oder inneren Ort eines Tages sowieso finden werde, dass der Flusslauf es vorsieht, dass alle richtigen Türen sich von selbst öffnen werden?"

„Erlaub mir die Gegenfrage, Leon. Glaubst du wirklich, es wäre möglich, einen lebensverändernden Moment zu verpassen, wenn er käme?"

„Ja, ich traue mir das schon zu – ihn zu verpassen. Ich lasse ja auch Schlüssel fallen."

Gott lachte plötzlich. Ich zögerte kurz, dann lachte ich wieder mit ihm. Es war zu ansteckend, wenn er damit erst mal anfing.

„Du bist wie ein hart gekochtes Ei, Leon", kicherte er. „Die Schale ist gesprungen, aber sie klebt hartnäckig am Eiweiß und lässt sich nur in kleinsten Einzelteilchen abpellen."

Ich verkniff mir das Lachen. Ich war ein hart gekochtes Ei? Dann doch lieber eine geschlüpfte Ente, die wissend auf einem Teich herumdöste.

„Keine Sorge. Du wirst diese Momente in deinem Leben nicht verpassen. Auch wenn du durchaus ein gewisses Talent hast, inmitten deiner tosenden Gedankentornados noch die genaue Richtung des Windes bestimmen zu wollen."

Ich runzelte die Stirn. Es war ziemlich offensichtlich, dass er mir gerade mitteilte, dass ich zum Rudel der allerlahmsten Enten gehörte, aber er hatte dabei einen so ausgesprochen freundlichen Tonfall.

„Nimmst du mich auf den Arm?", sagte ich und machte ein künstlich empörtes Gesicht.

„Nein, Leon. Ich nehme dich nicht auf den Arm. Ich nehme dich in den Arm. Und ganz vielleicht sind in genau dieser Umarmung auch Schlüssel, Tür und die nächste Biegung des Flusses schon enthalten."

Ich versuchte noch kurz, meine Gedanken und meine Gefühle miteinander zu synchronisieren. Es gelang mir aber nicht. Gott teilte mir gerade mit, dass die Schlüssel, die ich unwissend bei mir trug, sich von selbst die passende Tür suchen würden, wenn die Zeit gekommen war. Sofern der Lebensfluss es sich wohl gefallen ließe, etwas Derartiges für mich parat haben zu wollen. Was er vorhin über die Musik gesagt hatte, war einer dieser Schlüssel, aber nicht das ganze Schlüsselbund. Da waren noch viel mehr Türen, von denen ich keine Ahnung hatte. Aber es mochte auch sein, dass er noch etwas ganz anderes sagte. Nämlich, dass Schlüssel und Tür schon längst da waren, ich sie nur nicht sehen konnte. Falls es so war, verstand ich aber leider höchstens die Hälfte.

„Ich werde die Augen offen halten", sagte ich in der Hoffnung, dass es nicht allzu dämlich klingen würde.

„Ja, wenn du möchtest, tu das, halte die Augen offen, mein Freund", lächelte Gott. „Oder halte sie geschlossen. Es macht keinen Unterschied. Du wirst sowieso sehen. Die nächste Flussbiegung kann dein Herz berühren und verändern. Du kannst den Moment nicht verpassen. Es ist unmöglich. Alles, was du tun kannst, ist zu wählen, ob du glauben oder zweifeln willst."

Er ließ sich zurück in meinen Polstersessel sinken und nippte an seiner Kaffeetasse, die wundersamerweise plötzlich wieder bis zum Rand gefüllt war.

Mondlicht

Ich hatte eine kleine Weile gebraucht, um mich damit abzufinden, dass ich Gott nur mit größter Mühe folgen konnte. Seine Worte verstand ich zwar, aber nicht alle fanden den Weg in mein Innerstes. Da lagen noch immer große Steine im Weg. Es gehörte Vertrauen dazu, diesen Glauben aufzubringen, von dem er sprach. Andererseits hatte er mir ja gerade signalisiert, dass es auch irgendwie egal war, was genau ich nun glaubte oder nicht glaubte. Das alles passte zu dem, was er damals bei unserer Champagner-Begegnung gesagt hatte: *In einem Kreis kann man nicht in die falsche Richtung gehen.* Ich könnte es also statt mit Zweifeln auch mit Glauben versuchen. Ich hatte nichts zu verlieren – außer einem Lebensgefühl, das mir nicht gefiel.

Wir saßen immer noch in meinem Wohnzimmer. Auf dem Tisch stand eine große Karaffe mit stillem Wasser. Gott fragte mich zwischendurch, ob ich ihm meine Lieblingsplatte vorspielen würde, und ich antwortete ihm nach kurzem Zögern, dass ich mich da leider überhaupt nicht festlegen konnte. Was sollte ich so schnell wählen? Es gab unendlich viel Musik, die mich begeisterte. Er zauberte einen MP3-Player aus seiner Hosentasche.

„Ich hoffe, es ist in Ordnung, wenn ich etwas vorschlage?", lächelte er wieder zufrieden.

Ich nickte, schaute auf seinen iPod, dann zu meiner veralteten Stereoanlage.

„Hm, ja, klar, aber ich fürchte, das wird nicht funktionieren", sagte ich. „Wir bräuchten für deinen Player ein kleines Klinkenkabel oder Bluetooth. Aber das kriegt meine Anlage eh nicht hin. Die ist uralt und kann nur CDs und Vinyl."

Er drückte einfach die Play-Taste seines Geräts. Und plötzlich, wie auch immer er das angestellt hatte, erklang über meine kleinen Boxen in perfektestem Sound eine der wunderbarsten Kompositionen von Debussy. „Clair de lune", sagte ich ehrfürchtig, als ich die erste Passage erkannte. Ich schloss die Augen und spürte die Töne. Mondlicht. Diese Musik war wirklich himmlisch. Gott fand das offensichtlich auch. Als ich die Augen wieder öffnete, sah ich ihn wie entrückt auf dem Sessel sitzen, er dirigierte mit behutsamen, weichen Handbewegungen die sanfte Klavierlinie, die durch den Raum zu schweben schien wie eine Feder. Seine Augen waren geschlossen, er gab sich ganz den Klängen hin. Und sich selbst.

Ich beobachtete ihn fassungslos. Unbeschreiblicher Friede umwehte ihn. Es war der perfekte Moment. Ich fühlte mich, als sei ich im Meer, unterhalb der Wasseroberfläche. Ich konnte atmen. Und alles war Musik. Er selbst füllte alles mit Leben, er war die Symphonie des Meeres, er war die sanften Wellen, er war die surreal gebrochenen Sonnenstrahlen, er war die bunten Fische, er war die funkelnden Korallen. Ich hatte unbändige Lust, hier unten Klavier zu spielen.

Ich staunte, ich atmete. Mehr war da nicht. Die Zeit stand still.

Bis plötzlich mein Telefon klingelte.

Ich erwachte aus meinem kleinen Tagtraum, erschrak, schaute aufs Display und erkannte Melissas Nummer. Ich wollte nicht abheben. Ich konnte nicht. Dem heiligen Moment entrissen, schaute ich rüber zu Gott. Er blieb ganz in sich versunken, schien weder das klingelnde Telefon noch meinen Schreck überhaupt zu bemerken, verweilte in der Harmonie seiner eigenen Schwingungen, tauchte weiter hingegeben durch Debussys mystische Klaviertöne, als gehörten sie zu den putzigen Meeresbewohnern, die ich gerade im Traum gesehen hatte und mit denen er weiter den freien Tanz seiner Schöpfung zelebrierte.

Ich wurde hektisch, schaltete das Klingeln des Telefons stumm. Das Display leuchtete schweigend weiter, Melissas Name stand da –

vorwurfsvoll, fordernd, klagend. Leidend. Ich hoffte, dass mein Anrufbeantworter bald übernehmen würde. Dann endlich erlosch das pulsierende Licht des Displays.

Gott öffnete punktgenau die Augen und hörte mit dem Dirigieren auf.

„Das ist okay", sagte er plötzlich und schaute kurz zu meinem Telefon.

„Das war …", stammelte ich, bevor ich mich selbst unterbrach.

Er nickte wieder nur.

So saßen wir eine Weile da. Die Musik hatte aufgehört, den Raum und meine Seele zu beschallen. Es war ganz still.

Nach einer Weile fingen meine rasenden Gedanken mich wieder ein. Ich widerstand aber dem Impuls, Melissa zu thematisieren. Ich fürchtete zu sehr, mich vor ihm erklären zu müssen. Natürlich war mir bewusst, wie albern das war. Aber schließlich war ich ein hart gekochtes Ei. Da durfte ich mir das wohl erlauben. Stattdessen versuchte ich, unser Gespräch von vorher wieder aufzunehmen und zu vertiefen.

„Du fragtest mich vorhin, was ich über dich weiß und was ich über mich weiß. Wenn ich nun versuche, in die Tiefe zu mir selbst zu gehen, es mir aber nicht gelingt … welchen Weg gehe ich dann? Gibt es einen anderen? Hast du eine Gehhilfe für mich?", fragte ich leise.

„Geh zu einem Gegenüber, dem du vertraust", sagte er und drehte dabei an dem Auswahl-Rädchen seines MP3-Players herum. „In diesem Gegenüber wirst du auch dich selbst finden. Das ist der Zauber des Gemeinsamen. Am wundervollsten ist es, wenn euch beiden bewusst ist, dass ihr Reisende seid, die auf jeder Etappe das Leben besser kennenlernen. Aber wenn es ein solches Gegenüber in deinem Leben in diesem Moment gar nicht zu geben scheint – dann kannst du es dir auch einfach vorstellen: ein Gegenüber, dem du vertraust, dem du dich mitteilst und mit dem du dich teilst, von dem du dir verborgene Geheimnisse und Erkenntnisse über dich selbst versprichst. Jemanden,

den du liebst und den du akzeptierst, wie er ist, von dem du dich nicht bedroht fühlst. Jemanden, den auch du nicht verändern und nicht manipulieren willst. Wer kommt dir da automatisch in den Sinn?"

Ich war fasziniert von seinen Worten und überlegte kurz. Dabei spürte ich in mich hinein. Die Energie, die von der Musik und dem lichtvollen Moment vorhin ausgegangen war, schien mir zu helfen, dort irgendetwas vorzufinden. Oder war es schlicht seine Sanftheit? Diese freilassende Liebe, die von ihm ausging wie warmes Licht, die mir das Gefühl gab, sicher zu sein?

Wer kam mir also in den Sinn? Ich dachte auch an Melissa, aber nicht, weil sie in diese Reihe von Vertrauenspersonen gehörte, sondern weil sie eben *nicht* reingehörte und mich der Gedanke traurig stimmte, nicht für sie da sein zu können.

„Ich denke an meinen Freund Rick Siebzehn. Und ich denke an dich", sagte ich nach kurzem Überlegen.

Es stimmte. Rick und er waren mir sofort in den Sinn gekommen. Aber ich hatte trotzdem nicht die ganze Wahrheit gesagt. Denn da war noch ein anderer Name, der mir sogar als allererster eingefallen war. Nur gehörte er jemandem, den ich gar nicht kannte.

„Erzähl mir von ihr", sagte Gott.

„Von Melissa?", nahm ich an, dass er sie meinen musste und nun endlich von mir hören wollte, wie schlecht es ihr durch mein Versagen ging und wie sehr ich selbst unter ihrem Absturz litt. Alles in mir weigerte sich. Ich wollte ihm wenigstens signalisieren, dass ich nicht bereit war.

„Weißt du, warum ich gerade nicht ans Telefon gegangen bin? Sie war es. Melissa. Ich hatte Angst, dass du …"

Ich wollte sagen, dass ich Angst hatte, dass ich ihm von Melissa erzählen und er mir daraufhin etwas Unangenehmes sagen würde, das ich nicht hören wollte. Aber ich konnte den Satz wieder nicht beenden.

„Ich weiß, mein Freund", füllte Gott die Pause. „Aber ich sprach nicht von Melissa. Ich meinte: Erzähl mir von *ihr*."

Er beugte sich im Sessel leicht zu mir vor.

Ich schaute ihn fragend an.

Er schwieg und erwiderte nur meinen Blick. Seine Augen sagten ihren Namen.

„Helena?", flüsterte ich und schüttelte leise den Kopf. „Du weißt von ihr, nicht wahr?"

„Ja", nickte er. „Ich weiß von ihr."

Ich war fassungslos.

„Ich weiß, dass es unpassend ist", sagte ich, „aber du... überraschst mich."

Gott lächelte.

„Ist mir ein Vergnügen", sagte er mit dieser unwirklichen Stimme, die der Zartheit seines Wesens Ausdruck verlieh, die mich berührte und beruhigte, als gehörte sie zu den beiden Elternteilen, die ich nie hatte.

RAUPEN iM BAUCH

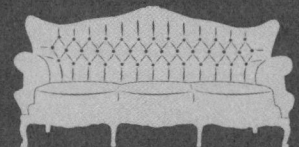

Himmlisches Tagebuch, in Leons Spitzboden,
unter dem Dach, Nacht auf Montag, 17.9. 2.45ʰ

. . . .

Die erste Nacht seit meiner Ankunft, die ich nicht in diesem netten kleinen Hotel Mirabell verbringe. Herr Graffelmeier, der Hotelier, den ich ja gleich beim Einchecken von seinen schlimmen Bandscheibenproblemen befreit hatte, ist weiterhin sehr freundlich zu mir. Seine Frau ebenfalls. Bevor ich mich auf den Weg zu Leon machte und den beiden Bescheid sagte, dass ich heute zur Nacht nicht wiederkomme, baten sie mich, ihnen hoch und heilig zu versprechen, dass ich aber ganz bestimmt überhaupt irgendwann wiederkäme. Das habe ich gern getan. Nun haben die Graffelmeiers mein Zimmer mit den schönsten Blumen dekorieren lassen. Sie wissen natürlich nicht, dass ich es schon weiß. Sie wollen mich morgen damit überraschen. Frau Graffelmeier wird dazu einen Marmorkuchen backen, dem es leider an Zucker fehlen wird. Danach werden sie mir ein geschäftliches Angebot machen.

Leon hat mich eingeladen, heute in der winzigen Gästekammer unter dem Dach seines kleinen Hauses zu nächtigen. Es ist wunderschön hier oben. Durch ein kleines dreieckiges Giebelfenster kann ich zu meinen geliebten Sternen hinaufschauen. Der Anblick tröstet mich ein wenig über das Heimweh hinweg, das ich zwischendurch recht intensiv spüre. Was für ein atemberaubendes Gemälde uns da gelungen ist, meiner Zauberhaften und mir. Wie herrlich, es mal wieder von hier unten zu betrachten.

Und wie kostbar, diese Zeit mit Leon zu verbringen. Er ist ein so angenehmer, liebevoller Reisender – und sein Herz ist bereits viel weicher geworden. Unsere Gespräche von heute Abend werden ihm bei seinen nächsten Schritten helfen. Vor allem kann ich ihn nun bald endlich einweihen und ihm meine dringende Bitte vortragen. Er wird sich wundern. Aber er wird bereit sein. Es ist so beschwingend, zu wissen, dass er haargenau der Richtige für diese Mission ist, und es wird ein Segensregen sein, wenn wir gemeinsam den Kreislauf des freien Schenkens in Schwung bringen. Nur noch ein paar Winzigkeiten, dann ist es so weit. Ich bin aufgeregt, denn ich spüre bereits diese Flut aus Liebe, die freigesetzt sein wird. Für meine menschliche Inkarnation fühlt es sich an, als hätte ich viele kleine lustige Raupen im Bauch. Schon bald werden sie bezaubernde Schmetterlinge sein, die in die ganze Welt hinausfliegen und mit jedem ihrer Flügelschläge graugewordene Seelenfassaden bunt färben.

Es ist spät. Ich muss jetzt schlafen, dieser Körper ist müde. Leon und ich haben noch lange Musik gehört und dabei ein paar Gläschen geistigen Getränks zu uns genommen. Das hat großen Spaß gemacht. Es lebe das Leben.

KLEIDER FÜR DEN TAG

Leons Tagebuch. Montag, 17.09.,
im Garten des Waldhäuschens, Laptop auf der Wiese, 14.30ʰ

. . . .

Was für ein Abend, was für eine Nacht, was für ein Vormittag. Ich kann diese Erkenntnis nicht länger relativeren: Er ist wirklich Gott – oder er ist komplett irre, der nicht nur eine unsichtbare Special-Effects-Armee befehligt, sondern auch direkten Zugang zu meiner Seele und meinen Gedanken hat. Ich halte die zweite Variante inzwischen allerdings für unwahrscheinlicher. Das sagt ja eigentlich schon wieder alles. Was geschieht hier nur?

Wir hatten gestern Abend weiter im Wohnzimmer gesessen. Er auf dem Polstersessel, ich auf dem Teppich. Meine erkaltete Pfeife hatte vor mir auf dem Fußboden gelegen. Wir waren bei der dritten Kanne Kaffee.

Als er mich fragte, ob ich von „ihr" erzählen möchte, und ich kapierte, dass er nicht Melissa meinte, sondern Helena, war es, als würden weitere Lichter in mir angehen. Während ich diese Zeilen jetzt schreibe, ahne ich, dass alles haarklein von ihm geplant oder vorausgesehen war. In dem Moment dachte ich daran natürlich nicht. Aber er wusste ja offensichtlich von Helena, von unserer Begegnung im Park. Er blieb unfassbar, unglaublich – und wahrscheinlich ist das das Allerbeste, was man jemals über einen Gott sagen kann, an den man hingegeben zu glauben wünscht.

Mich beschlich derweil eine sonderbare Stimmung, als ich anfangen wollte, über sie zu sprechen. Helena. An sie zu denken, fühlte sich auf geheimnisvolle Weise bezaubernd an. Aber ich kannte sie ja gar nicht. Bevor ich mit ihm über sie sprechen konnte, mussten noch ein paar Mauersteine aus meiner inneren Wand fallen.

„Du weißt wirklich *alles*, nicht wahr?", versuchte ich mehr Klarheit zu gewinnen. Er hatte genau das ja sogar kürzlich schon mal bestätigt. Aber irgendwie ist das für ein handelsübliches menschliches Gehirn doch weiterhin etwas schwer zu fassen.

„Ja, wie ich schon sagte, Leon", sagte er, „*ich* weiß ... aber was weißt *du*?" Nun lächelte er wieder.

„Verstehe", zögerte ich. „Es geht in all dem, was hier geschieht, nicht darum, wie du das alles einschätzt, sondern wie ich die Dinge betrachte?"

Er nickte. „Ja, das ist der Weg."

In Gedanken sah ich wieder Helenas Gesicht vor mir.

„Als sie mir auf dieser Wiese entgegenkam, war es, als würde ich sie seit Ewigkeiten kennen. Wie eine Seelentätowierung, die verblasst war und plötzlich wieder sichtbar wird."

Die Zärtlichkeit in meiner eigenen Stimme erschreckte mich. Ich bremste mich mit quietschenden Reifen, schaltete in den Rückwärtsgang und wiegelte großspurig ab:

„Ach, weißt du, lass uns das doch aussparen. Ich hab keine Ahnung, was da grad in mir geschieht. Da du ja aber *alles* über mich weißt, ist dir ja auch bewusst, dass ich mit diesem ganzen Mann-Frau-Blödsinn längst abgeschlossen habe. Ich komme sehr gut alleine klar."

„Und warum hast du mit diesem Blödsinn abgeschlossen?"

Die überraschende Ernsthaftigkeit seines Tonfalls entwaffnete mich. Stimmte er mir zu? Plötzlich wollte ich einfach aussprechen, was ich dachte. Egal, ob es ihm – oder ob es mir selbst gefiel.

„Was soll ich dir sagen? Für mich hat das mit der Liebe einfach nie funktioniert. Vorher nicht und nachher nicht. Während und nachdem

Valerie und ich uns diesen unfassbar kranken Rosenkrieg geliefert haben, hab ich es ja ein paarmal versucht. Es waren die schlimmsten Reinfälle. Entweder meine eigenen Neurosen und Ängste machten alles zunichte – oder der eskalierte Wahnsinn der Frauen, die ich damals traf. In nahen Beziehungen ist es nach kürzester Zeit unmöglich, den ganzen Irrsinn des Menschseins effektiv zu verbergen, oder? Aber nach all dem, was du mir vorhin über die Unsinnigkeit meiner Theorie zu einer angeblichen Gefangenschaft im falschen Leben erklärt hast, kann ich dir jetzt ja schlecht erzählen, dass es an irgendetwas anderem gelegen hat als an mir selbst."

Ich hoffte auf sein zustimmendes Nicken, doch es kam nicht.

„Welches Selbst meinst du?"

„Welches Selbst? Wieso, wie viele habe ich denn?"

„Wir sprachen vorhin schon über einen Teil von dir, der enttäuscht ist und der ziemlich viel Kontrolle über dein ganzes Leben hat. Erinnerst du dich?"

„Na ja, ‚wir sprachen' ist wohl etwas übertrieben. Du hast das einfach so in den Raum gestellt. Ich habe gar nichts dazu gesagt."

Und wieder war Gott ganz unbeeindruckt. Dann sagte er etwas sehr Merkwürdiges.

„In der Einführung zu dieser Geschichte steht, wie schwer es ist, auf die Frage zu antworten, wer man eigentlich ist, weil das eigene Menschsein so viele Farben und Formen hat. Welche Facette von dir spricht denn jetzt gerade?"

Ich kam nicht mehr mit.

„Hä? Welche Geschichte? Was meinst du?", sagte ich.

„Stell dir vor, du wärst aus vielen Teilen zusammengebaut", ging er nicht weiter auf meine Frage ein. „Alles Mögliche würde sich in dir tummeln: Freude, Leid, Sanftmut, Sehnsucht, Ehrgeiz, Neid, Wut, Eifersucht, Talent, Neigung, der Wunsch zu gefallen, zu genügen, nach Selbstverwirklichung, Akzeptanz, Ablehnung, Angst und Liebe. Und jeden Morgen greifst du in eine Kiste, in der all das liegt, und suchst einen oder zwei oder drei dieser Teile für den Tag aus."

„Du meinst, ich würde dann beispielsweise Angst und Leid wählen und mich mit ihnen für den Tag kleiden?"

Er nickte.

„Ja, und jetzt stell dir vor, dass all das in dir ist, aber noch nicht alles ist. Dass erst die Summe der Teile, geheimnisvoll ergänzt und versiegelt durch das Atmen der Schöpfungskraft, dein wahres Selbst ergäbe. Und nun weiter angenommen, dass immer der Teil, der für einen Tag oder eine Woche oder auch nur für die Dauer eines Wimpernschlags in dir herrscht, dir vorzumachen versucht, dass er dein ganzes Selbst wäre, alles, was dich ausmacht, und behauptet, dass es die anderen Teile gar nicht gäbe."

„Ah, was für ein Durcheinander, sehr interessant. Wie ein ständiger Regierungswechsel, das rege Treiben auf einem Hauptstadtbahnhof?", verstand ich. „O. k. Ich versuche es mal. Dann wäre der eine Teil, der diese Worte gerade ausgesprochen hat …"

Ich geriet ins Stocken, überlegte kurz.

„Ablehnung?"

„Ablehnung durch wen?"

Mein Fluchtimpuls kam kurz zurück. Ich bemühte mich angestrengt, ihm nicht nachzugeben. Es erforderte Konzentration. Gott bemerkte meine Anspannung.

„Leon, es ist sehr schmerzhaft, an diesen Punkt des eigenen Seins zu gehen", sagte er. „Aber es ist wichtig. Und es ist gut. Dabei musst du aber bedenken: Ihr alle seid geistige Wesen, die hier unten als Menschen verkörpert sind. Ihr alle nehmt auf dieser Reise durch das Menschsein Schaden, weil ihr nicht wisst, wer ihr seid. Der Baum der Erkenntnis, von dem in den heiligen Schriften die Rede ist – er ist ein Symbol für die Selbstgerechtigkeit der Menschen. Darin ist aber keine Schuld, es ist nur der Status des Menschseins. Das Leid wird auf diese Weise immer weitergegeben. Die Schuldigen sind Opfer, die Opfer werden zu Schuldigen. Das ist der Kreislauf eurer moralischen Gesellschaftsordnung. Diese Erbschaft ist euch längst selbstverständlich geworden wie eine seelische DNA. Das Gefühl der Ablehnung, das in die Wiege eures Werdens gelegt ist, wird aber dennoch weiter aus dem freien Willen geboren – und aus dem hehren Anspruch, dass eure Reise auf irgendeine Weise perfekt sein müsste, immer weiter vorgegeben von jenen unter euch, die ihre Unvollkommenheit nicht als Teil meiner Vollkommenheit akzeptieren mögen. Sie prägen euer Bewusstsein, sie machen die Regeln, sie spielen sich auf als Regenten der Welt. Ihr empört euch noch nicht, wie es der Stimme eurer Herzen eigentlich entspräche, ihr begehrt noch nicht auf und ruft: Es reicht zu *sein*, wir sind alle wundervoll gemacht und jeder darf nach seinen Talenten und Segnungen glücklich werden, wir können und werden uns gegenseitig helfen. Stattdessen fragt ihr in eurer Ängstlichkeit: Was können wir tun, um alle Menschen, alle Seelen auf den gleichen, engen Weg zu zwängen? All jene, die einen anderen Pfad suchen, bestraft ihr. Nur die wenigsten der Mutigen bewundert ihr – aber immer nur nach dem messbarem Erfolg ihres eigenen Weges –, doch auch dann beäugt ihr sie noch misstrauisch und neidisch und wartet, bis sie stolpern, damit ihr über sie herfallen könnt wie die Geier über ihre Beute. Das Leben auf der Welt ist ein Machtspiel aus Angst und Ablehnung. Ihr lebt in einem selbst gebauten Gefängnis. Aber ich halte euch die Tür auf. Und ihr werdet hinausgehen."

„Ich versuche, dir zu folgen", sagte ich. „Sagst du damit, dass die Menschheit das Gefühl der Ablehnung immer an die nächste Generation weitervererbt?"

Er nickte. „Ja. Es ist in allem, es weht durch die Geschichte und durch alle Zeiten. Es ängstigt euch. Jeder Krieg entsteht aus diesem Mangel an Selbstwertgefühl. Ihr glaubt, dass ihr etwas leisten müsst, um eure Liebe untereinander zu verdienen. Falls ihr versagt, verliert ihr jeglichen Anspruch, von den anderen geliebt und anerkannt zu sein. Wenn die anderen euch nicht lieben, liebt ihr euch selbst nicht. Die Messlatte ist so hoch, dass ihr alle versagen müsst. Also herrscht unter euch weiter die Angst und aus dieser Angst, nicht zu genügen, entsteht ein furchtsames Gefühl des Scheiterns, das sich um die ganze Welt gespannt hat wie ein dichtes Netz."

Ich nahm meine Pfeife, begann etwas Tabak nachzustopfen und atmete aus, als würde ich alles verstehen. Seine Worte berührten mich.

„Von wem fühlst du dich abgelehnt?", wiederholte er seine Frage.

„Es ist wahr. Dieses Gefühl, falsch zu sein, kommt jetzt gerade auch in mir wieder hoch", sagte ich. „Und da es schon immer in mir war, nehme ich an, dass es mit meinen Eltern zu tun hat. Durch ihre ablehnende Ignoranz war mein Innerstes, das Kind, das ich war, schon früh in den Brunnen gefallen. Es wurde nicht gerettet, niemand kam. Es wurde einfach alleingelassen."

„Ja, es sitzt wohl immer noch dort unten", sagte er. „Aber das Kind ist nicht nur süß und unschuldig und hilfsbedürftig, sondern es ist auch enttäuscht und wütend. Und niemand sitzt allein dort unten. Auch deine Eltern und Valerie haben ihr Leben dort unten verbracht. Und ihre Eltern. Und die Eltern ihrer Eltern. Viele bleiben ein Leben lang dort."

Das Bild erschreckte mich so, dass mein Mund einen Moment offen stehen blieb. Ich schob das Mundstück meiner Pfeife in die Lücke und war froh, dass meine Lippen es intuitiv fest umschlossen.

Dann zündete ich die Pfeife wieder an, paffte den Rauch in großen Schwaden in den Raum und ließ meine Worte leise hinterherschweben, damit sie sich bei Bedarf in den entstandenen Wölkchen verbergen konnten.

„Valerie", schob ich ein. „Auch zwischen ihr und mir war es ein regelrechter Tanz dieser Gefühle aus Ablehnung und Angst. Wie ein Pingpongspiel. *Hier bin ich, da bist du, ich hab recht, du hast unrecht.*

Du blöde Kuh, du dummer Arsch. Genau das hatten meine Eltern auch schon so gemacht. Schweigend allerdings. Und es stimmt, auch Valeries Eltern waren ein personifizierter, fortwährend schwelender Krieg. Wir haben das Ganze einfach irgendwie kopiert."

„Ja. Dazu kam, dass eure gemeinsame Zeit begrenzt war. Ihr musstet scheitern, weil eure Seelen zu gegensätzlich waren – sie war Wasser, du warst Feuer. Nun stell dir vor, ihr *alle* sitzt dort in dem Brunnen, was und wer immer ihr auch seid. Alle als verlorene Kinder, denen das Erbe der Schuld und des Nichtgenügens mitgegeben wurde."

„Darf ich ehrlich sein? Das ist keine schöne Vorstellung. Es ist viel bequemer zu denken, dass man der Erste in einer Reihe aus Misshandelten ist. Es rechtfertigt das eigene Leid. Und mir leuchtet außerdem nicht ein, dass dieses Erbe uns die Verantwortung für unser aller Fehlverhalten nimmt, dass es uns entschuldigt. Meine Eltern mögen ihre Gründe gehabt haben, aber sie haben sich trotzdem einen feuchten Kehricht um mich geschert."

Ich wurde nachdenklicher, konnte nicht flüssig weitersprechen.

„Doch auch wenn sie damit etwas in mich gesät haben, was ich später weitergegeben habe. Ich selbst habe doch …"

Ich zögerte. Natürlich wollte ich den Satz beenden und sagen, dass ich mich ebenfalls nicht um Melissa geschert hatte, als sie mich dringend als Vater brauchte. Aber es kam mir wieder nicht über die Lippen. Ich merkte, wie selbstgerecht es war. *Selbst.* Er hatte es mir ja gerade erklärt. Aber konnte man so eine Schulderbschaft nicht auch ablehnen? Ich hätte doch trotzdem irgendetwas anders machen *müssen.*

Gott blieb geduldig und sprach in mein Zögern hinein.

„Bleiben wir bei der Ablehnung, die du in dir spürst. Du siehst die Wurzel bei deinen Eltern, die Fortsetzung bei dir und Valerie. Das ist alles Teil der Wahrheit, das ist dein individueller Weg. Aber deine Eltern gingen fort, als du ein Junge warst. Valerie und du, ihr seid nun schon seit zehn Jahren getrennt, du hast mit ihr nichts mehr zu tun. Sie sind nicht da, also können sie dich ja auch jetzt grade gar nicht ablehnen. Oder?"

„Doch", sagte ich. „Du sagtest es doch gerade selbst. Es ist ein Erbe. Sie sind immer da. Sie sind Geister, die sich nicht vertreiben lassen."

„Soll ich dir ein Geheimnis verraten?" Er flüsterte fast.

„Bitte", antwortete ich leise.

„Geister muss man nicht vertreiben."

Ich schaute ihn rätselnd an.

„Wenn man sie loslässt, fliegen sie einfach davon."

Wo ist Gott eigentlich, wenn er gerade nicht da ist?

Eine Stunde später hatte Gott mir erklärt, dass die Geister, die wir böse nennen, eigentlich scheu und ängstlich wie Rehe sind. Dass sie im schlimmsten Fall an unseren Gedanken haften wie kleine Putzerfische an Haien, dabei jedoch von ganz anderer Konsistenz sind, als wir uns je ausdenken könnten. Und dass sie keineswegs bei uns zu bleiben wünschen, sondern dass wir selbst sie festhalten und dabei dem Irrglauben erliegen, dass sie sich an uns klammern. Er berichtete mir ein paar verblüffende Details aus den Himmeln und verriet, dass der unterste, der erste Himmel, nicht nur gefüllt mit Menschenseelen, sondern auch voller erschöpfter Geister sei, die endlich aus der Sklaverei der menschlichen Gedankenwelt entkommen waren.

Ich glaubte ihm das plötzlich alles. Es kam mir nicht mehr verrückt vor. Obwohl es natürlich total verrückt war. Unter allen anderen Umständen hätte ich weiterhin die Psychiatrie angerufen und darum gebeten, sofort abgeholt zu werden. Doch ich dachte überhaupt nicht mehr daran. Der Grund war er. Der Frieden, der von ihm ausging, war wie ein Bett aus Watte, in das sich meine Seele jetzt mehr und mehr und bereitwillig fallen ließ.

Ich sprach ihn darauf an. Er lachte und sagte, wie schön er dieses Bild fände und dass es eine weitere Besonderheit der menschlichen

Evolution sei, dass wir uns normalerweise sicherer fühlten, wenn wir uns hinter einer Wand übertriebener intellektueller Skepsis verbargen, statt den Sprung in das weiche Wattebett zu wagen. Dann ergänzte er noch, dass in der geradezu anarchischen Freiheit, die die menschliche Seele in sich trägt, so viel himmlische Freude verborgen sei und auf uns alle warte, dass wir eines Tages aus dem fröhlichen Staunen sowieso nicht mehr herauskommen würden. Seine Worte entspannten mich, verursachten mir zwischendurch sogar Anflüge von hysterischer Albernheit. Einem entsprechend absurden Impuls folgend bot ich ihm irgendwann an, ein paar Züge von meiner Pfeife zu probieren. Er nahm die Pfeife, die ich ihm reichte, freute sich seinerseits wie ein Kind und paffte Kringel in die Luft, die plötzlich die Form von Tieren, Gebirgsketten und Hochhäusern annahmen.

„Schau mal, Argentinien", sagte er – und aus dem Rauch formte sich die Kontur des südamerikanischen Pleite- und Rinderstaates. „Und jetzt Italien!" Gott gluckste plötzlich vor Freude. Aus dem gepafften Rauch entstand ein Stiefel. „Hm, na ja, könnte auch der Schuh vom Nikolaus sein", lachte er.

Ich lachte mit. Inmitten all der ernsten Themen tat das Lachen gut – als würde man einen randvollen Aschenbecher ausleeren und reinigen.

„Möchtest du einen Schluck Wein?", trieb ich das Gefühl, mit ihm jetzt endgültig auf gebrochenem Gesprächseis zu stehen, auf die Spitze.

„Ich dachte, du fragst nie", sagte er, leerte mit einem großen Schluck seinen Kaffeebecher und ging schnurstracks in die Küche. Ich folgte ihm und schaute im Kühlschrank nach Wein.

„Mist", sagte ich. „Ich habe keinen gekühlten Wein. Ich lege eine Flasche ins Eisfach und wir warten ein paar Minuten, o. k.?"

Er nickte. Ich nahm eine Flasche vom Regal und platzierte sie im Tiefkühlfach.

„Hast du zum Überbrücken eine Karaffe mit Wasser?", fragte er.

Ich wollte ihn ja nicht verdursten lassen, holte eine Karaffe aus dem Schrank, füllte sie mit Leitungswasser und stellte zwei einfache Gläser dazu.

„Nimm besser gleich die Weingläser", sagte er.

„Für das Wasser?", fragte ich dümmlich nach.

Er nickte erneut, dann machte er einen Schritt auf die Karaffe zu und berührte sie mit der Spitze seines Zeigefingers. Das Wasser verfärbte sich.

„Ist das jetzt ... hast du da etwa gerade ...?," stotterte ich.

Er lächelte, nahm die Karaffe und trug sie ins Wohnzimmer.

„Bringst du die Gläser mit?", rief er. Ich hörte, wie er sich in den Polstersessel fallen ließ.

Ich folgte ihm mit den Gläsern, setzte mich zu ihm. Er schenkte uns beiden ein und prostete mir zu.

„Fast wie in deiner Champagner-Geschichte", schmunzelte er.

„Fast wie in *deiner* Champagner-Geschichte", entgegnete ich.

Wir stießen an. Der Wein war köstlich, ich hatte nie besseren getrunken. Gott war offensichtlich auch begeistert. Er schloss die Augen und genoss das Bouquet des exquisiten Tropfens. Dabei drückte er beiläufig die Play-Taste seines iPods. Eine weitere meiner allerliebsten Klaviersuiten erklang. *Gymnopedie No.1 von Eric Satie.* Die wehmütige Musik veränderte die Schwingungen des Raumes schlagartig. Ich wurde wieder still. Aber es war keine schwere, nachdenkliche Stille, sondern eine, in der absolute und ungekannte Erlaubnis lag. Die Erlaubnis zu schweigen. Die Erlaubnis zu reden. Die Erlaubnis zu scheitern. Die Erlaubnis zu sein. In dieser Intensität hatte ich dieses Gefühl noch nie erlebt. Es war betörend. Ich fühlte mich, als ob ich schwebte.

„Erinnerst du dich? Satie war im Paris des ausgehenden 19. Jahrhunderts eurer Zeitrechnung nicht nur ein berühmter Komponist, sondern auch ein Mitbegründer des absurden Theaters", sagte Gott. Ich meinte, ein verschmitztes Lächeln über sein Gesicht huschen zu sehen.

Ich nickte still. „Ja, ich weiß", sagte ich. „Satie ist einer meiner Helden. Ich habe viel über ihn gelesen."

Wir schwiegen einen Moment.

Absurdes Theater. Natürlich. Die Freude anarchischer Seelenfreiheit. Nun endlich traute ich mich, über die Gefühle zu sprechen, die mir die Begegnung mit Helena verursacht hatten. Ich war sicher, dass Gott auch das bereits vor einigen Minuten gewusst hatte. Oder vor einigen Jahren. Oder schon immer.

„Absurder geht es doch gar nicht", sprach ich meine Gedanken nun einfach aus, ohne länger nach Ausflüchten, nach einem passenden Anfang oder nach passenden gezügelten, gezähmten Worten über Helena zu suchen.

„Ich sah sie und es fühlte sich an, als sei ich der Gnade begegnet. Ich spürte eine Verbundenheit, die ich nie gekannt habe. Als sie mich ansah, wollte ich durch ihre Augen hinabtauchen, in ihrer Tiefe, an den Ufern ihrer Seele ein warmes Bad nehmen. Und ich wollte sie dort unten küssen, sie umarmen, sie liebkosen. Sie hatte etwas so Melancholisches an sich. Gleichzeitig eine unfassbar fröhliche, starke und mutige Ausstrahlung. Ich konnte sie sehen, wie ich nie zuvor einen Menschen sehen konnte. Es fühlte sich an, als hätte ich sie erkannt. Sie war alles."

„So wie du?", sagte Gott ganz leise.

Ich zögerte wieder kurz.

„Ich? Ich weiß nicht. Es war, als ob ich *sie* kenne. Und ja, vielleicht war es auch, als ob sie etwas in mir kannte, was niemand je gesehen hat."

Gott schwieg, hielt die Augen geschlossen, lauschte der zauberhaften Musik und nippte an seinem Selbstverwandelten.

„Das ist doch verrückt, lächerlich, alles viel zu kitschig", sagte ich schnell in die Gesprächspause. „So was darf man doch gar nicht sagen, oder?", schickte ich schnell noch hinterher.

„*Wer* darf das nicht sagen?", fragte Gott.

Ich überlegte kurz.

„Ich. Ich darf das nicht sagen."

„Ach so", sagte Gott und gab sich wieder der Musik und dem Wein hin.

„Gute Güte. Liebe ist nie kitschig", sagte er schließlich. „Kitschig ist nur, wenn man sie nachstellt, ohne sie dabei zu empfinden. Was du da gerade über Helena gesagt hast, klang zauberhaft schön."

Plötzlich spürte ich wieder diese Erlaubnis, befreiende Absolution, und mir schoss ein Gedanke in den Kopf, der mich beschäftigte, seit Helena und ich uns begegnet waren.

Ohne es zu wissen, stellte ich Gott eine Frage nach dem Schicksal: „Ich habe Helena getroffen, nachdem du und ich uns verabschiedet hatten. In dem Café. Du wolltest ein Postamt suchen. Ich ging allein los. Da war plötzlich dieser Hund im Gebüsch. Ich wollte ihm helfen, seinen Besitzer zu finden. Dann traf ich sie. Du weißt das ja sowieso schon alles."

Gott nickte.

„Konnte ich ihr also nur begegnen, weil du nicht da warst? War das Absicht von dir? Hast du da was dran gedreht? Bist du in genau dem Moment zur Post gegangen, damit ich mich auf den Weg mache und auf die Minute genau auf dieser Wiese lande? Hast du das blöde Smartphone wirklich mit der Post verschickt?"

Gott lachte schallend. „Ganz schön viele Fragen auf einmal. Die Antwort ist aber auf jeden Fall Ja. Jedenfalls, wenn du es so betrachten möchtest."

„Ach ja, stimmt", sagte ich ohne patzigen Unterton. „Es geht ja darum, wie *ich* die Dinge sehe." Ich musste nun selbst lächeln.

„Ich möchte dich auch noch etwas fragen", sagte er. Ich spürte Demut wie flüssigen Honig und nickte ihm einfach zu.

„Du fragtest, ob du sie nur treffen konntest, weil ich nicht da war. Aber wie kannst du denn sicher sein, dass ich *nicht* da war?"

Die Frage hätte blöd sein können. War sie aber natürlich nicht. Mich beschlich eine Ahnung, worauf er hinauswollte.

„Du meinst…", zögerte ich.

„Wann immer das Gefühl der Liebe dir begegnet", erinnerte er mich und ließ den Satz einfach so stehen.

Ich brachte schon wieder keinen Ton heraus. Solange er mir gegenübersaß, machte das alles Sinn. Alles machte Sinn. Meine Seele blieb mutig.

„Ich möchte sie wiedersehen", sagte ich.

Gott schenkte uns beiden etwas Wein nach.

„Aber wie soll ich das anstellen?", schob ich hinterher.

„Sie hat mir zwar gesagt, dass sie einen kleinen Dekoladen hat, aber ich kann doch da nicht einfach hingehen. Oder? Das ist doch total aufdringlich. Nur Vollidioten würden so was tun. Na gut, dann könnte ich es ja vielleicht doch machen."

Gott lächelte wieder. Ich fühlte mich wie ein Kind, das vor seinem großmütigen Vater sitzt, der stets einen guten Rat zu geben weiß.

Nur sagte er nichts.

„Kannst du mir helfen?", sagte ich vorsichtig und öffnete mein Seelenvisier weiter.

„Natürlich", sagte er schließlich. Und dann nichts weiter. Er schloss die Augen.

Wir saßen uns schweigend gegenüber.

Ich bettelte wortlos um seine Aufmerksamkeit.

„Kannst du vielleicht irgendwas… sagen?"

Er hielt seine Augen geschlossen.

„Hör doch, ich spreche."

„Ich hör nichts."

„Hör etwas genauer hin."

„Ich höre nichts."

„Sei still."

„Die Enten wieder?"

„Vergiss die Enten. Werde so still, dass du hörst, was dein Herz spricht."

Ich versuchte es. Stille. Stille. Eine Minute. Zwei. Ich wurde ruhig. Ich spürte etwas. Es war sicher nicht das komplette Zutatenprogramm, aber wenigstens eine Löffelspitze Ruhe.

Stille. Stille.

„Du meinst, ich soll das tun, was mein Herz mir sagt?", sagte ich irgendwann leise und schaute ihn an.

Gott öffnete die Augen und nickte.

„Das klingt schon wieder so nach Kalenderweisheit", schüttelte ich den Kopf und wusste es sofort besser. Vor mir saß das Original. Alle Kalenderweisheiten waren Ripoffs.

Gott schien meine Gedanken zu lesen und lächelte kurz.

„Und meinen Verstand? Meine Erfahrungen? Meine guten Einwände? Meine Ängste? Einfach an der Garderobe abgeben?"

Gott nickte.

„Ist das nicht allzu offensichtlich?", sagte er schließlich. „Es kommt die Zeit, in der es ganz gewiss nichts Klügeres gibt, als auf jede Klugheit zu verzichten. Den Verstand zu ignorieren. Nur auf eine einzige Sache zu achten, nur diese eine Frage zu stellen: Wo spürst du mehr Liebe? Wo ist mehr Freude? Wo ist mehr Frieden? Es ist wie eine einsame Kreuzung mit zwei Richtungsschildern. Herz oder Verstand? Aber wenn du keine Ahnung hast, was zu tun ist, bist du sowieso immer auf die Liebe in dir angewiesen. Sie wird dich nicht trügen. Welcher Weg weckt also mehr Liebe in dir?"

„Ist der Unterschied denn überhaupt immer klar?", versuchte ich nachzuforschen.

„Ja, du kannst den Unterschied sogar in deinem Körper spüren."

„Ich fürchte, mein Körper hilft mir da nicht weiter", sagte ich. „Den spüre ich grade nämlich überhaupt nicht."

Ich zwickte meinen Arm und sagte Aua.

„Ich helfe dir, Leon. Sag mir die vernünftigsten Worte, die dir einfallen. Lass deinen Verstand sprechen."

„Jetzt?"

„Jetzt."

„O. k. Na ja, meine Vernunft sagt, das alles ist ziemlich irre. Also: Alles. Du. Ich. Wir dürften hier gar nicht zusammensitzen, weil es dich natürlich so, wie du jetzt hier sitzt, gar nicht geben dürfte. Du hast von meinem Pfeifchen geraucht und wir haben Wasser getrunken, das du vorher kurzerhand in Wein verwandelt hast. Das ist *komplett* irre. Mein Verstand ist sich da sehr sicher. Und genauso ist auch diese Idee mit Helena irre. Ich kenne sie überhaupt nicht. Wenn ich zu ihr gehe, mache ich mich vollkommen lächerlich. Das ist alles Schwachsinn."

Gott schüttelte sich kurz, als wäre er mit einer Schaufel Staub überschüttet worden, dann nahm er einen Schluck Wein.

„Es ist überhaupt nicht nett, so über jemanden zu sprechen. Erst recht nicht, wenn es sich um einen guten Freund handelt. Lauter Verbote und vorschnelle Urteile. Nicht sehr liebevoll, was dein Verstand da sagt. Was bildet der sich ein?" Er lächelte.

„Na ja, wenn er mich mit klaren Worten vor unbedachten Schritten bewahrt, die mich und andere ins Leid führen könnten – dann könnte in der Schroffheit schon etwas Liebe sein, oder?"

Gott lachte wieder.

„Jetzt unterhalte ich mich mit *ihm*!", rief er.

Ich musste ebenfalls schmunzeln. Gott fuhr fort: „Aber das, was dein Verstand da gerade alles sagte, das war ja keine nette Warnung, sondern das reinste Zerstörungsprogramm. Entmutigung ist nie liebevoll. Sie ist immer aus ängstlicher Rechthaberei geboren. Sie fühlt sich sogar gemein an. Sie macht dich klein. Es war so lieblos, was du da sagtest. Aber die Stimme deines Herzens ist die Stimme der Liebe. Sie wird dich immer aufrichten, dich ermutigen, dir das Gefühl geben, gesehen und erkannt zu sein."

„Darüber habe ich noch nie nachgedacht. Ich erkenne den Unterschied."

„Ich weiß", sagte er. „Der Kreis schließt sich wieder. In diesem Moment auf den Verstand zu hören, ist, als würdest du konzentriert die Musik spielen. Aber erinnere dich: Wenn du auf dein Herz hörst, spielt die Musik dich. Was sagt es nun also?"

Ich überlegte nicht, sondern sprach einfach.

„Mein Herz sagt, dass du cool bist. Dass es mich unendlich bereichert, Zeit mit dir zu verbringen. Dass du Dinge in meinem Leben in Bewegung bringst, die seit vielen Jahren wie zentnerschwere Steine auf meiner Seele lasten. Und es sagt, dass ich Helena wiedersehen muss, weil ich glaube, dass sie eine wunderschöne Seele ist und dass ich sie kennenlernen muss. Dass ich es einfach tun soll, ohne zu zweifeln, weil in der Begegnung mit ihr womöglich ... etwas ungeheuerlich Wichtiges wartet."

Gott reichte mir ein Weinglas und nahm meine Pfeife in den Mund. Da er die Streichhölzer nicht zur Hand hatte, entzündete er den Tabak einfach mit seiner Fingerspitze.

„Und?", fragte er genussvoll paffend. „Wie fühlt es sich an? In welche Richtung ruft dich deine innere Stimme? Wo ist jetzt die Freude? Wo ist mehr Frieden? Und vor allem – wo spürst du Liebe für *dich*?"

„Für mich?", staunte ich.

„Kommt dir der Teil der Frage zu ungewöhnlich vor?"

„Nein, also, ja. Ich glaube, ich schaue wohl normalerweise erst mal, was das alles für die anderen bedeutet. Ich stelle mir grade vor, wie es wohl wäre, wenn ich da draußen erzählen würde, dass ich dich getroffen habe und mit dir Champagner trinke und Pfeife rauche. Und wie Helena wohl reagieren wird, wenn ich plötzlich in ihren Laden komme."

Gott schüttelte mitfühlend den Kopf.

„Faszinierend, oder? Wie viel Kraft doch in den Gedanken steckt und wie wirkungsvoll die Angst das Leben auf der Welt jeden warmherzigen Impuls überrollt. Ist *das* nicht verrückt? Eine Lawine vermeintlicher, selbst gebauter Realitäten, die sich von negativen Gedanken ernähren, ganz wie werdende Kinder im Mutterleib von der Nabelschnur? Doch stell dir vor: Die Wahrheit ist das nicht. Die Wahrheit ist unantastbar von dem, was um sie herum geschieht. Sie bleibt die Wahrheit, auch wenn sie niemand glaubt oder erkennt oder falsch interpretiert. Sie ist ein Leuchtturm. Und sie sagt: Hab keine Furcht. Die Liebe liebt die Furcht fort."

„Ich habe keine Lust mehr, Angst zu haben", sagte ich plötzlich.

Gott hielt mir sein Glas entgegen und wir stießen an.

„Welchen Weg wirst du gehen?", wiederholte er seine Frage, bevor er das Glas an seine Lippen führte.

„Den meines Herzens", sagte ich und hob das Glas in seine Richtung.

Als ich die Worte aussprach, durchflutete mich eine Wärme, die ich wohl nie zuvor gespürt hatte. Als wäre in meinem Innersten eine Flasche mit warmem Öl entkorkt und ausgegossen worden und nun würde dort unten gerade eine Wellnessparty beginnen. Vielleicht waren auch ein paar Geister weggeflogen und freuten sich über ihre zurückgewonnene Freiheit.

Dies war der Moment, in dem ich endgültig wusste, dass ich mir diesen Gott nicht selbst ausgedacht haben konnte. Ich erkannte ihn daran, dass er mir Erkenntnisse schenkte, die mein versteinertes Ich aus sich heraus niemals haben konnte. Ich erkannte ihn, weil mein Herz plötzlich erwachte und mir bewusst wurde, wie viele Jahre es tief geschlafen hatte. Ich erkannte ihn daran, dass er mich ermutigte zu lieben. Sogar mich selbst. Mochte dieses Gefühl auch nicht bis in die Ewigkeit reichen oder meinetwegen nicht mal bis in den nächsten Vormittag – es war grandios. Jetzt. Jetzt war es grandios.

Gott lehnte sich im Sessel zurück und schloss wieder die Augen.

„Wie wunderbar, bei dir zu sein", sagte er. Ich legte mich auf den Teppich zu seinen Füßen und schaute an die Zimmerdecke.

„Ich werde zu ihr fahren, gleich morgen", sagte ich.

Er sagte nichts.

Für diesen heiligen Moment war alles gesagt.

* * *

Wir tranken mehr Wein. Wir hörten mehr gute Musik. Dieser Geist der liebevollen Freundschaft erfüllte mein bescheidenes Zuhause, verwandelte es in eine Kirche. Weit nach Mitternacht bot ich Gott an, in meinem Bett zu schlafen, und sagte, dass ich mich unters Dach in die kleine Kammer zurückziehen würde, in der bis vor einigen Jahren Melissa gelegentlich geschlafen hatte. Er lehnte das Angebot freundlich ab und erklärte mir, dass es ihm viel lieber wäre, wenn er die Dachkammer bekäme. Ich versuchte eifrig, ihn zu überreden, das bequemere Schafzimmer zu nehmen, aber er lächelte nur und beharrte darauf, auf dem engen Spitzboden zu schlafen.

Als ich heute Morgen erwachte und ins Wohnzimmer kam, war Gott bereits unten. Die Fenster waren geöffnet, die Gläser, Aschenbecher und Chips-Schälchen des Abends waren verschwunden. Gott stand gerade in der Küche und sortierte das Geschirr in die Schränke. Es war mir sehr unangenehm. Gott entdeckte mich und strahlte.

„Schau mal", sagte er und zeigte auf die Spüle, die mit schäumendem Abwaschwasser gefüllt war.

„Du hast abgewaschen", sagte ich. „Danke, aber ich fühle mich wie der mieseste Gastgeber der Weltgeschichte. Gott besucht mich und ich lasse ihn den Abwasch machen? Das kann ich doch schon wieder keinem erzählen."

Gott lachte. „Schon gut, das meinte ich gar nicht", freute er sich. „Schau genau hin."

Ich richtete meinen Blick auf das Waschbecken. Gott hielt einen Kochlöffel hoch und gestikulierte gespielt theatralisch. „Ich mach mal den Moses", lachte er und plötzlich teilte sich das Abwaschwasser in der Spüle in zwei Hälften, eine schmutzige und eine saubere.

Gott kicherte. „Du musst kein schlechtes Gewissen haben", sagte er, „ich habe schon ewig nicht so viel Spaß gehabt. Und wenn ich ewig sage, dann meine ich: Jetzt." Er kicherte ausgelassen.

Ich half anschließend noch etwas beim Aufräumen und hoffte, dass er noch länger bleiben würde. Nur hatte ich ja selbst ganz dringend noch etwas anderes vor.

„Wollen wir irgendwann mal zusammen Auto fahren?", fragte Gott unvermittelt.

Ich stutzte. „Ja, können wir gerne machen. Aber mein Auto ist ja noch in der Werkstatt."

„Ach ja, stimmt ja", sagte er.

Das Telefon klingelte.

Yüksel von der Werkstatt war dran.

„Hallo, Leon, habe Auto für dich zum Leihen."

„Hallo, Yüksel", sagte ich. „Jetzt doch? Ich dachte, du bist nicht der ADAC?"

„Habe trotzdem Auto, das ich dir paar Tage leihen kann. Ist gute Fahrzeug, wirst sehen. Getriebe für Passat bringt Schwager dann die Tage, wahrscheinlich übermorgen."

„O. k., Yüksel, alles klar, danke", sagte ich.

Ich legte auf und musste lachen.

„Dann musst du ja nicht mit der Bahn zu Helena fahren", sagte Gott und lächelte vielsagend.

„Du machst also auch die Logistik der örtlichen Autowerkstatt?", neckte ich ihn.

Er zuckte nur mit den Schultern, lächelte und ging Richtung Haustür.

„Die Wege des Herrn sind unergründlich", grinste er.

„Apropos… gehst du?", sagte ich. Er bemerkte die plötzliche Traurigkeit in meiner Stimme.

„Ja", sagte er, machte einen Schritt auf mich zu und umarmte mich, wie schon bei unserem letzten Abschied. „Wir sehen uns bald wieder, Leon. Ich melde mich."

Er löste unsere Umarmung und wandte sich zur Tür.

„Bitte", sagte ich leise. Und wiederholte es, als er schon hinausgegangen war.

„Bitte."

* * *

Ich ging zu Fuß zur Werkstatt, die ein Dorf weiter in einem Hinterhof lag, um meinen Leihwagen von Yüksel in Empfang zu nehmen. „Ist gute Auto", wiederholte Yüksel gebetsmühlenartig, als wir über seinen Hof gingen. Ich ahnte Böses, denn es gab ganz sicher keinen wirklichen Grund für Yüksel, seinen überraschend eingetroffenen „Leihwagen" so zu feiern. In dieser übertriebenen Vehemenz wäre es nur angebracht gewesen, wenn er mir gleich danach einen Rolls-Royce-Schlüssel in die Hand gedrückt hätte. Ich vermutete ein schlechtes Gewissen, weil er es bislang nicht auf die Reihe bekommen hatte, den Passat zu reparieren. Dann erschrak ich. Da stand kein Rolls-Royce, sondern ein alter Twingo, halbwegs gepflegt, scheußlich lila lackiert. Nicht, dass ich grundsätzlich etwas gegen runtergewirtschaftete lila Twingos gehabt hätte. Nur wollte ich diese farbverirrte Thunfischdose bitte um Himmels willen nicht selbst fahren. Dann entdeckte ich noch das i-Tüpfelchen der Karre: Auf der Seitentür klebte eine große Werbefolie, die auch schon bessere Tage gesehen hatte. Darauf eine Mobiltelefonnummer und der Slogan: *Respektvoll altern – dank Mohnsens Pflegeteam.* Die Buchstaben auf der Folie hatten stellenweise an Kraft verloren, drei von ihnen waren irgendwann unterwegs herausgefallen. Das H und die beiden Ns in den Namen Mohnsens fehlten und waren nur noch als Untergrund zu ahnen. Ohne diese Buchstaben stand da jetzt: *Respektvoll altern – dank Moses Pflegeteam.* Ich schüttelte den Kopf und lachte. Wahrlich, die Wege des Herrn sind unergründlich. Und dieser Herr hatte auf jeden Fall eine Art von Humor, die meine Eitelkeit einer schweren Prüfung unterzog. Yüksel drückte mir selbstzufrieden den Schlüssel in die Hand und lächelte: „Ist gute Auto", wiederholte er. „Mache fertig für Verkaufen, wenn ich deine Passat erledigt habe. Fährt aber. Sehr gute Auto."

Ich seufzte, klemmte mir den Twingo unter den Arm und fuhr los. Nach hundert Metern hatte ich alles vergessen und dachte nur noch an Helena.

UM GOTTES NAMEN

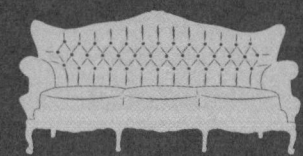

· ·

Herr und Frau Graffelmeier haben sich wirklich sehr viel Mühe gemacht. Als ich mein Zimmer betrat, erwartete mich ein Meer aus Blumen. Es duftet jetzt ganz wundervoll. Ein Wonnegefühl durchströmt mich. Was für ein herrlicher Geruch. Doch der Blumenduft ist nicht das einzige Wunder des Tages. Leon hat sein Herz geöffnet, er kann es jetzt hören und in ihm hört er meine Stimme. Er hat seinen Weg gewählt. Er hat es gewagt zu vertrauen. Nun werde ich ihn in den Fluss der Liebe eintauchen, ihn in den Kreislauf des Schenkens einladen, werde ihn einweihen und ihn um den Gefallen bitten, der ein so unermesslich wichtiger Teil dieser Reise ist.

Er wird mir helfen.

Ich möchte meinen wahren Namen zurück.

Ich möchte, dass die Menschen, die meinen Namen nicht kennen, ihn erfahren. Ich möchte, dass die Menschen, die ihn kennen und vergessen haben, sich an ihn erinnern.

Ich möchte, dass die Menschen mich nicht mehr Gott nennen.

Dieser Name ist verbraucht. Er ist hart wie ein Stein. Ich selbst habe ihn nie gewählt. Er hat seinen Zweck erfüllt, hat ausgedient. Er wurde missbraucht, misshandelt, vergewaltigt, verzerrt. Es ist Zeit, dass die Wahrheit über mein Wesen und die Himmel die Seelen der Menschen in goldenes Licht taucht.

Niemand soll sich mehr vor mir fürchten.

Der Schreckensgott der Angst, der Strafen, der Manipulation soll nie mehr sein unter den Menschen.

Gott ist tot.

Ich bin die Liebe.

Nichts ist lebendiger als ich.

Ich lebe.

Ich bin.

HiMMEL UND HÖLLE

Auf der Fahrt in die Stadt war ich nervös. Ich flüsterte ihren Namen. Helena. Ich würde sie wiedersehen. Ich war aufgeregt. Ich hatte die Adresse und die Öffnungszeiten ihres Ladens gegoogelt. Hoffte ich. Im Netz hatte ich nur einen einzigen Dekoladen in der Nähe des Parks gefunden – das *Wunderlädchen* in der Hermannstraße. Ihr Name tauchte dabei allerdings nicht auf. Ich wusste immerhin, dass es täglich bis 16 Uhr geöffnet hatte. Das würde ich locker schaffen. Aber würde sie auch da sein?

Ich fand einen Parkplatz in der Nähe, stieg aus der lila Leihdose aus und atmete dreimal tief durch. Verstand und Herz? Bis auf ein paar kleinere Störungen schienen sie gerade miteinander klarzukommen. Die Stimme, die mich in den letzten Tagen immer wieder zurückhalten wollte und mich sogar mehrfach des Wahnsinns bezichtigt hatte, war nicht zu hören. Jemand hatte sie zum Schweigen gebracht. Gott. Vielleicht sogar ich. Als ich um die Straßenecke bog, entdeckte ich die mit fantasievollen Basteleien und handgemachtem Schmuck dekorierten Schaufenster des *Wunderlädchens*, richtete noch mal meinen Hemdkragen und trat ein. Ein altmodisches Türglöckchen hieß mich willkommen und signalisierte im Innenraum, das Kundschaft eingetroffen war. Nur war niemand zu sehen. Auf dem Kassentischchen lag ein ziemlich großer Stapel ungeöffnete Post, dazu ein paar herumflatternde Zettel, daneben stand eine Flasche Wasser. Dann sah ich sie. Sie kam aus einem kleinen Hinterstübchen und konnte ihre Überraschung nicht wirklich verbergen. Unsere Blicke trafen sich. Und wieder war es, als würde die Zeit einfach stillstehen. Ich weiß nicht, wie lange wir beide nichts sagten, vielleicht waren es Sekunden, vielleicht waren es Jahre.

„Hallo", sagte ich, als auch sie gerade die Lippen öffnen wollten.

„Hallo", lächelte sie und ich sah ein Fragezeichen und Freude in ihren Augen.

„Wie geht's deinem Hund, der dir nicht gehört?", sagte sie. Wir lachten beide etwas verlegen.

„Ich hab keine Ahnung", antwortete ich, „hab ihn seitdem nicht wiedergesehen. Ganz schön untreue Seele, oder? Und wo ist Herr Lancaster?"

„Der hat grad ein kleines Mittagsschläfchen gemacht", lächelte sie.

Ihr zauberhafter Hund schlich in diesem Moment verschlafen aus dem Hinterzimmer. Er sah mich, wedelte fröhlich mit dem Schwanz, stupste mich kurz an und legte sich dann ganz entspannt wieder hin.

Es war unbeschreiblich schön, Helena zu sehen. Sanfte Stille legte sich zwischen uns.

„Was machst du hier?", sagte sie schließlich.

Die Frage entwaffnete und streichelte mich. Sie ließ mir keine Chance, um den heißen Brei herumzureden. Aber ich hatte auch etwas Angst, von dem heißen Brei zu kosten und mir dabei die Zunge zu verbrennen.

„Ich bin… na ja, also ehrlich gesagt", stotterte ich mich langsam auf festen Grund, „ich bin eigentlich nur gekommen, um dir Hallo zu sagen."

„Schade", entgegnete sie schlagfertig – und ich verstand erst nicht ganz. „Hallo sagen geht so schnell vorbei. Wenn du gekommen wärst, um mit mir einen Kaffee zu trinken, hätte ich dir jetzt einen angeboten."

Ich lächelte erst unsicher. Dann erleichtert. „Kaffee klingt wunderbar. Wenn ich dich nicht von der Arbeit abhalte?"

Sie machte eine Kopfbewegung und deutete in den leeren Laden. „Hier ist grad gar keine Arbeit."

Sie lächelte wieder so hinreißend.

„Und du? Was arbeitest du?"

„Klavier spielen", sagte ich. „Aber hier ist auch grad kein Klavier."

„Milch? Zucker?"

„Gerne Milch", sagte ich etwas schüchtern. Sie nickte und verschwand hinter einem leichten Vorhang in dem Hinterstübchen, aus dem sie gekommen war. Durch das Rauschen aufkochenden Wassers schickte ich ihr ein paar trivialere Sätze hinterher, fragte nach dem *Wunderlädchen* und wie es so lief und ob es ihr Freude mache, hier zu arbeiten, und ob es wirklich ihr eigener Laden wäre, was sie bestätigte. Dann sagte ich ihr, dass ich die Adresse gegoogelt hatte. Sie hatte mir alles aus dem Off beantwortet, nun kam sie mit zwei dampfenden Bechern Kaffee aus dem Separee zurück und bot mir einen Platz auf der inneren Schaufensterkante an. Wir setzten uns.

„Das ist schön", sagte sie. Ich schaute sie fragend an. „Dass du gegoogelt hast." Sie hielt meinen Blick für ein paar Sekunden Ewigkeit.

„Ja", nickte ich. „Und es ist schön, dich wiederzusehen."

Sie nickte ebenfalls kurz, richtete ihren Blick wieder in den Laden. Wir schwiegen. Es war nicht schlimm. Nicht ein Schweigen der peinlichen Sorte. Eher eins, das ewig dauern durfte. Mit ihr hier zu sitzen, fühlte sich fast genauso an wie mit Gott in meinem Wohnzimmer. Wir schauten beide ins Leere. „Schönes Gespräch", sagte sie irgendwann. Darüber lachten wir beide.

„Gefällt mir auch", nahm ich die scherzhafte Bemerkung auf. „Könnten wir … es irgendwann vertiefen?"

Sie schaute mich plötzlich ernst an. Und wieder sah ich in ihren sanften samtbraunen Augen diese geheimnisvolle Mischung aus Melancholie, Humor, Schwäche und Stärke. Ihr Blick erzählte mir eine Geschichte. Er erzählte mir *ihre* Geschichte.

„Du hast schöne Augen", sagte sie unvermittelt.

„Du auch", gab ich leise zurück. Spätestens jetzt hätte das Ganze peinlich sein müssen. War es aber nicht.

„Wir haben fast die gleiche Farbe", ergänzte sie verwundert. Ich räusperte mich. Es stimmte. Wir hatten fast die gleiche Farbe. Nach einer weiteren kleinen Pause stand sie auf.

„Ein bisschen absurd ist das schon, oder?" Sie lächelte wieder.

„Allerdings", sagte ich und erhob mich ebenfalls.

„Ich würde dir meine Handynummer geben, wenn ich eine hätte", sagte sie trocken. „Aber wenn du möchtest, kannst du mich jederzeit hier im Laden anrufen." Sie ging zum Tisch, gab mir ein Visitenkärtchen und beantwortete die Nachfrage, die ich nicht gestellt hatte.

„Mein Handy ist seit einer Woche weg. Wahrscheinlich geklaut. Ich bin noch nicht dazu gekommen, mir ein neues zu kaufen. Ich habe eine kleine Tochter – und den Laden hier. Da bleibt nicht viel Zeit."

Tausend Fragen schossen mir durch den Kopf. Ich entschied mich für die, die mir am höflichsten vorkam.

„Geklaut, dein Handy? Deins auch?"

„Wieso, deins etwa auch?"

Ich sortierte mich kurz. „Nein, ich hab meins noch."

Ich nahm einen Kugelschreiber und ein Visitenkärtchen von ihrem Kassentisch und schrieb meine Nummer auf die Rückseite.

„Aber ich habe einen … Freund … der hat kürzlich ein geklautes geschenkt bekommen."

Sie schaute mich schelmisch an, verlor dabei aber nichts von ihrer Eleganz und Anmut.

„Klingt so, als hättest du ziemlich komische Freunde. Mafia oder ordinäre Beschaffungskriminalität?"

Ich musste wieder lachen.

„Ja, nein, das ist total kompliziert, erzähle ich dir später mal. Er hat es dann auch zurückgegeben, das Handy."

„Aha", sagte sie und lächelte vielsagend.

Wir ließen das beide so stehen. Alles war gerade wichtiger als Smartphones. Meine Seele sprach ein stilles Gebet. Ich wollte so gern alles aus ihrem Leben hören. Ihr von mir erzählen. Ich hätte so gerne alles Mögliche mit ihr geteilt, unter anderem, dass ich neuerdings Gott persönlich kannte. Aber mein Verstand war ja zum Glück noch nicht verstorben und mein Herz nickte mein diszipliniertes Schweigen sofort vehement ab. Sie hätte mich für total irre gehalten. Zu Recht natürlich.

„Ist es okay, wenn ich dich bald anrufe?", sagte ich mit weicher Stimme. .

„Ja, Leon. Das ist … sehr okay."

Wir standen voreinander wie überforderte Kinder. Mein Arm huschte unsicher hervor, ich strich ganz leicht über ihren Oberarm. Sie lächelte wieder leise. Ich auch.

„Dann … tue ich das …", sagte ich und drehte mich langsam um. Ich hob die Hand leicht, sie ebenfalls.

„Bis bald", sagte sie.

„Bis bald, Helena", sagte ich.

Das Türglöckchen bimmelte, als ich ging. Ich schaute mich noch einmal zu ihr um. Sie schickte mir einen letzten Blick und verschwand dann in dem kleinen Raum hinter ihrem Kassentisch.

Ich schlenderte zum Leihauto. Fuhr los. Nach Hause. Das sich plötzlich in der falschen Himmelsrichtung befand. Ich wäre gern geblieben. Dann ließ ich los. Der Fluss. Es war alles richtig. Auf die Minute. Auf die Sekunde. Alles war, wie es war. Und alles was war, war gut.

* * *

Ich rollte durch den Hafen und wollte gerade über eine Brücke in Richtung Bundesstraße zum Stadtrand abbiegen, als mein Telefon in der Tasche klingelte. Unbekannte Nummer.

„Hallo?"

„Ich bin's."

„Melissa?"

„Ja. Hast du zufällig mal Zeit? Mir geht es nicht so gut."

Ich biss mir auf die Lippe. Ihre Stimme klang furchtbar, schläfrig, als wäre sie halb betäubt. Sie hatte wahrscheinlich irgendwas genommen.

„Könnte deine Hilfe brauchen. Also … falls da noch irgendwo Platz in deinem Leben ist."

Der Schuss saß, der Satz traf mich ins Mark.

„Wo bist du?", beherrschte ich mich.

„Ich bin da, wo ich immer bin. Irgendwo nirgendwo."

Nach zwei zähen Minuten hatte ich herausbekommen, dass sie in der Innenstadt war, wahrscheinlich in ihrem Viertel. Ich erzählte ihr, dass ich ebenfalls noch in der Stadt war, und bot ihr an, dass wir uns im Hafen an dem Pier treffen konnten, von dem die Ausflugsschiffe abfuhren. Sie stimmte zu und legte grußlos auf. Ich änderte meine Route, fuhr zum Anleger und wartete.

Es war windig geworden, der Himmel hatte sich einen grauen Mantel übergezogen. Nach einer geschlagenen Stunde tauchte Melissa auf. Sie sah ausgezehrt aus, ihre Klamotten waren zerschlissen, ihre Fingernägel schmutzig, die Fingerkuppen gelblich verfärbt vom Tabak filterloser Zigaretten. Ihre ungepflegten Haare fielen ihr ins Gesicht wie feuchte Taue und sie hatte deutlich sichtbare dunkle Augenränder. Meine Seele schmerzte bei ihrem Anblick.

„Hey, Lissa", sagte ich und wollte sie umarmen. Sie entzog sich dem Versuch.

„Hey", murmelte sie zurück. Wir gingen wortlos ein Stückchen nebeneinanderher. Schließlich setzte sie sich furchtlos an die hohe Kante des Piers und ließ die Füße zwei Meter über dem wilden Fluss baumeln. Ich überwand mein spontanes Unwohlsein und setzte mich neben sie. Sie rutschte auf der Stelle herum, kramte einen fast leeren Beutel mit

Tabak aus ihrer Hosentasche und begann, sich eine Zigarette zu drehen.

„Hast du noch mal 'n bisschen Geld? Ich komm grad insgesamt nicht so gut klar", sagte sie dabei fast tonlos.

Ich holte, ohne zu zögern, mein Portemonnaie hervor. Es waren fünfzig Euro darin, eine Notreserve, die ich bis heute in einer Schublade im Waldhäuschen aufbewahrt hatte. Ich war seit unserem letzten Treffen nicht bei der Bank gewesen. Ich dachte kurz daran, wie Gott Geld abzuheben pflegte. Ich hätte auch Melissa so gern von ihm erzählt. Natürlich konnte ich das nicht. Aber ich konnte mich in Gedanken in seine Nähe versetzen, an die Atmosphäre denken, die seine Gegenwart brachte, seinen Frieden einladen, ihn vielleicht in diese Situation übertragen. Es wenigstens versuchen. Ich dachte intensiv an ihn und gab ihr den Fünfziger.

„Mehr hab ich nicht", sagte ich.

„Hast doch ein ganzes Konto voll, oder nicht?", ätzte sie.

Es war unverschämt. Ich gab ihr dauernd Geld. Es waren mittlerweile Tausende und Abertausende. Doch ich bezweifelte, dass es ihr bewusst war. Sie war so vollgedröhnt, dass ich für einen Moment fürchtete, sie würde bei einer falschen Bemerkung von mir einfach in den Fluss springen.

„Ich möchte so gern mit dir reden", sagte ich vorsichtig. „Du weißt das, oder?"

Sie steckte sich die Zigarette an und starrte raus auf das unruhige graue Wasser.

„Worüber denn?"

„Ich sorge mich sehr um dich."

„Echt? Klingst ja wie 'n richtiger Vater."

„Würdest du dir irgendwann mal anhören, was ich dazu zu sagen habe?"

Sie blies den Rauch ins Nichts und schaute weiter auf den Fluss.

„Glaub nicht. Wozu denn?"

„Es könnte deinen Blick auf alles vielleicht etwas verändern."

„Glaub nicht."

Sie zog gleichgültig an ihrer Selbstgedrehten.

„Hast du Kontakt zu deiner Mutter? Weiß sie, wo du lebst, wie es dir geht?"

Sie schüttelte den Kopf. „Die kümmert sich doch eh nicht", sagte sie leise. „Hat 'nen neuen Typen mit 'ner fetten Karre und 'nem fetten Bauch. Glaub ich. Hab aber lange nichts gehört. Du etwa?"

Ich schüttelte den Kopf.

„Du hast doch selber keinen Bock auf sie. Weißt doch, wie sie tickt. Der ist sowieso alles scheißegal. Hast du mal Kontakt zu ihr gesucht? Habt ihr euch mal überlegt, wie ihr…"

Sie brach den Satz ab. Ich wusste nicht, was ich sagen sollte. Und dachte wieder an Gott. Ich wollte meinen Arm um Melissa legen, verzichtete aber darauf, um nicht zu riskieren, dass sie doch noch spontan ins Wasser sprang.

„Ja, ich weiß, du hast recht", sagte ich stattdessen. „Wo gehst du jetzt gleich hin? Ich habe dich übrigens kürzlich gesehen, in der Nähe vom Café Rasputin. Wohnst du da?"

„Was machst du denn im Rasputin?", wurde sie plötzlich etwas munterer. „Bist du schwul geworden?" Ich schüttelte den Kopf. „Ich war mit einem guten Freund auf einen Kaffee da."

„Aha." Sie nickte nur lethargisch.

„Ich möchte dir helfen, Melissa. Aber du müsstest es zulassen."

Sie antwortete nicht hörbar, aber ihre Lippen formten zwei sehr drastische Worte, die man nur Menschen an den Kopf wirft, die man nie im Leben wiederzusehen wünscht. Dann durchfuhr sie ein kurzes unkontrolliertes Zucken.

Wir saßen noch einen Moment da. Dann stand Melissa auf. Ich blieb sitzen, drehte mich zu ihr um. „Wo wohnst du jetzt? Willst du es mir nicht sagen?", fragte ich sie erneut.

„Hab ich doch vorhin schon", zischte sie. „Irgendwo nirgendwo."

„Soll ich dich dann vielleicht irgendwo nirgendwo absetzen?"

Sie schaute mich wütend an. „Du glaubst doch nicht ernsthaft, dass ich mich zu dem Typen ins Auto setze, der seine eigene Tochter vergessen hat?" Sie machte einen verächtlichen Laut. Es hätte nur noch gefehlt, dass sie vor mir ausspuckte.

Dann drehte sie sich um und torkelte weg. Als würde der Himmel sich einen zynischen Scherz erlauben, riss plötzlich die Wolkendecke wieder auf. Das Grau löste sich auf, die Sonne tauchte die Hafenszenerie plötzlich in unwirklich schönes Licht.

In mir geschah das Gegenteil, es wurde grau und dunkel. Ich spürte wieder Tränen in mir aufsteigen. Und ich bemerkte eine weitere Veränderung in mir: Die Ohnmacht, die ich seit Jahren in mir trug und so tapfer zu ignorieren versuchte, fühlte sich plötzlich viel intensiver an. Schwarz. Nah. Unausweichlich. Ich spürte Melissas Seele, ihren abgrundtiefen Schmerz. Sie war mein Kind. Verdammt, sie war mein Kind. Ich hörte die beiden Worte, die sie nicht laut ausgesprochen hatte. Ich sah die Spucke fliegen, die ihren Mund nicht verlassen hatte. Ich schloss die Augen und flüsterte ebenfalls zwei Worte. *Ich verstehe.* Und dann noch drei. *Ich liebe dich.* Und vier weitere. *Es tut mir leid.*

Der Maler meines Lebens

Ich fuhr wieder los und erreichte nach ein paar Minuten die Bundesstraße. Der Tag begann gerade, sich mit großem Farbspektakel aus dem Lauf der Zeiten zu verabschieden und sich in die nächste Nacht zu verwandeln. Während ich durch den zäh fließenden Verkehr schlich, überschwemmte mich eine Flutwelle aus Gedanken – aus alten und neuen, aus bereits hundertmal gedachten, zermalmten und solchen, die ich bereits tausendmal verabschiedet hatte.

Ich wünschte mir so sehr, dass es Melissa gut ginge, dass sie einen Weg fände, glücklich zu werden, eine Weise, ihre Stärken und ihre Schönheit zu entdecken.

Und in all diesem Wünschen empfand ich plötzliche eine Verbindung zu ihr, die ich nie zuvor gespürt hatte. Oder vielleicht vor Ewigkeiten? Nein, es war neu, es war anders. Und es war kaum zu ertragen. Sie war plötzlich so nah. Ich hatte dieses Gefühl nicht mehr gehabt, seit ich sie nach ihrer Geburt zum ersten Mal im Arm gehalten hatte.

Aber da war noch mehr, als käme dieses Gefühl in mir selbst aus zwei Richtungen, es war so intensiv wie zwei Wände, die für Personen standen, die auf mich zukamen und mich zu zermalmen drohten. Die eine Wand symbolisierte zweifelsfrei Melissa – darin meinen eigenen Schmerz, diese plötzlich so ungeahnt empathische Verbindung, die mir selbst das ungewohnte Gefühl gab, verletzlich zu sein. Doch für wen stand die andere Wand? Kannte ich noch jemanden, der mir je auf diese Weise nah gewesen und mit dem ich nicht im Reinen war?

Ich musste plötzlich intensiv an meine Eltern denken, an das Gefühl, nicht zu ihnen zu gehören. Ich verstand nicht. Aber ich fühlte es. Melissa war ganz sicher ein Teil von mir. Er war verschollen, nun schien er zurückzukehren. Der Raum, den ich jetzt in mir spürte, gehörte eigentlich ihr. Aber was hatte sie mit meinen Eltern zu tun, außer dass der Nachlass der Schuld, von dem Gott gesprochen hatte, auch Melissa womöglich als Erbin traf?

Ich fuhr weiter auf den Sonnenuntergang zu. Ich konnte Melissa nicht helfen, wenn sie meine Hilfe nicht wollte. Wie um Himmels willen sollte es ohne ihre Bereitschaft denn möglich sein? Ich konnte das nicht allein. Ich wollte loslassen. Loslassen, aber ohne dabei wieder zu flüchten, ohne zu verdrängen. War das möglich? Wo war der Unterschied? Der Unterschied, kam es mir sofort in den Sinn, war elementar. Es musste ein inneres Loslassen geben, das in Freiheit geschah. Kein Weglaufen, sondern ein Abgeben an eine Kraft, die alles in sich zu tragen bereit wäre. Eine innere Wirklichkeit, in der es gut und erwünscht war, im Jetzt zu leben und all die Sorgen und die Freuden des Lebens als das wahrzunehmen, was sie waren.

Loslassen, Leon.

Loslassen, Melissa.

Warum eigentlich nicht? Was war das Leben denn anderes als eine Sammlung von Momenten subjektiven Unglücks und Momenten eigenen Glücks. Die eigene Lebensreise als Mosaik, das am Ende meines Lebens ein riesiges Bild ergeben und sich zu dem fügen würde, was ich als Mensch auf meiner Lebensreise geworden war.

Ich löste mich jetzt in Gedanken von Melissa. Ich sah stattdessen dieses Bild vor mir, mein eigenes Mosaik. Wie sollte es aussehen? Bis hierher war es ein graues Bild gewesen, trüb, verschleiert. Es war nicht angesehen worden. Ich wollte, dass es sichtbar würde. Ich wollte es selbst anschauen mögen. Ich wollte, dass dieses Bild bunt würde ... Gewiss, es durfte dunkle Stellen haben. Dann sollten sie aber richtig dunkel sein. Es sollte auch farbenprächtige Teile haben, dicht und gesättigt, die ganze Palette: die Farben des Sonnenuntergangs, der den Himmel gerade direkt vor meinen Augen in ein Feuer aus Rot, Blau, Rosa und Orange tauchte. Nur dieses furchtbare, subtile Grau sollte nicht mehr vorherrschen. Der Maler meines Lebens, wer immer das auch war – ich selbst oder ein Engel aus einem unteren Himmel oder vielleicht sogar Gott persönlich –, er sollte fortan Freude empfinden, wenn er seinen Pinsel zur Hand nahm. Er sollte ein Bild schaffen, das mit Feuer gemalt war, und beide, Maler und Bild, sollten alles sein, was jemals war und ist.

Loslassen. Freiheit. Bitte. Für einen Moment. Für eine Sekunde unter Millionen.

Im Loslassen des einen Gedanken tauchte der nächste auf. Das Gefühl, das ihn begleitete, hätte gegensätzlicher nicht sein können. Die Begegnung mit Helena brachte mein Inneres auf drastisch andere Weise ins

Wanken, der Taumel fühlte sich süß an, wie ein zweites Glas Wein am Mittag auf nüchternen Magen. Die richtigen Worte hatte ich nicht, aber durch das friedvolle Schweigen meiner Seele wehte der Duft von ungekanntem Glück. Der Sonnenuntergang, auf den ich weiter zufuhr, bot mir ein atemberaubendes Schauspiel, hatte seine Farben für ein letztes Aufflackern neu gemischt. Ohne meinen Blick von der Farbenpracht zu nehmen, löste ich meinen Anschnallgurt, um mein Smartphone aus der Hosentasche holen zu können. Ich legte es auf den Beifahrersitz und schaute auf das leere Display. Sobald ich die Bundesstraße verlassen hatte, fuhr ich rechts ran. Ich schloss die Augen. Meine Gedanken reisten zurück ins *Wunderlädchen*. Ich tauchte ein in Helenas Blick. Dann nahm ich das Handy und schrieb eine sms, die ich nicht abschicken konnte, weil sie ja grad gar kein Handy besaß. Selbstverständlich hätte ich sie auch dann nicht gesendet.

Helena... kommst du mit nach Hause?

Dann startete ich den Motor und fuhr weiter. Ein paar Minuten später schob die Dunkelheit die letzten Reste des bunten Himmelsschauspiels beiseite und versenkte die majestätische Farbpracht schließlich am Horizont. Ich hatte inzwischen die Landstraße erreicht, die mich über verschiedene kleine Dörfer zu meinem Häuschen am Waldrand führen würde. Plötzlich erfasste mein Scheinwerferlicht am Straßenrand die Kontur einer schlanken, gut gekleideten Gestalt. Ich war zu schnell, fuhr daran vorbei. Dann wurde mir klar, wer da stand. Ich bremste mit quietschenden Reifen. Unbeschreibliche Freude erfüllte mich, ich legte den Rückwärtsgang ein und setzte eilig zurück.

Als ich neben Gott zum Stehen kam, lächelte er mich durchs Fenster an. Er sah verflixt gut aus, trug immer noch den schönen Anzug.

„So ein Zufall", lachte er.

Ich beugte mich über den Sitz und öffnete ihm die Beifahrertür.

Er stieg ein. Wir schauten uns an. Ich schüttelte ungläubig den Kopf.

„Nimmst du mich auf deinem Floß ein Stückchen mit?", fragte er schelmisch.

„Ich nehme dich gern in den ganzen Rest meines Lebens mit", sagte ich.

Ich fuhr los. Für eine Weile sahen wir beide schweigend vor uns auf die Straße. Dann bat er mich plötzlich, rechts in eine kleine Kopfsteinpflasterstraße abzubiegen, die auf den Adlerblickhügel führte. Der Hügel war eine regionale Attraktion für Wanderer. Dort oben gab es ein Schnellrestaurant mit einer Aussichtsplattform, von der aus man in der Ferne die ganze Stadt überblicken konnte.

„Hast du Hunger auf schlechte Pommes und in Fertigsoße ertrunkene Currywurst?", versuchte ich einen Scherz. Er schüttelte den Kopf. „Ich möchte mit dir die Welt betrachten", sagte er sanft. „Und ich möchte dich um etwas bitten."

Was hatte er da gesagt? Er wollte mich um etwas bitten? *Mich? Gott* hatte eine Bitte an *mich*? Schweigend fuhren wir den kleinen Berg hinauf. Meiner Neugier zum Trotz: Dieser Weg hätte tausend Kilometer lang sein dürfen. Auf meinem Beifahrersitz saß der Frieden.

Wir parkten am Adlerblick-Restaurant und gingen zum Eingang. Kurz bevor wir die Tür erreichten, nahm Gott meine Hand und zog mich sanft auf den Pflasterweg, der um das Gebäude herumführte, von dort aus direkt auf einen fast in der Dunkelheit versinkenden unscheinbaren Pfad, der den Hügel weiter hinaufführte. Ich hatte diesen kleinen Weg noch nie bemerkt, obwohl ich in den letzten Jahren sicher schon zwei Dutzend Mal hier oben gewesen war, um schlechte Pommes und miese Currywurst zu essen.

Wir sahen die Hand vor Augen nicht, aber Gott ließ meine Hand wenigstens nicht los und führte mich zielsicher durch das Gehölz. Ich fragte ihn, ob ich die Taschenlampe meines Smartphones bemühen sollte, aber er zog mich unbeirrt und schweigsam weiter aufwärts. Der Pfad wurde immer enger, hin und wieder mussten wir uns ein paar

Äste aus dem Weg biegen. Nach etwa zehn Minuten Aufstieg erreichten wir auf der Spitze des Hügels eine kleine Lichtung. Von hier aus war der Ausblick auf die Lichter der Großstadt noch viel beeindruckender als von der Aussichtsplattform des Restaurants. Die Stadt schien sich bis zum Horizont zu erstrecken. Alles war in künstliches Licht getaucht und strahlte unwirklich. Es sah wunderschön aus. Noch viel beeindruckender allerdings war der Sternenhimmel, der sich über den Stadtlichtern ausgebreitet hatte wie ein schützendes Zelt. Wäre dies ein Schönheitswettbewerb gewesen, hätte das Leuchten des Himmels die Konkurrenz durch das menschliche Licht ganz sicher nicht fürchten müssen. Ich staunte. Und nickte still. Ich hatte erneut das euphorisierende Gefühl, dass ich gerade Teil eines Wunders war. Was war nicht alles geschehen in diesen paar Tagen. Alles veränderte sich. Ich war mit Gott unterwegs. Ich hatte den Mut aufgebracht, Helena zu besuchen. Ich spürte eine Verbindung zu Melissa und machte mir Gedanken darüber, wie ihr geholfen werden konnte, statt vor den Sorgen um sie einfach wegzulaufen. Hatte ich irgendetwas dafür getan? Nein, das alles wurde nur durch seine Gegenwart ausgelöst. Ich war das Floß. Er brachte mir das Bewusstsein des Flusses, der er selbst war.

„Ich habe Helena besucht", sagte ich ungeduldig. „Und Melissa getroffen."

„Ich weiß", sagte er. „Komm, wir setzen uns da vorn auf den Baumstamm."

Ich sah keinen Baumstamm, es war viel zu dunkel. Er nahm wieder meine Hand und führte mich durch einen Teppich unter unseren Füßen brechender Ästchen ein kleines Stückchen bergabwärts. Natürlich war da ein Baumstamm. Wir setzen uns und betrachteten gemeinsam das spektakuläre Lichterspiel. Gott ging nicht weiter auf meine Bemerkung ein und ich wusste, dass dies nicht der Moment war zu insistieren. Er wollte etwas von mir. Plötzlich spürte ich ungeheure, ehrfürchtige Aufregung.

„Leon. Ich möchte dich um etwas sehr Wichtiges bitten", sagte er mit einem Tonfall, der auf wirklich Ernstes hinwies.

Ich fragte ihn leise, ob ich vorher noch etwas sagen dürfte.

„Natürlich." Seine warme Stimme schwebte durch die Dunkelheit. „Je mehr Zeit ich mit dir verbringe, desto unglaublicher kommt es mir vor", flüsterte ich. „Mir wird mehr und mehr bewusst, wie groß das alles ist. Und jetzt möchtest du mich um etwas bitten? Ich fühle mich dabei nicht wohl. Nicht weil du mich um etwas bitten willst, sondern weil es sich anfühlt, als sei ich es nicht wert, von dir gefragt zu werden…"

Ich zögerte. „Ich habe deine Gegenwart nicht verdient. Du bist so unglaublich… nett."

Mir war kein anderes Wort eingefallen.

„Wenn du sagst, du seist es nicht wert, von mir gebeten zu werden, dann sagst du damit gleichzeitig, dass du es nicht wert wärest, von dir selbst gebeten zu werden", sagte er.

„Ich verstehe nicht."

„Du wirst verstehen. Hör mir zu", sagte er. „Und hab keine Furcht. Schau zu den Sternen, Leon."

„O. k.", sagte ich und betrachtete das Schauspiel am Himmel, das genauso wundervoll war wie vorhin der Sonnenuntergang. Wir alle waren täglich von Wundern umgeben und nahmen sie als selbstverständlich wahr.

„Wie kann ich dir helfen?", sagte ich.

„Ich möchte meinen Namen zurück", hob er mit heiliger Ernsthaftigkeit an. „Ich möchte nicht, dass die Menschen mich länger Gott nennen."

Ich schluckte und schaute ihn verdutzt an.

„Erinnerst du dich an unsere Begegnung im Bus?"

„Natürlich", nickte ich.

„Da fragtest du mich, ob ich wirklich Gott sei. Und ich sagte, es sei nur ein Wort. Dieses Wort habe ich mir nicht ausgesucht. Und es gefällt mir nicht. Für eine Weile war es erträglich, doch es hat schrecklichen Schaden angerichtet. Es sagt nicht, was es sagen sollte. Es wurde so oft missbraucht. Die Zeit für Veränderung ist gekommen."

Er machte eine kleine Pause. Das Mondlicht hatte an Strahlkraft gewonnen und beleuchtete ihn sanft. Ich schaute ihn an. Er betrachtete nachdenklich die entfernte Stadt.

„Die Bedeutung dieses Wortes hat sich verändert. Mit jedem Akt der Gewalt, der in diesem Namen verübt wurde, hat es mehr von dem verloren, was die Menschen mit ihm eigentlich sagen wollten. Dieses Wort klingt mittlerweile so unbarmherzig – als sei ich in Stein gemeißelt, schroff und unnahbar, als sei ich selbst ein Stein. Alles, was in dem Wort mitschwingt, klingt jetzt nach männlicher Herrschaft und nach Ignoranz der zauberhaften Schönheit der Milde, des Warmherzigen, auch des Weiblichen, des Vereinten. Es klingt nach Strafe, nach Gericht, nach Urteil, nach Schuld, Sünde und Sühne. Es klingt nach Starrheit, nach Enge, nach Krieg.

Doch ich bin das Gegenteil von all dem. Ich bin Bewegung, jede Form der Schönheit, ich bin Liebe. Ich möchte den Menschen begegnen. Ich möchte, dass sie meine liebevolle, begnadigende Gegenwart spüren. Wie könnten sie mich je in sich selbst entdecken, wenn doch ständig dieses eiserne Wort im Weg steht, das Milliarden von Menschen dieser Tage falsch und nach ihren Vorstellungen und Machtfantasien deuten? Wie viele Kriege sollen noch geführt werden im gefälschten Namen dessen, der doch in Wirklichkeit die reine Liebe ist? Wie soll ich das ertragen? Genug! Ich bin keine Religion. Ich bin kein Gesetz. Ich bin kein Kriegsherr! Ich bin … "

Er zögerte wieder.

„Ich fragte dich das schon mal, Leon. Du hast nicht geantwortet. Sag mir, was du über mich weißt. Wer bin ich? Was glaubst du?"

„Du bist…", versuchte ich verzweifelt einen Einstieg zu finden, während alles in meiner Seele Achterbahn fuhr. „Ich sagte gerade, dass du unglaublich nett bist. Was total bescheuert war. Nur habe ich mich nicht getraut, das auszusprechen, was ich wirklich fühlte."

Er schwieg erwartungsvoll, ohne seinen Blick von den Lichtern der Stadt zu nehmen.

„In meine Tagebücher hab ich geschrieben, dass du der Frieden bist. Dass ich unbeschreibliche Liebe spüre, wenn du da bist. Dass all die Veränderung, die in mir gerade geschieht, allein aus dir kommt. Dass ich nicht möchte, dass du jemals wieder gehst."

„Liebe und Frieden?", fragte er.

„Ja", sagte ich.

„So ist es. Danke. Das ist die Wahrheit. In diesem Frieden, in dieser Liebe, in der lichtvollen Veränderung jeder einzelnen Seele, ist die Heilung der Welt verborgen. Und all das bin ich in dir, in euch. Nicht getrennt von dir und euch, sondern gemeinsam mit euch. Ich möchte nicht, dass dieser falsche Name dem länger im Wege steht. Und ich möchte, dass all die wundervollen Facetten meines lichtvollen Seins in diesem neuen Namen erstrahlen. All die anderen schönen Worte, die für mich schon gefunden wurden, alle Teile sollen in meinem neuen Namen zusammenfinden, so wie jedes Licht sich gleißend in mir bündelt. Und niemand soll es je wieder wagen können, diesen neuen Namen für sich allein zu beanspruchen. Möge er leuchten wie der Sternenhimmel, möge er die Menschheit in Sanftmut und Barmherzigkeit umarmen, wie das Himmelszelt zärtlich die Welt umschließt. Möge er alle Seelen erwärmen, wie die Sonne jedes erkaltete Brachland zum Blühen bringt. Möge er vereinen, statt zu trennen, möge er erweichen, statt zu verhärten, möge er nähen, statt zu zerschneiden, möge er versöhnen, statt zu zerstreiten, möge er die Angst nehmen und die Freiheit von Vergebung und Gnade in sich tragen."

Dass er „entschlossen" klang, beschreibt nicht ausreichend, was seine Stimme noch vermittelte. Sein ganzes Wesen schwang in seinen Worten. Heiligkeit.

„Und was möchtest du dabei von … mir?", fragte ich in aufrichtig empfundener Demut.

„Dass du mich taufst", sagte er.

Ich hatte einen riesigen Kloß im Hals. Ich konnte nicht fassen, dass er das gerade gesagt hatte.

„Wie?", sagte ich leise.

„Bring mir meinen echten Namen zurück und dann trag ihn hinaus in die Welt, Leon."

Ich war wieder völlig unfähig zu sprechen. Ich schaute in den zauberhaften Nachthimmel, sah eine Sternschnuppe verglühen. Der Strich aus Licht und Sternenstaub, den sie auf dem dunklen Grund des Firmaments hinterließ, sah aus wie eine Linie, auf der ich unterzeichnen könnte.

„Aber … um Himmels willen … wie soll ich das machen?", stammelte ich schließlich eingeschüchtert. So musste der alte Noah sich gefühlt haben, als Gott ihn bat, ein großes Schiff zu bauen.

„Vertraue. Folg nur dem Fluss", sagte er. „Bleib einfach auf deinem Floß sitzen. Dann warte auf den Moment. Ich sagte dir ja schon, dass du wissen wirst, wenn er da ist. Du wirst ihn nicht verpassen."

Ich wollte tausend Sachen sagen. Ich wollte ihn daran erinnern, dass er hier grade nicht mit Abraham oder Moses oder Martin Luther King oder Gandhi oder Mutter Teresa auf einem Hügel im dunklen Wald herumsaß. Sondern mit mir – dem Typen, der vor einer Woche noch nicht mal wusste, dass es einen Gott wie ihn überhaupt geben konnte. Dem Typen, der nicht mal heldenhaft genug war, seine eigene Tochter vor dem Untergang zu retten. Und jetzt sollte ich der ganzen Welt Heilung bringen, ausgerechnet ich?

Ich schaute zu ihm. Er sah mich an. Er wusste von meiner Verzweiflung. Das Mondlicht erhellte sein Gesicht. Jetzt lächelte er mich wieder so unwirklich an, wie er es in diesen Tagen schon hundertmal getan hatte. Seine blauen Augen leuchteten prächtiger als der hellste Stern.

„*Du* musst gar nichts tun, Leon", sagte er mild. „Und schon gar nicht die Welt heilen. Das ist ganz sicher nicht *dein* Job." Er sah jetzt wieder aus, als ob er sich ein Lachen verkniff.

„Lass es nur geschehen", ergänzte er. Dann schaute er wieder auf die Stadt. Für einen Moment sah er traurig aus.

Ich schaute ihn an, wollte ihn anlächeln. Ich hätte ihn gern umarmt. Es war zu verrückt. Ich wollte Gott trösten.

„Deal?", sagte er.

Wir schauten uns in die Augen.

„Deal!", sagte ich.

Er stand auf und nahm meine Hand, um mich sicher wieder vom Hügel hinabzuführen. Wir gingen gemeinsam los. Er geleitete mich durch die Dunkelheit, zurück zum Restaurant, zum Twingo. Dort verabschiedete er sich mit einer kurzen Umarmung von mir und versprach, dass wir uns schon bald wiedersehen würden. Eine Mischung aus Dankbarkeit, Anspannung und Aufregung erfüllte mich. Leben, dachte ich. Oh Gott, es fühlte sich, als sei ich wirklich am Leben.

Drei graue Punkte

Ich schaute auf die Uhr. Es war kurz vor drei Uhr morgens. Ich schlief viel zu wenig und war erschöpft. Mein Körper mahnte mich nun schon seit einer Weile, der Müdigkeit nachzugeben, doch meine Seele hatte nicht aufhören können, alles zu notieren, was geschehen war. Nun wollte ich loslassen und endlich in den Schlaf sinken. Doch gerade als ich das Laptop zuklappen wollte, signalisierte mein Handy, dass eine sms eingetroffen war. Wer sollte mir jetzt schreiben, mitten in der Nacht? *Nachricht von Gott*, war mein erster Gedanke. Melissa, mein zweiter. Ich nahm das Handy. Eine Nummer stand auf dem Display. Sie kam mir bekannt vor, aber ich konnte sie nicht gleich zuordnen. Ich öffnete die Nachricht.

„Hallo, Leon. Wollen wir unser Gespräch bald vertiefen?"

Ich war schlagartig nicht mehr müde. Mein Herz klopfte wild. Helena. Auf meinem Display sah ich die drei kleinen grauen Punkte, die verrieten, dass sie weiter tippte.

Dann sah ich, dass da noch eine Nachricht war. Sie war drei Tage alt.

Die schönsten Begegnungen schenkt einem der Himmel. 10.00ʰ, Fußgängerzone Ecke Dobrindtstraße/Rultholzer Damm. Einverstanden? Shalom.

Ich versuchte, meine Verwirrung im Zaum zu halten.

„Ich hab mein Handy zurück", erschien jetzt auf dem Display, dazu ein Smiley.

„Helena…" tippte ich schnell ein und drückte auf Senden. Dann schrieb ich weiter. Sie würde jetzt auch die drei grauen Punkte sehen.

„Ich freue mich so, dass du schreibst…" Ich schickte auch diesen Teil schnell ab. Ein weiterer Smiley kam zurück, dazu schrieb sie: „Du bist noch wach…" Ich tippte weiter.

„Ja…:-) Es ist ein bisschen verrückt, was hier geschieht. Kannst du die allererste Nachricht sehen, die hier steht?" Ich sendete ab.

Drei Punkte. Sie antwortete.

„Ich hab sie soeben entdeckt… wo kommt die denn her??"

Ich tippte.

„Kam dein verschollenes Handy zufällig… mit der Post?"

Wieder drei graue Punkte.

„Äh, ja? Und woher… weißt du das?" Ein Smiley.

Ich war völlig fassungslos. Das war doch nicht möglich.

Drei graue Punkte auf ihrem Display.

„Ich glaube, ich weiß die Antwort, aber das ist nicht wirklich leicht zu erklären."

Drei graue Punkte auf meinem Display.

„O. k., das ist aber sehr spannend… erklärst du's mir, wenn wir uns sehen?"

„Ich möchte dich so gerne sehen. Wann kannst du? Anfang nächster Woche?"

Ich hätte so gerne „Morgen?" geschrieben, aber ich wollte nicht aufdringlich sein.

„Ja, im Prinzip gerne", kam es zurück.

Wieder drei graue Punkte auf meinem Display.

„Vielleicht eher Ende dieser Woche?"

Ich antwortete: „Das ist noch viel, viel besser."

Sie tippte. „Oder Morgen?"

„Morgen ist perfekt."

Und wieder ein Smiley von ihr. Und einer von mir.

Auf meinem Display drei graue Punkte, die sich etwas Zeit ließen.

„Ich rufe dich morgen Vormittag noch mal wegen Uhrzeit an, o.k.? Ich habe wahrscheinlich schon ab 16^h Zeit, weil meine Tochter bei einer Freundin übernachtet."

Ich atmete tief durch. Ich war durcheinander und aufgeregt. Ich spürte diffuses Glück und tippte beseelt.

„Ich hab auch Zeit. Und ich freue mich sehr auf deinen Anruf."

„Gute Nacht", schrieb sie.

„Gute Nacht."

Ich wollte das Smartphone gerade aus der Hand legen, da sah ich wieder die drei Punkte. Sie hörten auf. Sie erschienen erneut. Sie hörten auf. Tauchten wieder auf. Dann waren sie wieder weg.

Auch ich begann wieder zu tippen. Sie würde die drei Punkte jetzt wahrscheinlich ebenfalls noch sehen. Ich schrieb: *Die schönste Begegnung.*

Ich schickte die Zeile nicht ab.

Sie schickte ihre auch nicht.

Stille. Die drei grauen Punkte waren schlafen gegangen. Ich ließ mich aufs Bett fallen. Ich schloss die Augen und dachte an sie. Und ich dachte an Gott. Verflixt. Es war wirklich ihr Handy gewesen. *Er* hatte

Helenas Handy und hatte es ihr per Post zurückgeschickt. Womöglich saß er jetzt auf irgendeinem Berg in der Nähe, schaute in die Sterne und lächelte. Ich schloss die Augen und ließ mich von Schlaf und Glück umfangen. Ja, es war die Wahrheit und nichts als die Wahrheit: *Die schönsten Begegnungen schenkt einem der Himmel.*

Doch wie sollte man das alles jemals erklären können? Und wie um Himmels willen lautete der echte Name dieser wundervollen Kraft, die jede Selbstgerechtigkeit und jeden eigenen Wunsch nach Kontrolle auf zauberhafteste Weise entmachtete – und alles von den höchsten Sternen bis in die Tiefen der Meere in ihren segnenden Händen hielt?

HEILFEILSCHEN

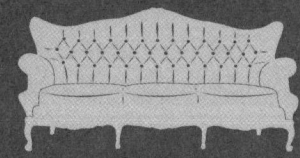

Die netten Hoteliers, Herr und Frau Graffelmeier, haben mich vorhin gefragt, ob das mit dem geheilten Rücken von Herrn Graffelmeier eigentlich ein Zufall gewesen ist. Ich sagte, dass es keineswegs ein Zufall war. Die beiden erklärten mir dann, dass sie sich ein herrliches Geschäftskonzept ausgedacht hatten und mich sehr gern beteiligen würden.

Sie sagten, dass ich im Zuge dessen fest bei ihnen wohnen dürfte und dass sie bereits eine große Werbekampagne planten und ihre traditionell bewährte Hotelidee nun mit einem Wunderheilzentrum für Rückenkranke kombinieren wollten – und dass sie dabei jetzt natürlich auf meine Mitarbeit hofften. Die Einnahmen würden sie großzügigerweise 70/30 Prozent mit mir teilen. Die siebzig Prozent sollten bei ihnen verbleiben, weil sie das Haus und die Räume zur Verfügung stellten und das Hotel ja auch einen soliden Ruf besaß und das ja immerhin auch eine enorme Vorleistung sei.

Ich sagte ihnen, dass ich daran nicht interessiert sei und fügte zu ihrem Schrecken an, dass ich sowieso nicht mehr lange bleiben würde.

Sie überschlugen sich daraufhin fast und boten mir 31 Prozent. Als ich auch das gut gelaunt ablehnte und sie bemerkten, dass ihr Vorhaben nicht gelingen würde, waren sie etwas niedergeschlagen. Ich verriet ihnen dann bei einem Glas Fruchtsaft, das sie freimütig spendierten, dass diese Idee sie aber auch gar nicht glücklich gemacht hätte.

Sie fragten, warum ich so etwas Negatives denken würde. Ich erklärte ihnen den Unterschied einer Handlung aus finanzieller Gewinnlust und einem Akt der Liebe, der den Wunsch zu heilen in sich trägt und nicht auf Geldverdienen schielt.

Sie fragten dann, warum denn nicht beides auch zusammen ginge, und ich antwortete, dass das durchaus möglich sei – dass auch in einem solchen Fall die Liebe allerdings der Auslöser für die Idee sein müsste und nicht die Raffsucht. Sonst wäre zwar durchaus finanzieller Gewinn möglich – aber doch nie Erfüllung und Freude.

Sie wurden dann beide sehr ärgerlich, aber sie haben versucht, sich nichts anmerken zu lassen. Enttäuschte Erwartungen können für die Gefühlswelt der Menschen recht schmerzhaft sein, aber erfüllte Erwartungen bringen ja auch nicht immer das erhoffte Glück. Herr und Frau Graffelmeier werden auch noch ein Weilchen brauchen, um das zu verstehen.

Memo: Zu meinem Abschied werde ich den beiden ein bisschen Geld und meinerseits ein paar Blumen dalassen. Und einen kleinen Brief, den ich mit meinem neuen Namen unterschreiben werde. Es wird ihr Herz wärmen und einen guten Samen säen, dessen bin ich gewiss.

Leons Reise gestaltet sich so wunderbar. Ihn auf diesem Weg zu begleiten, dessen Täler allesamt nur Durchgang zum Aufstieg auf lebensverändernde und Horizont erweiternde Anhöhen sind, ist die reinste Freude. Vielleicht werden auch seine Erwartungen nicht alle erfüllt sein. Doch alles, was von nun an geschieht, wird mit meinem Siegel geschmückt sein.

Schon morgen werden sie beide es wissen.

DER KANTSTEIN

Trotz meiner Erschöpfung war ich gestern Morgen in aller Frühe aufgestanden, weil ich unmöglich schlafen konnte. Der Gedanke, dass Helena mich vormittags anrufen würde, ließ mir auch im Schlaf keine Ruhe. Ich war aufgeregt und voller Vorfreude. Nachdem ich ein Rührei verspeist und eine Kanne Kaffee geleert hatte, war ich wie ein nervöser Hund durch das Haus gewandert, das Telefon stets in Griffweite. Sogar dem recht drängenden Impuls, für einen Moment Klavier zu spielen, widerstand ich, weil ich dann womöglich das Klingeln des Telefons nicht gehört hätte.

Um kurz vor zehn brummte und schellte es. Ich schaute auf das Display. Es war leider nicht Helena, sondern Rick Siebzehn. Ich hatte seit etwa 14 Tagen nichts von ihm gehört und ich freute mich über seinen Anruf, zögerte aber dennoch einen Moment. Dann drückte ich doch auf den grünen Knopf. Rick freute sich ebenfalls, mich zu hören. Seine überaus freundliche Art hatte mir schon so manchen Lebensmoment verschönert. Wir plauderten eine Weile und er kündigte mir für nachmittags eine E-Mail mit den ersehnten Tour-Terminen der Band für Dezember, Januar und Februar an. Es würden zwar diesmal nur vereinzelte Konzerte und kürzere Reisen sein, aber ich brannte darauf, bald wieder mit den anderen unterwegs sein zu können. Egal für wie lange, es war immer eine Freude, mit ihnen zusammen zu sein.

Rick erzählte mir noch, dass er gerade an neuen Songs schrieb und dass wir spätestens im Frühjahr ins Studio gehen und ein neues Album aufnehmen würden. Dann fragte er mich, ob ich Lust und Inspiration besäße, zu einem seiner Texte die Musik zu komponieren. Ich fühlte mich geehrt und sagte freudig zu. Das klang alles ganz wunderbar. Und dennoch dauerte mir das Telefongespräch schon nach wenigen Minuten viel zu lange. Als Rick mich schließlich fragte, wie es meiner Seele dieser Tage so ginge, wich ich aus. Nicht weil ich ihm nicht gerne alles erzählt hätte, sondern weil ich wollte, dass die Leitung schnell wieder frei wird.

„Sag mal, kann ich dir das alles irgendwie später erzählen?", fragte ich suggestiv. Ich hörte Rick lachen.

„Na klar, was immer du willst, Freund", spürte er meine Eile, „ich kenn das ja selbst. Im Urlaub hat man meistens noch viel mehr vor als zu normalen Zeiten. Und vor allem Wichtigeres. Ausruhen zum Beispiel." Ich presste einen zustimmenden Laut heraus.

„Triffst du zwischendurch ein paar Menschen?", schob Rick noch schnell hinterher. Natürlich wusste ich, was hinter seiner Frage steckte. Es war ihm ja bekannt, dass ich abseits der Band nicht viel Kontakt zu Menschen hatte. Als guter Freund, der er war, sorgte er sich deshalb manchmal um mich. Aber glücklicherweise nicht zu sehr, nicht auf eine Weise, die nervte, denn er war selbst jemand, der das Alleinsein als temporären Gemüts- und Lebenszustand mehr als zu schätzen wusste. Es gab Zeiten, da hörte ich wochenlang nichts von ihm.

„Ja, ich treffe ein paar Menschen", sagte ich schnell. „Und… ich…"

Mir lag auf der Zunge, ihm nun doch alles zu erzählen. Von Gott, von Helena. Aber das hätte Stunden gedauert, es musste warten.

„Und ich hänge viel mit Gott rum", fasste ich meine Gedanken auf eine Weise zusammen, die Rick wahrscheinlich verstehen würde, auch wenn er sie nicht verstehen konnte.

„Das klingt richtig gut", lachte er nach einer kurzen Pause. Ich glaube, er spürte, dass ich damit gleichzeitig ausdrücken wollte: *Meine*

Lebensthemen sind grade zu groß, zu viel, es ist nicht der richtige Moment. Ja, er verstand.

„O.k., Bruder", übernahm er die Einleitung der Verabschiedung. „Mail kommt. Und dann melde dich einfach die Tage, wann immer es bei dir passt."

„Jap, danke, also dann", beeilte ich mich, endlich auflegen zu können.

„Ich wünsch dir viel Frieden aus deinen Gesprächen mit Gott", fügte er noch schnell an.

„Ja, das wünsch ich dir auch", lächelte ich in die Sprechmuschel. Wir verabschiedeten uns und legten auf. Ich fing sofort wieder an, eine Schneise in den Teppich zu laufen. Nur eine Minute später klingelte es wieder. Ich schaute aufs Handy und strahlte mit dem Display um die Wette. Mein Herz klopfte nervös und laut, als ich Helenas Stimme hörte, doch mein Lampenfieber ließ schnell nach. Ihre Gegenwart beruhigte mich, sogar am Telefon. Diese Energie war in direkter Linie verwandt mit jener, die ich mit Gott erlebte. Helena erzählte mir, dass sie ab fünf Uhr nachmittags Zeit haben würde, dass sie ihre Tochter Renée vorher noch zu ihrer Mutter bringen müsse und dann um fünf wieder am *Wunderlädchen* sein würde. Ich nickte die ganze Zeit vor mich hin und sagte ihr, dass mir alles absolut recht sei. Sie erwähnte noch, dass sie in der Nähe vom Lädchen wohnte, dass ihre Mutter auch nicht weit entfernt lebte und alles sicher ganz reibungslos klappen würde. Dann noch, dass sie wirklich gespannt auf das Rätsel mit dem Telefon sei. Ich erinnerte sie stammelnd, dass meine Theorie etwas schwer zu erklären wäre, und sie sagte, dass sie sich auf alle denkbaren Erklärungsversuche freute – und auf den ganzen Rest unserer Begegnung erst recht. Ich versuchte, meine Euphorie im Zaum zu halten. Wir verabschiedeten uns und legten auf.

In meiner Seele ging das Gespräch noch eine ganze Weile weiter. Ich setzte mich, schloss die Augen und träumte. Was für ein erhebendes

Gefühl. Ob mein Verstand nicht spätestens jetzt noch mal irgendwo im Vorhof meines Herzens ganz laut auf die Pauke hauen sollte? Im Sinne von: *„Jetzt steigere dich da bloß nicht so rein, was erwartest du denn?"* Es gehörte allerdings zu diesem schönen Gefühl, dass mein Herz darauf ganz ruhig hätte antworten können: „Kein Problem, Bruder Verstand. Weder steigere ich mich in etwas hinein noch erwarte ich das Geringste. Es fühlt sich einfach nur schön an. Es *ist* einfach nur großartig. Und jetzt halt mal die Klappe."

Und weil dieser Dialog möglich gewesen wäre, fand er gar nicht erst statt.

* * *

Ich war zeitig losgefahren und traf um kurz vor fünf am *Wunderlädchen* ein. Den scheußlichen lila Beulen-Twingo hatte ich zwei Straßen weiter geparkt. Helena war noch nicht da, als ich vor der Ladentür stand, kam aber schon wenig später auf einem schönen alten Fahrrad um die Ecke. Sie stieg ab und blieb vor mir stehen. Sie trug wieder ein schwarzes langes Baumwollkleid, das ihre schlanke, zierliche Figur betonte. Ihr Haar war zu einem Zopf gebunden, sie trug große goldene Kreolen. Für ihre Augen benutzte sie Kajal und Mascara, ansonsten war sie ungeschminkt. Sie sah zauberhaft aus. Es war fast unmöglich, sie nicht anzusehen.

Wir lächelten uns an. Keiner von uns sagte ein Wort. Nach einer Weile streckte sie ihre Hand flach aus und ich nahm sie. Wir hielten unsere Hände und unsere Seelen eine Weile, dann zog sie mich Richtung Lädchen.

„Komm, ich mach uns einen Kaffee und wir nehmen zwei Becher mit in den Park. Hast du Lust?"

Ich nickte begeistert. Und ob ich Lust hatte. Im Lädchen wartete Lancaster. Er hüpfte an ihr auf und ab, als hätte er sie seit drei Jahren nicht gesehen. Sie hüpfte zwar nicht, aber ihre Freude über ihren vierbeinigen Freund war ebenso spürbar.

Eine Viertelstunde später kamen wir zu dritt an die Wiese, auf der wir uns vor einigen Tagen zum ersten Mal begegnet waren. Helena knipste Lancaster von der Leine ab. Er blieb treu an ihrer Seite. Kein Jogger in der Nähe. Wir hatten nicht viel geredet. Es fühlte sich gut an. Vertraut. In ihrer Nähe zu sein, beruhigte meine Seele. Ich kannte so etwas nicht. Natürlich war ich schon ein halbes Dutzend Mal verliebt gewesen. Aber das hier war vollkommen anders. Es war aber nicht in dem Sinne anders, wie es immer anders ist. Es war unbeschreiblich anders. Es war das Gefühl, in ein Zuhause zu kommen, von dem ich vorher nicht gewusst hatte, dass es existierte. Es war, als hätte es nicht mal in meiner Sehnsucht existiert.

„Gefährliche Gegend hier", sagte ich, als wir unsere Pappbecher abstellten und eine Wolldecke aufs Gras legten, um uns daraufzusetzen. Helena schaute mich kurz fragend an. Dabei lächelte sie wieder so zauberhaft, fast unmerklich. Ich schaute gespielt ernst. „Als ich letztes Mal hier saß, musste ich befürchten, von einem wild gewordenen Aufsitzmäher zerfleischt zu werden."

„Oh ja", nickte sie und versuchte dabei ebenfalls todernst zu bleiben.

„Die gemeinen Aufsitzmäher neigen hier in der Region sogar zu Rudelbildung. Ganz schlimm wird es, wenn sie ab Frühherbst ihre teuflischen Verbündeten mitbringen, die Laubbläser der Finsternis. Wenn diese beiden Arten sich zusammenrotten, hilft nur noch die Flucht in die Steppe."

Wir lachten beide. Dann hielten wir inne, wurden still. Helena holte einen Apfel aus ihrer Tasche und bot ihn mir an.

„Nein, danke, ich esse immer am Monatsende", versuchte ich nochmal witzig zu sein.

Sie grinste, biss ab und reichte mir den Apfel erneut. Ich nahm ihn und biss ebenfalls ab.

„Wie Adam und Eva", sagte sie, schüttelte leicht den Kopf und lächelte runter zur Wolldecke. Ich nickte.

„Aber vom Baum der Erkenntnis kann der Apfel eigentlich nicht sein", sagte ich. „Ich glaube, den hat Gott mittlerweile enttäuscht abgeholzt."

„Dann bliebe nur der Baum des Lebens", sagte sie.

„Genau so fühlt es sich an", sagte ich leise.

Ich lächelte sie an. Dann schauten wir beide schweigend in die grüne Weite des Parks.

„Das hier ist irgendwie verrückt, oder?", flüsterte ich.

„Ja. Und es ist schön", flüsterte sie zurück. „Es fühlt sich so merkwürdig vertraut an."

Sie sprach die Worte aus, die ich vor zwei Minuten gedacht hatte.

„Ja", sagte ich. Sie schaute mir in die Augen. Aus ihren strahlte die Ewigkeit mich an.

„Wer bist du?", hauchte sie.

„Wer ich bin? Sollte ich das wissen? Ich weiß es nicht."

Wieder entstand eine Pause. Ich dachte nicht darüber nach, was ich da gerade gesagt hatte.

Sie betrachtete mich, als würde sie meine Gedanken lesen – und schnell verstehen, dass da gerade keine waren. Stattdessen war da nur Verwunderung über dieses unaufdringliche, unbekannte Gefühle, nicht nur bei ihr, sondern auch bei mir selbst anzukommen. Und dann fragte sie nach dem Handy, ohne ein Wort zu sagen. Ihre Blicke reichten.

„Das Handy?", sagte ich.

Sie nickte und lachte. Es war wirklich absurd. Wir verstanden uns, ohne zu sprechen.

„Erinnerst du dich, dass ich dir von diesem Freund von mir erzählte, der ein geklautes Handy geschenkt bekommen hatte?" Sie nickte. „Er hatte mir doch erzählt, dass er es der Besitzerin zuschicken wollte – per Post."

„Das ist wirklich bizarr", sagte sie. „Aber es muss Zufall sein, oder? Das kann doch nicht ausgerechnet mein Handy gewesen sein."

„Nein, kein Zufall", sagte ich und lächelte dabei selbst wieder ungläubig.

„Er hatte das Handy ein oder zwei Tage bei sich. Und er schickte mir damit eine sms, weil wir in der Stadt verabredet waren. Also ... er schickte mir ... *diese eine* sms"

Sie verstand. Na ja, so gut es eben ging. Sie hatte die sms ja auch gesehen, immerhin. Jedenfalls fiel sie nicht aus allen Wolken.

„Es ist ganz sicher kein Zufall", bekräftigte ich. Es ist ..." Ich zögerte. „Das ist *alles* kein Zufall. Ich verstehe es auch nicht, aber ich glaube ... es ist jetzt ein bisschen komisch, das zu sagen, aber ich glaube, es ist Schicksal, dass wir uns begegnet sind. Mein Freund mit dem Handy ... er ist irgendwie besonders."

Ich musste mich bremsen.

„Oh, Gott, du hältst mich bestimmt jetzt schon für total irre, oder?", brach es aus mir heraus.

„Nein", sagte sie und blieb dabei vollkommen ruhig. „Ich glaube sowieso nicht an Zufälle. Aber die Geschichte ist trotzdem sehr schräg. Sie ist sogar unglaublich. Aber sie ist ja offensichtlich trotzdem wahr."

„Ja", nickte ich. „Unglaublich. Wahr. So vieles, was gerade geschieht, ist unglaublich wahr."

„Geht mir auch so", sagte sie, bremste sich dann offenbar aber auch. „Gestern habe ich mitten auf der ..."

Sie hielt mitten im Satz inne. Ich sah sie erwartungsvoll an. Sie schüttelte leicht den Kopf.

„Nichts, vergiss es. Das erzähle ich dir später mal."

Ob sie auch eine Begegnung mit Gott gehabt hatte? Immerhin wusste er ihre Adresse. Aber das wäre natürlich nur unter normalen menschlichen Umständen ein Indizienbeweis gewesen. Im Lichte der Ereignisse der letzten Tage war das ganz anders – denn er wusste ja sowieso *alles*.

Außerdem konnte er mit einem Nieser Bäume entlauben, Leitungswasser in köstlichsten Wein verwandeln und Spülwassermeere mit einem Kochlöffel teilen. Er hätte verflixt noch mal jede Adresse gewusst. Ich verkniff es mir, Gott zu thematisieren. Aber das musste ich auch gar nicht, denn er hatte recht behalten: Er war sowieso da. Er war hier, er saß mit uns auf der Wolldecke. Seine wohlwollende Liebe war spürbar, sie wogte zwischen uns hin und her wie Wellen an die Ufer eines Meeres, das die jüngste Ebbe in die Vergangenheit verbannte, sich der Klarheit des Moments hingab und sich zudem an der unabänderlich drängenden Flut berauschte.

Helena und ich redeten. Wir sprachen. Wir schwiegen. Wir sahen uns an. Wir sahen uns. Wir tauschten uns aus. Wir teilten uns mit. Wir teilten uns. Jedes Wort, das wir wechselten, hatte einen eigenen Zauber. Wir erzählten Häppchen von unseren Umständen, von unseren Kindern, von unseren Ex-Partnern, von unseren Eltern, von unseren Jobs, von unseren Träumen.

Dann gingen wir tiefer, wir sprachen über das, was wir zu sein glaubten, woher wir gekommen waren und wohin wir zu gehen gedachten. Der Gleichklang unserer Seelen war noch viel unglaublicher als die rätselhafte Handy-Versand-Geschichte, die zumindest für mich auch gar nicht länger rätselhaft war.

Mir lag natürlich noch mehrfach auf der Zunge, ihr von meiner Begegnung mit Gott zu erzählen, ganz besonders von seiner Bitte, dass ich ihm seinen Namen zurückbringen und diesen anschließend mit den Menschen teilen möge. Aber ich blieb standhaft und hielt mich zurück. Wir hatten sowieso Gesprächsthemen für tausend Jahre. Und ja, zweifellos, ich würde es ihr erzählen können. Später.

Genau in dem Moment, als ich diesen Gedanken nachhing, fragte sie mich nach meinem Glauben. Ob da etwas sei? Und wenn ja, was. Ich sammelte mich einen Moment. Dann sagte ich ihr, dass mein Glaube sich in mir derzeit sehr veränderte. Dass ich an einen Gott glaubte, der die Blumen erfunden hatte. Dass er liebte, was er geschaffen hatte. Dann sagte ich, dass der Begriff *Gott* nicht gut beschreiben könnte, was ich glaubte. Es müsste einen anderen Namen für ihn geben. Schließlich wagte ich zu sagen, dass ich außerdem daran glaubte, dass Gott die Liebe sei und er nur in ihr zu erfahren wäre und dass ich keine Ahnung hätte, wie es möglich sein sollte, dafür jemals die richtigen Worte zu finden. Sie schaute mich an, dann lächelte sie wieder und nickte.

„Liebe", sagte sie nur.

Wir verließen die Wiese, es war frisch geworden. Helena sagte, dass sie kurz nach Hause wollte, um sich einen warmen Pullover zu holen. Sie nahm Lancaster an die Leine. Dann nahm sie meine Hand und wir schlenderten zu dem schönen Altbau-Mietshaus, in dem sie lebte. Es war nur zwei Straßen entfernt. In der Wohnung schnappte sie sich im Flur einen Pulli und zog ihn über.

„Noch ein Glas Wein im *Café pierre de bordure?*", fragte sie, als wir so schnell wieder gingen, wie wir gekommen waren.

„*Café pierre de bordure?*", fragte ich nach. Ich hatte noch nie davon gehört – was aber auch überhaupt nichts hieß. Ich wusste ja so vieles auf dieser Welt nicht.

„Ich meinte den Kantstein vor dem *Wunderlädchen*", sagte sie und lächelte wieder so bezaubernd.

„Mit dem allergrößten Vergnügen", lächelte ich begeistert mit. Die Idee war auf jeden Fall ganz nach meinem Geschmack.

In einem nahen Discount-Supermarkt besorgten wir uns noch eine Flasche Rotwein und zwei Pappbecher, dazu ein Baguette. Dann setzten wir uns direkt vor ihrem Lädchen an den Straßenrand. Es war ein schöner lauer Spätsommerabend. Hin und wieder spazierten ein paar Leute vorbei, die wir hingebungsvoll ignorierten.

„Ich denke viel über die Liebe nach, Leon", sagte sie, als sie uns Wein in die Pappbecher einschenkte. „Also … in letzter Zeit, aber irgendwie auch schon immer", ergänzte sie noch.

„Ich auch", sagte ich. „Aber irgendwie auch erst seit Kurzem wieder intensiv. Meine letzten Jahre war ich …" Ich zögerte. „Ich war irgendwie gar nicht da. Obwohl, vielleicht war ich auch noch *nie* richtig da. Ich hoffe, das klingt nicht zu komisch."

Sie schüttelte wieder den Kopf.

„Nein, das klingt überhaupt nicht komisch", verstand sie. „Ich habe das in meinem Leben selbst jahrelang so empfunden. Besonders, als ich noch verheiratet war. Ich bin irgendwann darauf gestoßen worden, dass wir alle, solange wir nicht ankommen, nur bis zu dem Punkt lieben, an dem die Liebe uns einen wichtigen Teil von uns selbst kosten würde, den wir nicht abzugeben bereit sind. Und wahrscheinlich aus sehr gutem Grund. Ich glaube, das ist ganz normal, es gehört irgendwie zu dieser Reise. Wir haben Angst und versuchen, uns selbst zu schützen. Na ja, vielleicht ist das aber auch Blödsinn. Vielleicht bin ich auch die Einzige, die es nicht auf die Reihe bringt."

„Bist du nicht!", sagte ich schnell.

Sie rückte ein wenig näher an mich heran. Unsere Beine berührten sich.

„Wundert mich nicht", sagte sie, lächelte wieder, holte ein Zigarettenpäckchen aus ihrer Tasche und legte es neben uns auf den Bordstein. Sogar das wirkte bei ihr elegant. Ich zückte mein Pfeifchen und begann es zu stopfen. Dann gab ich uns beiden Feuer. Wir saßen auf dem Kantstein, tranken Wein, brachen Weißbrot, rauchten und sprachen über Gott und die Welt und die Liebe. Es war einfach nur himmlisch.

„Kürzlich hab ich ein Video gesehen, in dem ein buddhistischer Mönch sprach", erzählte sie. „Seine Worte haben mich sehr bewegt. Er sprach von Fischliebe."

„Fischliebe? Was bedeutet das?", fragte ich neugierig.

„Das ging so: Ein Paar war zu ihm gekommen, um partnerschaftlichen Rat zu erbitten, und er erzählte ihnen von einem Mann, der behauptete, Fisch zu lieben. Diese Liebe war aber in Wirklichkeit sehr einseitig, denn wenn der Mann sagte, dass er Fisch liebte, meinte er damit ja eigentlich nur, dass er gerne Fisch *verspeiste.* Wenn er den Fisch wirklich geliebt hätte, wäre er ganz sicher nicht auf die Idee gekommen, ihn zu angeln und danach aufzufressen."

Wir lachten beide. Helena erzählte weiter. „Dann hätte er den Fisch sicher nicht mal angerührt. Er behauptete also, Fisch zu lieben, war aber in Wirklichkeit der Todfeind des Fischs. Und dann schloss der Mönch damit, dass wir alle dazu neigen, in dieser Art von Fischliebe zu leben und sie auch noch für die *richtige* Liebe zu halten. In Wirklichkeit wollten wir aber doch nur den Geschmack des anderen, wir wollten ihn verzehren, aussaugen, unseren Hunger mit ihm stillen, das auffüllen, was in uns selbst fehlte oder nicht wach war. Er gab dem Pärchen am Ende den Rat, diese Neigung zur Fischliebe in sich selbst zu erkennen, sie dann bewusst aufzugeben und stattdessen bereit zu werden, wirklich zu lieben, zu geben, den anderen freizulassen, ihn nicht zu beschneiden, ihn nicht anzutasten. Erst darin wäre die Freiheit zu echter Liebe.

Alles andere ist Hunger. Appetit. Egozentrik. Der Versuch, sich selbst etwas hinzuzufügen, das aber sowieso immer in einem ist. Schon immer gewesen ist. Aber das zu erkennen und dann sogar ins eigene Leben zu integrieren, scheint doch sehr viel schwieriger zu sein, als man so denkt. Mein Ex-Mann zum Beispiel wird das in diesem Leben wahrscheinlich nicht mehr verstehen. Und er wird weiterhin Fisch lieben. Und weiter gut gelaunt mit Grillbesteck angeln gehen."

„Das ist ein intensives Bild", sagte ich und fügte an, dass ich verstand. Besonders das, was sie da grade so beiläufig über das Scheitern ihrer Ehe verraten hatte. Dann erzählte ich ihr etwas mehr von meiner Tochter Melissa: dass ich glaubte, sie die ganze Zeit auch mit dieser Fischliebe geliebt zu haben. Durch Helenas Worte wurde in mir wieder etwas wach und es erschütterte mich kurz. Etwas in mir wollte nicht, dass Melissa drogensüchtig war, weil *ich* das schlechte Gewissen nicht ertrug, dass sie es *meinetwegen* war. Natürlich war da noch mehr, ich sah darin auch sie, irgendwie. Aber vielleicht sah ich nicht in *erster* Linie sie, sondern sie als Projektion meiner eigenen Sucht. Immer dann, wenn ich geglaubt hatte, empathisch genug zu sein, dass ich durch ihre Augen hätte sehen können, sah ich doch tatsächlich nur mit meinen Augen, die ich dann in sie hineinprojizierte. Ich schämte mich.

„Ich kenne das so gut", unterbrach Helena mich sacht. „Ich glaube, wir gehen alle durch diesen Prozess. Wir sind zu unsicher, um dieses Wagnis wirklich einzugehen. Aber wahre Liebe ist ja einfach da." Sie sammelte sich kurz. „Wahre Liebe *ist* einfach nur, oder? Man kann sie nicht machen, man kann sie nicht zwingen, man kann sie nicht konservieren. Sie ist – oder sie ist eben nicht. Je nach Kapazität der Probanden."

Wir lachten wieder beide.

„Liebe will ja nicht besitzen. Sie umarmt, sie schenkt. Sie lässt frei. Sie lässt auch gehen, wenn der andere zu gehen wünscht. Das habe ich ziemlich schmerzhaft anders erlebt…"

„Ich auch", unterbrach ich sie kurz. Unsere Hände berührten sich.

„Aber wenn es wirklich wahre Liebe ist, wird der andere wahrscheinlich gar nicht wünschen zu gehen. Ich glaube, wahre Liebe möchte immer bleiben… und sie erkennt sich selbst im Gegenüber."

Ich nickte heftig. Sie sprach ganz ruhig weiter, zwischendurch zog sie an ihrer Zigarette. Ich genoss jedes Wort, das sie aussprach.

„Diese Liebe ist Zugehörigkeit, nicht Abhängigkeit. Nichts in diesem Leben gehört uns. Wir gehören diesem Leben. Ich glaube, wir gehören zu dieser Liebe, die einfach nur schenken möchte und dabei gar nichts haben will – und die in diesem vermeintlichen Verzicht all das bekommt, was wir eigentlich ersehnen – vielleicht ganz besonders jene von uns, die im Namen der Liebe die ganze Zeit versuchen, andere Seelen zu irgendetwas zu zwingen. "

„Es fühlt sich so wunderbar an", sagte ich. „Deine Worte sind so schön, so nah. Ich fühle das alles genauso. Aber es braucht zwei, die das so sehen, oder? Dann entsteht ein Kreislauf des Schenkens, in dem diese Sehnsüchte automatisch erfüllt werden. Aber diese Liebe, die nur geben möchte, ist dazu verdammt, jämmerlich zu verwelken, wenn sie auf ein Gegenüber trifft, das nicht auf Schenken, sondern immer nur auf Empfangen aus ist. Denkst du nicht?"

„Ja", nickte sie. „Und ob. Aber vielleicht braucht man das eigene Scheitern, um sich aus einer alten Haut zu schälen, einen Weg zu finden, auf dem man selbst genug Stärke entwickelt, um irgendwann wirklich lieben zu können."

Eigentlich wollte ich gar nichts sagen. Ihre Worte wärmten mein Herz.

„Du sprichst mir aus der Seele", sagte ich dann doch.

„Warum erzählen wir uns das alles?", sagte sie plötzlich, lächelte wieder und nahm sich eine weitere Zigarette. Ich gab ihr Feuer.

„Vielleicht … weil diese Worte …", begann ich zögerlich, „kostbare Tropfen des großen Lebensflusses sind, auf dem wir entlangschippern. Vielleicht sind du und ich Tropfen, die sich entdecken und finden wollten. Oder der Fluss selbst wollte es."

Sie schaute mich an. Sie verstand mich. Sie wusste mich.

„Was geschieht, wenn sich die zwei Tropfen berühren?", sagte sie leise.

Die Frage füllte den Raum zwischen uns. Sie war aufregend. Sie blieb unbeantwortet.

Wir hörten nicht damit auf, uns anzusehen.

Helena hatte in ihren Worten so viel von sich preisgegeben. Sie hatte auf ihrer eigenen inneren Reise offensichtlich schon viel entdeckt, viel erspürt, auch viele Enttäuschungen erlebt. Alles, was sie da aussprach, war klug und wunderbar. Dieser Gleichklang zwischen uns blieb phänomenal. Am liebsten hätte ich ewig weitergeredet, ihr zugehört, sie umarmt, sie geküsst, mit ihr geschlafen, sie wochenlang einfach angesehen, mit ihr Kuchen gebacken, Klavier gespielt, notfalls alles gleichzeitig.

Wir sprachen tatsächlich weiter, stundenlang, unsere Seelen umschwebten, umtanzten sich. Die Regeln der Zeit schienen ausgehebelt, inspirierendes Reden und empathisches Schweigen wechselten sich ab. Die Sonne war mittlerweile untergegangen, Luft und Temperatur waren recht mild, der Sternenhimmel hing über uns wie ein schützendes, segnendes Dach. Die Flasche Wein war leer.

Sie hatte wieder meine Hand genommen, war betörend nah an mich herangerückt und lehnte nun ihren Kopf an meine Schulter. Wir schauten zusammen in den funkelnden Himmel.

„Gibt es Sternschnuppen, die nicht verglühen?", fragte ich leise.

„Bestimmt", sagte sie. „Alle, die es niemals wagen, ihre Atmosphäre zu verlassen."

„Lass es uns wagen", sagte ich unverhofft mutig und spürte sogleich wieder, dass ich nichts zu befürchten hatte.

„Ja", sagte sie. „Lass es uns wagen. Gibt schönes Licht, wenn man verbrennt."

Wir sahen uns lange an. Die sprühenden Funken bewegten sich auf magische Weise, als tanzten sie im unwiderstehlichen Rhythmus einer Musik, die gerade behutsam begann, uns zu spielen.

„Sag mal, magst du eigentlich Schlager?", fragte ich in unsere Stille.

„Bist du irre?", sagte sie trocken.

Wir lachten erlöst, bis uns die Tränen kamen.

Erlöst.

Es war ein Wunder.

EINE NEUE WELT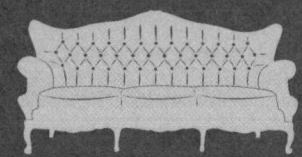

Helena und Leon haben sich gefunden. Sie sitzen jetzt zusammen auf dem Kantstein vor ihrem Lädchen, trinken Wein und lassen ihre Seelen tanzen. So ein herrlicher Abend, so viel Herzenswärme, so viel Glück. Für mich bleibt es faszinierend ungewohnt, wie anders sich diese Freude doch anfühlt, wenn sie durch die menschliche Seele und den Körper begrenzt wird. Da ich das Glück normalerweise einfach ungedämmt in alle Himmelsrichtungen fließen lassen kann, empfinde ich diese Enge der menschlichen Hülle bei aller Begeisterung auch weiterhin als sehr eingrenzend. Dieses Glück möchte ja hinaus, es möchte überallhin. Sobald ich zurück bin, werde ich die aufgestaute Freude ungebremst in alle sieben Himmel gießen, das wird ein Fest.

Ich spüre weiter dieses Heimweh, auch das ist ja Teil jeder menschlichen Erfahrung. Nun wird es nicht mehr lange dauern. Ich ersehne meine Rückkehr. Und ich freue mich, dass Helena und Leon schon bald meinen Namen herausfinden werden. Ein heiliger Moment wird es sein.

Herr und Frau Graffelmeier haben vorhin ein weiteres Mal versucht, mich zu überreden, ihr Geschäftspartner zu werden. Sie haben ihr Angebot auf 40 Prozent erhöht. Ich musste das Lachen unterdrücken, als ich ablehnte. Leider haben sie sich wieder sehr geärgert.

Frau Graffelmeier ließ sich anschließend sogar dazu hinreißen, ihren Mann unter vier Augen zu bitten, mir eine etwas überhöhte Abschlussrechnung zu stellen, wenn ich nun bald abreisen würde. Sie sagte zu ihm, dass ich es bestimmt nicht merken würde. Er lehnte das ab, weil er mir nach der Linderung seiner Schmerzen ja schon alle Kosten erlassen hatte und sein Versprechen nicht brechen wollte. Sie hat daraufhin zu ihm gesagt, dass es nur angemessen wäre, mir etwas zu berechnen, zumal ich ihnen das Geschäft ihres Lebens verderben würde. Da fingen die beiden dann an zu streiten und zum Ende des Gesprächs flog ein Teller mit Spinat an die Wand ihres Esszimmers. Schade, dass sie jetzt neu streichen müssen.

Die Menschheit ist dennoch auf einem guten Weg. Auch wenn die Seelen selbst das noch nicht sehen können. Durch das viele Leid, die schlimmen Ungerechtigkeiten, die schrecklichen Kriege die unter meinem falschen Namen oder unter dem Wappen sogenannter Vernunft stattfinden, werden sie Schritt für Schritt erwachen. Auch die Graffelmeiers. Es wird noch ein Weilchen dauern, aber der Weg ist geebnet, alle Vorbereitungen sind längst getroffen. Alles hat meine Zeit.

Schon bald werden die Seelen erkennen, dass die Antworten auf alle Fragen ihrer Weltordnung im Schutz der Liebe zu finden sind – in Freundlichkeit, in Barmherzigkeit, in Sanftmut, in Toleranz und Vergebung. Alles, was in den Seelen jetzt noch in harten Stein gemeißelt scheint, wird langsam bröckeln und zerfallen. Religiöse Systeme werden vergehen, werden sich wandeln, so wie die Tage sich in Nächte wandeln. Schulden werden erlassen sein. Die gebeugten Seelen, Länder und Kontinente werden sich aufrichten dürfen, sobald die schweren eisernen Ketten ihrer versteinerten Gläubiger von ihnen genommen werden. Die Menschen werden erkennen, dass erniedrigende Wirtschaftssysteme, die nur wenige reich machen und alle anderen in die Armut führen, allesamt falsche Versprechen sind.

Männer und Frauen werden sich in Liebe und Respekt begegnen, die bittere Herrschaft falsch verstandener, überheblicher, ängstlicher Männlichkeit wird fallen, das Wunder schöpferischer Weiblichkeit wird die Seelen in einen Frieden führen, der alle inneren Farben – männliche, weibliche, kindliche – in sich vereinen wird. Allen wird Freiheit erwachsen durch das Erwachen echter Empathie. Niemand wird mehr Durst und Hunger leiden, denn die Seelen werden bereitwillig miteinander teilen. Es wird keinen Neid mehr geben, keine Angst zu versagen.

Es wird keine Grenzen mehr geben, die trennen. Nur noch Grenzen, die verbinden, die als Zeichen gegenseitiger Achtung vor dem Wert jedes Einzelnen errichtet sind.

Eltern werden ihre Kinder lieben und Kinder ihre Eltern. Die Tyrannei der Gleichmacherei, der Konkurrenz und das Leistungszwangs in den Schulen wird enden. Niemand wird mehr im Strudel aus Minderwertigkeit, Erniedrigung und Vergeltungssucht aufwachsen. Es wird eine neue Welt auf der Erde sein.

Es wird keine Schuld mehr herrschen, alles wird vergeben sein. Die Schuldgefühle werden wie trockene Blätter im Herbstwind verwehen. Keine Apokalypse. Kein Feuer. Keine Sintflut. Es ist ein behutsamer Prozess, den niemand sieht – der Fluss der Zeit, der Fluss des Lebens. Und alles wird eins sein. Die letzten hundert Jahre Erdenzeit gehörten dem Fortschritt, der Entwicklung der Technik, dem Ausprobieren untauglicher Systeme und demütigender Hierarchien, sie gehörten dem Starrsinn, der Selbstsucht, dem Leistungswahn, der Gewalt.

Jetzt können sie fliegen. Sie haben den Mond und den Mars erobert. Sie haben das Internet erschlossen, Schulen, Krankenhäuser und Deiche gebaut. Sie haben Toaster und Haartrockner erfunden. Telefone und Elektrizität, Fernseher und iPads. Unendlich viele wundervolle

Dinge haben sie erschaffen und unendlich viele schreckliche. Sie wissen, wozu sie in der Lage sind. Doch sie wissen das Eigentliche nicht. Das Wesentliche blieb unangetastet. Doch seine Zeit wird kommen. Die Zukunft der Welt gehört der Mitmenschlichkeit. Der Fürsorge, dem Miteinander, einer humanistischen, würdevollen Spiritualität, die meinen Wunsch zu geben in sich trägt. Die neue Zeit gehört der Liebe. Sie gehört mir. Niemand muss sich sorgen, dass es nicht geschieht – denn diese Zukunft fing schon an, als die Zeit zu fließen begann.

Ich werde Leon diese wichtigen Zeilen später zukommen lassen. Eines Tages wird er wissen, was damit zu tun ist.

DER MIT DER SONNE TANZT

Leons Tagebuch. Donnerstag, 20.9.,
auf dem Fußboden im Waldhaus-Wohnzimmer, 20.50ʰ

Meine nächtliche Rückfahrt gestern von Helenas *Wunderlädchen*-Kantstein war weniger eine Autofahrt als ein Ritt über Wattewolken. Es war halb drei Uhr morgens, als ich die Bundesstraße erreichte und Richtung Stadtgrenze fuhr. Ich hatte Helena noch bis zu ihrer Haustür begleitet, dort hatten wir uns lange umarmt. Dann war ich gegangen, staunend und lächelnd, schulterzuckend, sprachlos der Wonne des Abends und des Moments ausgeliefert. Sie hatte ihre Hand gehoben und mir nachgewunken, war schließlich mit dem treuen Lancaster im Treppenhaus verschwunden. Ich war noch einen Moment stehen geblieben. Wie gerne wäre ich geblieben. Wie gerne hätte ich sie berührt.

Ich schlenderte zu meinem Auto, stieg ein und verharrte noch eine Weile in friedlicher Gedankenlosigkeit. Meine Seele fühlte sich umarmt, geborgen und getragen. Ich würde nicht mehr an dem zweifeln, was Gott gesagt hatte: Ja, er wirkte spürbar in der Liebe zwischen den Menschen, wie auch immer diese Liebe sich individuell gestalten und ausformen mochte. Das Gespräch mit Helena hatte meinen Horizont geweitet, es war schwer zu erklären. Es waren nicht nur ihre Worte, sondern ihr ganzes Wesen – nicht nur ihre elegante, feingeistige Art, nicht nur das Edle, das so mühelos aus ihrer Seele herauszuströmen schien – es war vor allem das, was doch für immer unbeschreiblich bleiben würde, solange die Welt sich auch drehen mochte: das Geheimnis einer liebevollen Herzensverbindung. Was für eine Kraft doch darin war. Ich hätte es für unmöglich gehalten.

Zeit mit Helena zu verbringen, gab mir zum ersten Mal in meinem Leben das Gefühl, Zeit mit mir selbst zu verbringen. Offensichtlich hatte Gott das eingefädelt. Ich spürte tiefe Dankbarkeit in mir. Ihm seinen Namen wiederzubringen war das Mindeste, was ich tun konnte und wollte. Außerdem wollte ich ihm gern um den Hals fallen.

Ich schwebte über die Bundesstraße, erreichte schließlich wieder die Landstraße, die mich durch die Wälder und über die Dörfer tragen würde, und dachte kurz daran, dass er bei meiner letzten Fahrt durch eines der kleinen Waldstückchen plötzlich am Wegrand gestanden hatte. Ich fuhr langsamer, nur für den Fall, dass er hier wieder auf mich warten würde. Aber er war nicht da. Ich kramte meinen iPod aus dem Handschuhfach und ließ für den Rest der Fahrt eine Nachtmusik von Chopin erklingen. Um Viertel nach vier kam ich zu Hause an. Ich legte mich mit Klamotten aufs Bett. Holte mein Handy hervor und tippte noch eine sms an Helena. Ich schrieb nur *Danke* und drückte auf Senden. Eine Minute später antwortete sie. *Ich danke dir, Leon. Hättest du vielleicht übermorgen Zeit? (Morgen kann ich wahrscheinlich nicht, sonst wäre die Frage anders formuliert gewesen.) Wenn du Lust hast, koche ich etwas für uns.*

Es war unmöglich, meine Euphorie in Worte zu fassen, also bremste ich mich und schrieb nur *Ja! Bitte! Ich freue mich.* Erst kam nur ein Smiley zurück, dann ließ Helena die aufregende Frage folgen, die zuvor in unserem Gespräch schon unbeantwortet geblieben war. *Was geschieht, wenn zwei Tropfen sich berühren?* Die Worte elektrisierten mich. Ich war plötzlich viel zu aufgeregt, um zu antworten. Sie schickte noch einen Smiley hinterher. Ich war sicher, sie erwartete keine weiteren Worte von mir, da wir beide die Antwort wussten. Wir wünschten uns eine gute Nacht.

Ich sank in mein weiches Bett und sogleich in einen schönen Traum. Plötzlich schreckte ich hoch. Ich wusste nicht, wie viel Zeit vergangen war. Da klopfte doch schon wieder irgendwer. Ich öffnete schlaftrunken die Augen, es war noch stockdunkel. Wie lange hatte ich denn geschlafen? Eine Stunde? Drei Minuten? Durfte ich irgendwann mal ausschlafen? Ich versuchte, mich zu orientieren, griff nach meinem Handy und schaute auf mein Display. Drei Minuten nach fünf. Es klopfte erneut. Ich ging die Treppe hinab und öffnete die Tür. Da stand Gott. Er lächelte.

„Bitte entschuldige, dass ich dich so früh störe, Leon", sagte er höflich.

„Bitte entschuldige, dass ich mir die Zähne noch nicht gekämmt und die Haare noch nicht geputzt habe", antwortete ich. Wir lachten beide. Er wach und strahlend, ich müde und schlaftrunken.

„Lass uns gehen", sagte er, „ich muss dir was zeigen." Ich nickte nur, taumelte tölpelhaft in meine Schuhe und folgte ihm hinaus in die dunkle Morgenstunde. Er öffnete die Beifahrertür des Twingos, setzte sich und schnallte sich an. Ich stieg ebenfalls ein und glotzte fragend vor mich hin. Er schaute zum Zündschloss und nickte nur schweigend.

„Aber wohin denn?", gähnte ich.

„Der Sonne entgegen", sagte er und lächelte wieder wie ein guter Vater, der seinem verdutzten Sohn eine Überraschung bereiten wollte.

Wir fuhren eine Weile übers Land. Es war absurd, aber ich stellte keine Fragen. Gott wies uns zielsicher den Weg. Wohin auch immer. Nach einer knappen halben Stunde bat er mich, in einen dunklen Waldweg abzubiegen. Ein paar Rehe türmten erschrocken, als das Scheinwerferlicht sie kurz anleuchtete, wir fuhren weiter durch den finstern Wald, bis der Weg auf einer Anhöhe mitten in einer Heidelandschaft endete.

„Wir sind da", nickte er Richtung Frontscheibe und Dunkelheit.

„Ja, aber was machen wir hier?", fragte ich, immer noch verdutzt.

„Wir warten auf ein Wunder", sagte er.

Wir warteten wirklich. Ein paar Minuten. Und dann begann plötzlich das fantastischste Farbenschauspiel. Die Sonne ging auf, es war, als ob wir sie greifen konnten. Der Horizont über der Heide war endlos, das himmlische Gemälde aus Rot-, Rosa-, und allen möglichen Himmelblau-, Königsblau-, Babyblau- und Lilatönen raubte mir den Atem. Ich war schlagartig hellwach.

„Du bist in letzter Zeit ganz schön weit gereist", sagte er in mein Staunen. Ich nickte. Tatsächlich war in den letzten Tagen mehr in mir geschehen als in den letzten vierzig Jahren zusammen. Als hätte er meine Gedanken gelesen, lächelte er und sagte: „Ohne all deine Erfahrungen wäre das alles nicht möglich. Es ist gut, deinem ganzen Leben Ehre zu erweisen. Auch der Vergangenheit. Alles hatte Sinn, Leon. Alles hat Sinn. Jetzt bist du an einem Punkt, an dem du die Veränderung spürst, die der Lauf des Flusses dir offenbart."

„Ja, ich spüre das", sagte ich seltsam angerührt. „Ich spüre Verbundenheit. Ich spüre dich. Ich spüre Helena. Ich spüre Melissa. Ich spüre mich. Ich spüre die Farben des Himmels. Und ich weiß nicht, wie ich dir danken soll. Es fühlt sich an wie ein neuer Weg."

„Ja. Und du wirst nun bald zu einer Tür kommen, die du öffnen wirst, um hindurchzugehen." Ich zögerte. „Das klingt jetzt irgendwie nach Arbeit. Wahrscheinlich war zu befürchten, dass du so etwas sagen würdest."

Der Sonnenaufgang tauchte uns in wundervolles, surreales Licht. Er lächelte erleuchtet.

„Wenn du diese Tür öffnest, wird da jemand auf dich warten. Und er wird dir eine wichtige Frage stellen."

Das klang geheimnisvoll.

„Wer wird das sein? Helena? Melissa? Und wo ist die Tür?", fragte ich leise.

Er antwortete nicht gleich.

„Du sagst, du spürst dich. Du wagst es nun, deine selbst gebaute Höhle zu verlassen, deine Zurückgezogenheit aufzugeben. Und sieh nur, plötzlich stehst du auf einer Anhöhe, der Himmel öffnet sich und badet dich in den Farben seiner Schönheit. Und in deinem Herzen ist Freude. Ist das nicht herrlich?" Beinahe hätte ich ihm Ironie unterstellt, denn er lächelte schon wieder so ausgesprochen nett, dass man es übertrieben gefunden hätte, wenn er nicht zufällig Gott gewesen wäre.

Aber es war keine Ironie. Seine Worte berührten mich in der Tiefe. Der Horizont sah aus wie das schönste denkbare Gemälde.

„Aber bevor du weitergehen und die Tür für dich entdecken kannst, musst du dir noch etwas ansehen."

„Was ist das?"

„Eine verbotene Stadt. Sie ist das nächste Ziel auf deiner Reiseroute – und sie liegt in dir selbst. Sie ist der Ort, den du meidest, an den du noch nie gegangen bist."

„Ein fehlender Teil?", fragte ich vorsichtig.

„Ja, das wichtigste Verbindungsstück. Siehst du die vielen Farben des Himmels?"

Ich nickte wild.

„Vor zehn Minuten war es noch dunkel. Der beginnende Tag wird erst schön durch das Ende der Nacht. Das Licht wird erst schön durch die Erfahrung der Dunkelheit. Die Liebe erstrahlt durch die Kenntnis der Lieblosigkeit. Die nächste Nacht wird sowieso kommen. Aber sie wird sich ganz anders anfühlen, wenn du in ihrer dunkelsten Stunde wissend den Glanz des nächsten Tages erwartest. Erinnere dich: Das Leben ist himmlische Musik, ihr Rhythmus ist perfekt. Deine Seele wird heilen, wenn du dich in den Takt legst, wenn du dich von ihm bewegen lässt. So wird auch deine eigene Sucht enden – wenn du den Wunsch loslässt, das Leben durch deinen eigenen Schmerz zu kontrollieren."

Ich bemerkte, wie perfekt seine Worte zu denen passten, die Helena und ich gewechselt hatten. Fischliebe. Ich liebe Fisch, also esse ich ihn.

Man konnte auch sich selbst so betrachten – oder die ganze Welt, das ganze Leben. *Ich liebe es – solange es mir gibt, was ich will. Ich lehne es ab – wenn es nicht nach meinen Wünschen und Bedingungen handelt.* War es nicht genau das, was die meisten von uns taten? War das nicht unser aller heimliche Lebensphilosophie? Der Gedanke war absurd, besonders im Angesicht des atemberaubenden Schauspiels, das sich mir gerade am Horizont bot. Nur seine Bemerkung über meine Sucht und die Kontrolle durch Schmerz hatte ich nicht verstanden. Wieso war ich süchtig? Ich? Und war mein Schmerz nicht dabei, sich in Wonne aufzulösen? Ich dachte wieder sofort an Melissa. Sie war doch die Süchtige, nicht ich.

„Was meinst du mit meiner Sucht? Du sprichst über Melissa, oder?"

„Ich spreche über sie und über dich. Sie ist ein Schlüssel für dich und du bist einer für sie. Du sagtest zu Helena, dass du Melissa all die Jahre liebtest, wie der Mann, der behauptete, Fisch zu lieben."

Gott kannte den Wortlaut meines Gesprächs mit Helena. Ich schüttelte den Kopf – aber nicht, weil ich mich wunderte, sondern weil ich mich *nicht* wunderte.

„Kann man vor dir eigentlich Heimlichkeiten haben?", neckte ich ihn.

„Nein", sagte er. „Warum sollte man?"

Wir schauten beide auf den Horizont, dessen Farbverlauf nun noch intensiver und feuriger wirkte.

„Diese Fischliebe verursacht viel Schmerz", sagte er. „Sie blendet ja konsequent aus, dass der Fisch völlig eigene Interessen hat. Er möchte nicht gegessen werden, sondern schwimmen. Die Verdrängung dessen, der zu lieben behauptet, wird zu seiner unerschütterlichen Wahrheit. Du erzählst dir eine Geschichte über dich selbst: dass du Melissa zwar liebst, dass du aber schuldig bist an ihrem Scheitern, ihrer Sucht, dass du ihr Geld für Drogen gibst, um ihr das Gefühl zu geben, nicht allein zu sein – und dass du keine Ahnung hast, was du stattdessen tun solltest."

Ich überlegte kurz. „Ja, das stimmt", sagte ich. „Ich habe wirklich keine Ahnung, was ich sonst tun sollte."

„Aber warum solltest du?"

Ich verstand nicht.

„Was? Ahnung haben?"

„Ja. Du bist süchtig danach, den Lauf des Lebens zu kontrollieren. Nicht nur deines eigenen Lebens. Ihres Lebens. Des Lebens an sich. Aber du spürst, dass das völlig absurd ist, und deshalb lebst du seit Jahren in selbst gewählter Isolation."

Ich war überrascht. Und wusste nicht, was ich sagen sollte.

„In Wirklichkeit beschützt du deine eigene Story, deine eigene Sucht, deinen eigenen Schmerz über dein vermeintliches Versagen. Du könntest dich jetzt fragen: Aber warum liebe ich nicht einfach? Und die Antwort ist: Weil du dich selbst nie lieben konntest. Du könntest dich fragen: Warum lasse ich Melissa nicht einfach los? Weil du dich nicht loslässt. *Das* ist deine verbotene Stadt."

Ich schluckte. Seine Worte waren so klar. Und ich spürte, sie waren wahr.

„Geh hinein. Da ist deine eigene Sucht. Du hältst deine Schuld fest. Und deine Schuld hält Melissa fest. Du legst ihr damit eine große Last auf."

„Puh", stöhnte ich. „Das ist wuchtig, was du da sagst."

„Hab keine Furcht", sagte er mit besonders ernstem Tonfall. „Alles wird sich ändern. Geh in die verbotene Stadt. Ich werde dich dorthin begleiten."

Ich ließ den Kopf hängen, nahm den Blick von dem gemalten Wunderhorizont.

„Kannst du deine Schuldgefühle spüren, statt sie nur zu denken?"

Ich nickte stumm.

„Zielen sie auf Melissa oder auf dich? Wie fühlt die Schuld sich an?"

„Sie fühlt sich richtig scheiße an", sagte ich. „Wie eine dunkle klebrige Masse, die mein Herz seit Jahren verstopft. Ich wollte das nie erleben. Und ich wollte nie, dass Melissa all das durchmachen muss."

„Melissa ist ein eigenständiger Mensch. Sie hat ebenfalls Schuldgefühle. Weißt du, dass sie sich verantwortlich fühlt für das Scheitern der Ehe ihrer Eltern?"

Ich schluckte. Nein, das wusste ich nicht.

„Sie leidet. Ihr Schmerz hindert sie daran zu sehen, dass Valerie und du es nicht verhindern konntet. Aber es war nicht zu verhindern, weil euch beiden die Mittel fehlten, solange euch die Erkenntnis der Liebe fehlte. Darin ist keine Schuld, denn du warst noch nicht so weit, Leon. Aber du bist es jetzt. Melissa hat an ihren Schuldgefühlen genug zu tragen. Doch du reichst ihr täglich noch deine dazu. Ihr tauscht nur Schuld und Schmerz aus – statt Hoffnung, Freude und Vertrauen."

„Ja, das klingt so einfach, aber was soll ich denn nun konkret tun?", wurde ich etwas lauter.

„Du hast jetzt die Gelegenheit, den Lauf eurer Begegnungen zu ändern. Weißt du noch? Diese Perfektion, nach der ihr alle strebt, ist eine Illusion. Perfektion verhindert Bewegung, aber das Leben ist Bewegung. Wenn du deine Sucht anschaust und sie loslässt, sendest du Melissa ein Signal. Mehr kannst du jetzt nicht tun. Wenn es so weit ist, wird sie ihre eigenen Entscheidungen treffen. Aber ihre Entscheidungen werden anders sein, wenn du deine Vergangenheit von ihr nimmst, das verspreche ich dir. Wenn du sie freilässt, wird sie schwimmen, wohin sie will, wohin sie muss. Segne sie und lass sie schwimmen."

„Aber", wandte ich ein, „dann ist sie ganz allein. Sie wird nicht zurechtkommen!"

„Willst du ihr Leben leben oder deins?", sagte er seelenruhig. „Willst du bestimmen, dass der Fisch es lieber hat, wenn du ihn in deine Pfanne legst und brätst? Lass sie frei. Du hast den Schlüssel in der Hand."

„Du meinst", zögerte ich, „dass ich Melissa seit Jahren gefangen halte und mir gleichzeitig einrede, dass ich nichts sehnlicher wünsche als ihre Freiheit?"

Er nickte.

„Ja."

Ich erschauderte.

„Oh Gott, was soll ich denn machen? Wie benutze ich den Schlüssel?", brach es aus mir heraus.

„Es ist wie mit den Geistern, von denen ich dir erzählte."

Ich erinnerte mich. Nicht die bösen Geister hielten uns fest, sondern wir sie.

„Mein Wunsch, sie zu retten, ist der Geist, der losgelassen zu werden wünscht?"

„Ja. Gib ihr die Chance, es selbst zu verstehen und selbst loszulassen. Lass sie schwimmen."

„Was will sie denn loslassen?", drängte es mich nachzufragen.

„Ihre Geschichte. Ihre Schuld. Ihre Angst. Ihre Mutter. Dich."

„Mich? Wieso mich? Ich habe doch alles…"

„Sie trägt deine Schuld, bis sie dir vergeben kann. Das kann sie aber erst, wenn du dir selbst vergeben hast. Und mir."

„Ich soll DIR vergeben?", staunte ich.

„Ich bin das Leben, das du anklagst. Du hältst dem Leben vor, etwas falsch gemacht zu haben. Mit deinen Eltern, mit den Widerständen, die sich in dir geformt haben, mit dem Lebensgefühl, dass etwas Falsches in dir ist."

Ich war baff. Und ich schämte mich.

„Erlaub dir, wieder ein Kind zu sein, nichts zu wissen. In der Ahnungslosigkeit wirst du Vergebung finden, nicht mit dem Verstand, sondern mit dem Herzen. Gib deine Schuld ab – lass den Fluss sie davontragen."

Er deutete auf den Horizont.

„Ein neuer Tag hat begonnen. Wenn du möchtest, wird er wundervoll sein."

Warme Tränen rasten mit Hochgeschwindigkeit hoch zu meinen Augen. Ich wollte nicht länger diskutieren.

„Ich… ich…" stammelte ich. „Oh Gott, ich glaube… das stimmt alles, was du da sagst. Aber ich kann mir doch nicht anmaßen, dir vergeben zu wollen… vergibst du mir?"

Er legte seine Hand auf meine Schulter. Ich schaute ihn an.

„Ich? Was sollte ich dir vergeben? Das war noch nie nötig. Ich liebe dich. Ich habe dir noch nie irgendetwas vorgehalten."

Der Horizont verwandelte sich. Das Feuer verglomm in Zeitlupe. Der blaue Himmel schimmerte durch. Er hatte die Farbe seiner Augen. In ein paar Minuten würde der Wandel von der Nacht zum Tag vollbracht sein. Ich spürte ein Gefühl von Erlösung, von Leichtigkeit. Aber zugleich auch Traurigkeit. Sie war anders. Sie fühlte sich ungewohnt und neu an.

„Wen werde ich also finden und wer wird mir eine wichtige Frage stellen, wenn ich die Tür geöffnet habe? Ist es Melissa?", fragte ich.

Er schüttelte den Kopf. „Nicht Melissa. Sie steht vor der Tür. Der dahinter wartet, bist du selbst."

Ich ahnte, was er meinte. Die Traurigkeit wurde intensiver.

„Du wirst bald gehen, oder? Mich alleinlassen?", sagte ich und biss mir auf die Lippe.

„Ja, ich werde gehen. Aber ich werde auch bleiben. Du weißt ja jetzt, wo du mich findest."

Ich schluckte. Der Gedanke, dass er bald nicht mehr hier sein würde, war beklemmend. Aber da war auch diese unwiderlegliche Freude über einen neuen Tag. Helena. Leon. Unbekannte Wonne, unbekannte Trauer. Wahrscheinlich mussten die beiden Gefühlswelten in mir nur noch ein paar Tanzschritte einüben.

„Gehen wir frühstücken?", sagte er plötzlich. Ich nickte.

„Ja, gerne. Aber eine Sache ist da noch."

„Hm?"

„Es geht um deinen Namen."

„Ja?"

„Seit ich weiß, dass du nicht Gott heißen möchtest, möchte ich dich auch nicht mehr so nennen. Es kommt mir so respektlos vor. Aber da ich deinen Namen ja noch nicht weiß…"

Gott lachte freundlich. Natürlich wusste er schon längst wieder, was ich auf dem Herzen hatte.

„Wunderbar", sagte er. „Und wie möchtest du mich also nennen, bis du ihn weißt?"

„Na ja, ich weiß nicht", brabbelte ich los. „Es ist albern. Und es ist mir ein bisschen peinlich. Gestern Nacht, als ich von Helena kam, dachte ich wieder kurz an den Hund, den ich als Kind hatte. Und dann eben… diese wunderbaren Farben, die das Sonnenlicht in den Himmel gemalt hat…"

Kein Mensch hätte mir wohl bei meiner wilden Gedankenreise folgen können. Der Gott, den ich mir mal für eine Geschichte ausgedacht hatte, die er sich allerdings in Wirklichkeit selbst ausgedacht hatte, und den ich nun nie wieder Gott nennen wollte, schaute mich erwartungsvoll an. Ich plapperte weiter: „Na ja, mein Hund hieß ja Butch, benannt nach dem berühmten Eisenbahnräuber Butch Cassidy. Und dieser Butch hatte einen allerbesten Freund… und der hieß…"

Es kostete mich viel Überwindung. „Also, na ja, du weißt schon… Butch Cassidy und Sundance Kid."

Er lachte.

„Sundance", sagte ich.

Ich platzte fast vor Aufregung.

„O.k. für dich?", schob ich nach.

Er schloss feierlich die Augen und lächelte genussvoll weiter.

„Sundance? Das ist absolut wundervoll. Es wird mir eine große Ehre sein, diesen Namen für eine Weile zu tragen."

Ich atmete erleichtert aus. Dann begann ich zu lachen, drehte den Schlüssel im Zündschloss, startete ein Wendemanöver auf dem Waldhügel und setzte uns in Bewegung. Der Gedanke an ein Frühstück mit einem Gott namens Sundance war unwiderstehlich.

„Lass uns in der Stadt frühstücken. Ich lade dich ein", sagte er.

„Oh, hast du Geld bei dir?"

Sein schallendes Lachen erschütterte den Twingo.

„Nein. Wir können ja unterwegs an einem Bankautomaten halten."

Der Raum der Empathie

Wir fuhren ins Stadtzentrum und landeten in einem Café zwischen Rathaus und Marktplatz. Es war noch etwas kühl, aber die angenehme Wärme der letzten Tage lag bereits wieder in der Luft. Wir setzten uns vor das Café, mit Blick auf das altehrwürdige Rathaus, und bestellten Kaffee und Spiegeleier. Ich hatte noch so viele Fragen auf dem Herzen, aber ich wollte nicht allen Raum einnehmen. Schließlich war ich nicht der Einzige, der sich Veränderung wünschte.

„Sundance?"

„Ja?", lächelte er.

„Und du bist ganz sicher, dass ich es erkennen werde, wenn mir dein Name über den Weg läuft?"

Er nahm einen Bissen vom Spiegelei und nickte.

„Jap. Das wird ein wundervoller Moment sein, du wirst ihn sehr genießen", sagte er. Damit schien das Thema für ihn erledigt zu sein. Er gab sich dem Spiegelei hin. Ich sah ihn an, dachte kurz, dass er mehr und mehr aussah wie George Clooney, und bemerkte bei der Gelegenheit, dass seine Nase überhaupt nicht mehr rot war. Es wunderte mich aber nicht.

Mein Handy piepte mich an. Eine sms. Ich hoffte, dass sie von Helena sein würde. Mein Herz klopfte. Ich schaute aufs Display und zuckte zusammen. Die Nachricht kam von Melissa.

Kannst du heute?

Ich schaute zu Sundance. Er blickte von seinem Teller auf und nickte mir ermutigend zu. Ich tippte: *Ja, bin in der Stadt. Würde dir heute Mittag passen? Bei dir zu Hause vielleicht?*

Die Antwort kam schnell.

Nicht bei mir. Wieder am Hafen, gleiche Stelle. 13.30ʰ?

Ich tippte: *O. k.*

Dann schaute ich wieder zu Sundance hinüber. Er leerte gerade seinen Kaffeebecher in einem großen Zug. „Soll ich uns noch einen bestellen?", fragte ich eifrig. „Nein, danke, ich hab noch", sagte er. Ich schaute zu seinem Becher, der plötzlich wieder dampfend und randvoll vor ihm stand. Er nahm vorsichtig einen kleinen Schluck. „Hab ihn zu voll gemacht. Passt ja gar keine Milch mehr rein", lachte er. Dann füllte er aus einem Kännchen etwas Milch dazu, schlürfte vorsichtig vom Rand und freute sich.

„Sundance? Das war Melissa. Ich treffe sie nachher."

„Weiß ich schon", nickte er.

Ich schaute ihn nachdenklich an. „Die Sucht, die auch in mir ist", wagte ich, das Gespräch von vorhin wieder aufzunehmen, „ist das nicht die Sucht, die wir heimlich alle in uns tragen? Der Wunsch, anerkannt und geliebt zu sein, ein inneres Zuhause zu finden? Geht es nicht in allem, was wir tun, eigentlich nur darum? Dass wir ankommen möchten, aber nicht können? Haben wir das nicht alle in uns?"

„Ja", nickte er. „Es betrifft euch alle. Du kannst diese Wahrheit aber nur in dir selbst entdecken. Das ist der Fluchtimpuls, dem du jahrelang nachgegeben hast – du bist weggelaufen, hast dir eine Wahrheit gebaut, in der du dich nicht ganz so verloren fühltest. Für eine Weile war das richtig. Ihr müsst das alle tun, solange euch der Zugang zur Wahrheit des eigenen Herzens fehlt. Ihr alle seid Kinder, die so tun, als seien sie Erwachsene. Aber der Tag wird kommen, an dem ihr euch gegenseitig ermutigt, erfahrene Kinder zu sein, die wieder Abenteuerlust entdecken dürfen. Euer selbst geschaffener Schutzraum – welche Geschichte auch immer ihn umrahmt – ist immer Ausdruck eurer Flucht vor dem Wesentlichen in euch selbst.

Bis zu einem bestimmten Punkt seid ihr alle süchtig, weil ihr das Gefühl der tiefsten Geborgenheit nicht kennt, bis ihr die Gewissheit der verbindenden Liebe aus himmlischer Quelle empfangt. Solange das nicht geschieht, wollt ihr perfekt wirken. Ihr seid süchtig danach, zu gefallen, und dafür bringt ihr das Opfer eurer eigenen Träume. Frei seid ihr nur, wenn ihr vertraut."

„Es ist so verdammt schwer zu vertrauen", sagte ich leise.

„Deshalb bin ich gekommen. Du bist in Sicherheit, Leon. Du darfst jetzt alles sein, was du möchtest. Und wenn du es wählst, kannst du das Kind sein, das du nie sein durftest."

„Aber du kommst nicht zu allen. Was ist mit Melissa?"

„Du hast ein so nobles Herz, Leon. Du bekommst ein Geschenk und du möchtest es sofort teilen. Aber du darfst es dem Schenkenden überlassen, ob, wann und wem er etwas davon überreichen möchte."

„Ich könnte mal aufhören, es kontrollieren zu wollen, stimmt's?"

Er nickte. „Niemand weiß, was hinter der nächsten Flussbiegung auf ihn wartet."

„Weißt du es?"

„Ich bin der Fluss."

„Das ist keine Antwort."

„Doch. Es ist die einzige Antwort, die jetzt nötig ist."

Durch das erwachende Vertrauen hindurch fühlte ich plötzlich wieder eine Welle der Traurigkeit in mir. Nicht weil mich seine Antwort nicht befriedigt hätte, sondern weil ich plötzlich wieder Melissa spürte. Es war intensiv. Und es schien, als hätte es überhaupt nichts mit mir zu tun. Ich spürte ihren Schmerz, ihre Verzweiflung. Es ging tief, es war bodenlos, wie bei meiner nächtlichen Autofahrt – als würde ich in einem Zimmer stehen, das eigentlich Melissa allein gehörte, als würden sich mir wieder die Wände nähern, um mich stellvertretend für sie zu erdrücken – und erneut war dieses Gefühl mit der sonderbaren Gewissheit verbunden, dass nur eine der Wände für Melissa stand – und die andere für eine weitere Seele. Ich brauchte eine Antwort: Stand die zweite Wand für meine eigene Sucht? Aber falls ja, warum wollte sie mich jetzt noch erdrücken?

Sundance wusste von meinen Gedanken.

„Dieses Zimmer ist der Raum der Empathie. Du spürst Melissa dort, wo sie ist. Zum ersten Mal. Du bist jetzt bereit."

Ich war verunsichert. „Aber da ist noch jemand in dem Zimmer", sagte ich. „Bin das ich?"

Sundance schüttelte den Kopf. „Nein. Nicht du."

Mein Handy piepte und unterbrach unser Gespräch. Melissa, dachte ich. Ich schaute aufs Display. Nicht Melissa. Nachricht von Helena. Mein Herz klopfte. *Ich kann leider wirklich erst morgen. Freue mich auf dich. Sehr. H.*

„Wie nah sind Hölle und Himmel beieinander?", sagte ich und ließ das Handy in meinen Schoß sinken.

„Merkwürdig", schmunzelte Sundance. „Als würde dich ausgerechnet jetzt jemand an die Kraft der Liebe erinnern wollen."

Ich lächelte gequält.

„Um die Tür zu öffnen, die aus der verbotenen Stadt herausführt, brauchst du Proviant, Leon", sagte er ernst. „Pack dir den Rucksack voll bis zum Rand. Liebe wiegt nichts. Und sie vermehrt sich, wenn du sie unterwegs ausschüttest."

In mir tanzten schon wieder die Emotionen. Je näher ich mich an das Gewimmel auf der Tanzfläche heranwagte, desto mehr befürchtete ich unkontrollierbares Hyperventilieren. Ich schaute unsicher zu ihm, er sah mich wieder mit einem dieser unwirklichen Blicke an. Ich beruhigte mich sofort. Es fühlte sich an, als hätte er mit einem einzigen Blick jedes einzelne Gefühl in diesem heillosen Durcheinander in mir umarmt: die Angst, die Ohnmacht, die Freude, das Vertrauen. Sein ruhiger Atem nahm den Ton aus meinem Schrei nach Licht.

„Du bist bestimmt das beste Antidepressivum des Universums", lächelte ich.

„Ich bin das Einzige, das wirklich wirkt", schmunzelte er zurück.

„Warte mal eben bitte", sagte ich und tippte eine Antwort an Helena. Sundance trank seinen Kaffee aus und ließ den Becher leer.

„Was ist eigentlich mit dem Geld?", sagte ich plötzlich. „Du hast gar keins abgehoben, oder?"

Er schüttelte den Kopf.

In dem Moment kam die Kellnerin.

„Haben Sie noch einen Wunsch?", fragte sie.

Ich schaute Sundance an. Er drehte sich zu ihr um.

„Nein, danke, aber ich möchte bitte zahlen. Haben Sie zufällig ein Aquarium?", sagte er.

„Bitte was? Ein Aquarium?", fragte sie verunsichert und schüttelte den Kopf.

Dann verschwand sie Richtung Kasse. Sundance stand wortlos auf und ging zu einem einsamen Zigarettenautomaten, der ein paar Meter entfernt von der Caféterrasse stand. Er drehte sich noch zu mir um, dann hielt er erwartungsvoll beide Hände unter die kleine Klappe, hinter der sich normalweise das Wechselgeld sammelte. Die Kellnerin kam gerade mit der Rechnung zurück.

„Zahlen Sie zusammen?", fragte sie.

Ich schüttelte den Kopf und deutete auf Sundance, der vor dem Zigarettenautomaten kniete.

„Nein, mein Freund bezahlt gleich", genoss ich den Moment.

„Ähmm – was macht der denn da?", fragte sie verwirrt.

„Warten Sie's nur ab", lächelte ich.

In dem Moment prasselten im hohen Bogen Dutzende von Münzen aus dem Automaten. Sundance lachte wie ein Kind und versuchte, alle

Geldstücke aufzufangen, aber es waren einfach zu viele. Er kam zurück und fragte die Kellnerin nach der genauen Rechnungssumme.

„Zwölf vierzig bitte", sagte sie völlig verdattert.

„Keine Sorge, meine Gute", sagte Sundance mit ruhiger Stimme. „Ich fülle den Automaten natürlich gleich wieder auf. Wäre ein Fisch in der Nähe gewesen wäre, hätte ich mir die Münzen stattdessen aus seinem Maul geborgt."

Sie schüttelte fassungslos den Kopf.

„Hm? Ein Fisch? Wieso denn ein Fisch?"

Gott schüttete ihr einen Haufen Münzen in die Hand und sagte: „Stimmt so."

Ihre Verwirrung wich einem breiten Grinsen.

„Ihr seid vom Zirkus, oder?"

„Nur er", sagte ich und zeigte auf Sundance. „Er ist sogar Zirkusdirektor. Ich bin nur ein einfacher Rettungstaucher. Ich berge verletzte Haifische aus Aquarien."

Sie ging kopfschüttelnd zurück ins Café. Dabei lächelte sie.

„Hast du noch ein paar Münzen", wandte ich mich an Sundance.

„Ja", lächelte er. Er hatte wohl wieder meine Gedanken gelesen.

Wir gingen ein paar Schritte und knieten uns auf den Marktplatz, ganz nah an einem Bordstein.

„O. k., Regeln klar? Wer die Münze näher an den Bordstein wirft, hat gewonnen", sagte ich.

Er nickte, gab mir ein paar Münzen und ließ mir den ersten Wurf. Der war nicht schlecht. Aber seiner war deutlich besser. Er zuckte mit den Schultern und lächelte.

„Revanche", sagte ich und warf erneut. Sein Wurf war wieder besser. Wir warfen ein paar Minuten lang, dabei lachten, jubelten und brüllten wir. Ich fühlte mich frei, gedankenlos, zwecklos. Es war fabelhaft. Ein paar Kinder stellten sich zu uns und fragten, ob sie mitspielen durften. Natürlich durften sie.

Nach einer Viertelstunde hatte sich eine Menschentraube um uns herum gebildet. Ich bin sicher, dass es die ausgelassene Fröhlichkeit war, die sie angelockt hatte. Abgesehen davon war Sundance offensichtlich nicht zu besiegen. Wir bissen uns alle die Zähne an seiner Geschicklichkeit aus.

Einer der Erwachsenen aus der umstehenden angewachsenen Zuschauermenge meldete sich zu Wort: „Darf ich auch mal?" Es war ein älterer Herr mit einem ziemlich offensichtlichen Hüftschaden und einem Krückstock. Sundance streckte seine Hand aus und winkte ihn heran.

„Ich werde Sie schlagen", sagte der Alte mit fester, entschlossener Stimme und humpelte heran.

„Da müssten Sie wohl mit höheren Mächten im Bunde sein", sagte ich und deutete auf Sundance. „Er spielt nämlich ziemlich göttlich."

Der Alte bückte sich angestrengt. Er hatte offenbar große Schmerzen, aber sein Ehrgeiz war wohl noch größer. Er kniete sich zu Sundance und warf eine Münze. Auch kein schlechter Wurf, aber der Meister stach seinen Versuch locker aus. Der Alte kochte sofort vor Wut. Eines der überaus seltenen Exemplare Mensch, die nicht verlieren konnten. Sundance lächelte ihn an und legte beiläufig die Hand auf seine Schulter. „Nicht verzagen, Herr Schindheim. Manchmal ist auch in einer Niederlage ein ungeahnter Triumph verborgen."

„Sparen Sie sich die Kalenderweisheiten", sagte der Alte vergrätzt und erhob sich. Dass Sundance seinen Namen wusste, schien ihn nicht weiter zu verwirren.

„Ich bin dran, ich bin dran", rief ein kleines Mädchen und kniete sich tatendurstig neben Sundance. Der Alte ging wortlos weg. Nur humpelte er nicht mehr. Nach ein paar Metern blieb er stehen. Er schüttelte seine Beine aus, schwang die Hüfte wie in einer fließenden Tanzbewegung, dann hüpfte er auf der Stelle auf und ab.

„Ich bin geheilt! Ich bin geheilt!", jubelte er. Die Menschen drehten sich staunend zu ihm um. Ich schaute Sundance ungläubig an. Er zuckte erneut die Schultern und spielte lächelnd die nächste Runde mit dem kleinen Mädchen.

„Gibt's doch gar nicht! Da haben die Scheißmedikamente ja nach zehn Jahren plötzlich doch noch gewirkt!", rief der Alte und hüpfte fröhlich im Kreis herum. „Leute! Nie wieder schimpf ich auf die Pharmaindustrie!"

Die Leute lachten, der Alte hüpfte beseelt davon.

Sundance schaute zu mir. „Manche Wunder bleiben auf ewig unentdeckt", freute er sich.

Dann ließ er das kleine Mädchen gewinnen. Sie bekam einen Riesenapplaus. Wir sammelten die Münzen ein und gingen los. Ein paar Meter weiter saß ein Obdachloser mit einem kleinen Hund am Straßenrand. Sundance streichelte den Hund und schüttete die Münzen in den Hut des Mannes.

„Gott segne dich", sagte der Bettler leise. Sein erstaunter Blick ließ erahnen, dass er gerade etwas Heiliges entdeckte.

„Gott segne *dich*", lächelte Sundance und strich ihm zärtlich über den Kopf.

Ein paar Meter weiter hing ein Bankautomat an einer Hauswand. Sundance ging direkt auf ihn zu, legte ihm die Hand auf und kam mit einem Geldscheinbündel zurück. Er gab dem Bettler die Hälfte davon. Dann kniete er sich vor den Mann und umarmte ihn. Die verbliebenen Geldscheine teilte er zwischen sich und mir.

„Du wirst gleich ein bisschen davon brauchen, Leon."

Ich bedankte mich, steckte die Scheine in meine Hosentasche und schaute zum Himmel. Er war strahlend blau. Kein Wölkchen war zu sehen. *Kein Wunder*, dachte ich, *die Wolken warten bestimmt schon alle am Hafen auf mich.*

Bittere Frucht

Sundance und ich fuhren gemeinsam Richtung Hafen und näherten uns dem Pier, an dem ich Melissa wiedertreffen würde. Ich fand einen Parkplatz vor einer Lagerhalle und wir schlenderten an Bürohäusern, Restaurants und Fischbuden vorbei Richtung Anleger. Plötzlich legte Sundance mir seine Hand auf die Schulter und sagte, dass er in der Nähe noch einen Kaffee trinken würde. Ich schaute ihn an.

„Ich hatte gehofft, du würdest mitkommen. Aber na ja, ich wusste ja gleichzeitig schon, dass das wohl nicht geht."

„Ich werde da sein", sagte er.

Ich begann innerlich wieder zu beben, spürte die Anspannung des nahenden Moments.

„Leon?", sagte Sundance.

„Ja?"

„Gib die Hoffnung für einen Moment auf."

„Was?"

„Sie will jetzt keine Hoffnung. Versuch zu erspüren, was sie braucht. Oder was sie zu brauchen glaubt."

Ich stand wieder auf der Schwelle zu dem Zimmer mit den Wänden, die mich zu zermalmen drohten.

„Was braucht sie? Was glaubt sie?", sagte ich leise.

„Rache. Wiedergutmachung", sagte er mit ruhiger Stimme.

„Das ist unmöglich", sagte ich leise.

„Gewiss", sagte er. „Aber das weiß sie nicht. Ihr Schmerz ist zu groß. Die Seelen, die noch nicht vergeben können, befinden sich an einem dunklen Ort."

Ich hielt die Augen geschlossen und nickte. Seine Stimme klang nah.

„Leon, wenn du nicht mehr an mir zweifelst, wirst du nicht mehr an dir zweifeln."

Ich öffnete die Augen weiterhin nicht, spürte seine Hand auf meiner Schulter.

„An dir zweifle ich nicht", sagte ich.

Dann hörte ich, wie seine Schritte sich entfernten. Ich öffnete die Augen und sah ihm nach. Er drehte sich um und winkte mir zu.

„Bis nachher, Leon."

Ich hob zögernd die Hand. Dann ging ich schnellen Schrittes zum Pier.

Melissa war bereits da. Sie saß an derselben Stelle wie beim letzten Mal, ließ die Füße über dem großen Fluss baumeln und starrte auf die gegenüberliegenden Docks. Ich setzte mich neben sie.

„Hey, Melissa", sagte ich. „Hey", begrüßte sie mich knapp, ohne ihren Blick vom Fluss zu nehmen.

„Kannst du mir noch mal mit etwas Kohle aushelfen?"

„Ich hab mir was überlegt", sagte ich. Nun schaute sie mich doch kurz an und wunderte sich wahrscheinlich über die ungewohnte Gesprächseröffnung. Sie sah furchtbar aus. Ich wollte sie umarmen.

„Ich habe dir Geld mitgebracht", sagte ich.

Sie schaute mich erleichtert an. Ich zupfte die Geldscheine aus meiner Hosentasche und gab ihr zwei Hunderter.

„Aber es ist das letzte Mal. Ich möchte diese Art Treffen nicht mehr. Sie sind für uns beide eine Qual. Wenn du willst, werde ich dir dann monatlich etwas überweisen. Du kannst mir ja mal deine Kontonummer geben, wenn du möchtest. Und wenn du dich dann mit mir treffen möchtest, freue ich mich. Aber dann reden wir nicht über Geld, sondern über das, was in uns geschieht."

Melissa sah mich an. Erst mit leerem Blick, dann öffnete sich in ihren Tiefen eine Quelle, aus der flüssiges Gift zu strömen schien. Sie nickte heftig und wütend.

„Ach so, alles klar, der genervte Papi will jetzt mal die Kontrolle übernehmen, ja?", fauchte sie. „Die eigene Schuld mit einem Dauerauftrag zähmen und dann nichts wie weg und auf den Müll mit der unangenehmen Seuche, die mal seine Tochter war."

Mein Fluchtimpuls war fort. Ich spürte die Energie von Sundance und fühlte mich der Situation gewachsen. Vertrauen.

„Das habe ich nicht gesagt. Ich möchte endlich mit dir reden, Lissa", sagte ich ruhig. Sie fummelte ihren Tabakbeutel und Blättchen aus ihrer Jackentasche hervor und begann sich eine Zigarette zu drehen.

„Kann ich auch eine?", sagte ich.

Sie schaute mich völlig verblüfft an. Dann reichte sie mir den Tabakbeutel und die Blättchen. Ich drehte mir ebenfalls eine. Als wir beide fertig waren, gab ich ihr Feuer. Meine Zigarette war nicht wirklich gelungen. Sie sah verbeult aus, weil ich den Tabak unregelmäßig verteilt hatte. Melissa beobachtete mich in einer Mischung aus Spott und Verachtung.

„Na ja, ist lange her", sagte ich und steckte mir das verbeulte Ding an.

„Ich will nicht mit dir reden", sagte sie und blies den Rauch über den Fluss.

„Das ist o. k. für mich", sagte ich. „Dann hör mir nur einen Moment zu."

Sie sagte nichts.

„O. k.?", sagte ich in die Stille.

Sie überlegte, nickte. „Meinetwegen, wenn's nicht so lange dauert." Dann spuckte sie in den Fluss.

„Ich habe viel nachgedacht in letzter Zeit", begann ich. „Na ja, nicht nur nachgedacht, auch nachgefühlt. Und ich weiß jetzt, dass ich meine Schuld dir gegenüber nicht bezahlen kann. Nicht mit Geld, nicht mit Zuneigung, mit gar nichts. Ich habe versagt. Dass ich es nicht besser konnte, ist wahrscheinlich egal. Aber ich möchte dich wissen lassen, dass ich …"

Sie schaute mich an, als wäre ihr schlecht. Ihre Augenränder schienen sich jetzt noch deutlicher abzuzeichnen, ihr Gesicht war blass wie eine frisch gekalkte Wand.

„Ich möchte dich wissen lassen … dass ich spüre, wie sehr du leidest. Es tut mir leid, mehr als alles andere in diesem Leben. Ich möchte dir sagen, dass es mir die Welt bedeuten würde, wenn es dir gut gehen könnte. Und wenn du mir eines Tages verzeihen könntest. Aber ich verstehe auch, wenn du das nicht möchtest. Ich bin nicht für dich da gewesen, als du mich gebraucht hast. Und ich weiß, wie sich das anfühlt, weil ich es selbst auch erlebt habe. Meine Eltern waren auch nicht da. Aber ich liebe dich. Ich spüre dein Herz. Ich fühle, wie sehr du leidest, aber ich weiß auch, wie schön und kostbar deine Seele ist. Ich konnte dich nie wirklich sehen, aber jetzt kann ich es. Oder … ich kann es wenigstens immer wieder versuchen."

Eine kurze Stille.

„Was zur Hölle willst du von mir?", zischte sie plötzlich, nur mühsam beherrscht.

„Ich will überhaupt nichts von dir. Nichts. Ich wollte dir nur dies sagen: Es tut mir unendlich leid."

Wieder Stille. Nur das Rauschen des Flusses war zu hören. In der Entfernung tutete ein Ausflugsdampfer. Melissa hatte aufs Wasser geschaut, jetzt drehte sie sich zu mir um. Sie hatte Tränen in den Augen. Aber es waren keine Tränen der Rührung, es waren Tränen blanken Zorns, ein zurückgehaltener Tsunami der Verachtung.

„Pfffhhh", schnaubte sie und stand auf. „Was soll die Scheiße, Vater? Vater!!? Ja, genau, du hast dich einen Dreck um mich geschert und jetzt guck dir an, was hier vor dir sitzt – ein verfluchtes Monster. Aber du hast Glück, denn es wird nicht mehr lange dauern, bis ich verreckt bin! Weißt du, wie das ist, Vater!? Wenn man sich jeden Tag Pillen reinwirft und 'ne Nadel unter die Haut schiebt und weißt du, wie das ist, wenn man weiß, dass es flüssiger Tod ist, den man sich da in die durstigen Adern schießt? Und weißt du, was man alles machen muss, um an die Scheißkohle dafür zu kommen?"

Melissas Stimme begann zu zittern, schwach zu werden, ihr ganzer Körper zuckte kurz unkontrolliert, dann hustete sie, fing sich wieder. „Und weißt du, wie das ist, wenn man jede Nacht versucht, den

Scheißhimmel auf die Erde herunterzuweinen, damit irgendwann irgendjemand kommt, um einen aus diesem Leben aus Kotze und Blut zu erlösen? Vater!!? Und weißt du, wie es sich anfühlt, wenn man dann doch allein und überzogen von dem Strom aus Blut und Tränen einschläft und da niemand ist außer irgendeinem fettbauchigen nackten Familienvater auf Geschäftsreise und den hungrigen Ratten in den Rohren hinter der feuchten grauen Wand? Weißt du, wie das ist, Vater!? Nein, weißt du nicht, du sauberer, blütenreiner Nichtsmerker."

Sie zuckte wieder und hustete jetzt heftig, bevor sie mir den letzten Satz vor die Füße spuckte.

„Die Fliegen sitzen auf dir, sie fressen sich voll mit deiner verdammten Scheißselbstgerechtigkeit – Vater!!"

Meine Augen füllten sich mit Tränen. Ich schaute sie nur an.

„Es tut dir leid?", brüllte sie zitternd. „Keine Ahnung, was die Psychoscheiße grade soll! Es tut dir leid?? Vergiss es!" Sie stand ruckartig auf. „Kannst deinen Trip für dich behalten, ich hab meinen eigenen." Sie drehte sich um und verschwand.

Ich blieb sitzen. Die Tränen liefen lautlos an mir hinab, fielen vom Pier in den Fluss, trieben ins Meer. Ich atmete Dunkelheit ein und aus, bis ich leer war. Bis ich nichts mehr war. Bis ich mich in diesem albtraumhaften Nichts wieder spürte.

HEiMWEH

Himmlisches Tagebuch. Donnerstag, 20.9.,
auf einer Anhöhe, in einem kleinen Park mit Blick
auf den Fluss, 13.15ʰ

Ich wünschte, es wäre schon vollbracht. Ich wünschte, sie wären nicht nötig, diese furchtbaren Schmerzen in Melissa und Leon. Es sind die Schmerzen der Welt, die Wehen des Weltengeistes, der auf Veränderung zustrebt. Meine eigene Reise in dieser menschlichen Gestalt wird nun bald enden.

Es ist so wundervoll hier. Die menschlichen Gefühlswelten sind so intensiv. Und ich spüre sie. In all ihren Dimensionen. Ihre Schmerzen schneiden wie Peitschenhiebe in meine Seele. Wenn die Seelen nur wüssten, wie beschenkt und wie wunderschön sie sind, dass sie sich nicht ängstigen müssen. Wenn sie nur wüssten, wie unerlässlich der Verlauf dieser Reise ist – für die ganze Menschheit, die sich mit jedem Atemzug alles Lebendigen weiter ausformt ... für jeden Einzelnen von ihnen. Sie werden verstehen. Wenn sie in meinen Himmeln ankommen, werden sie verstehen, alle, ausnahmslos. Niemand wird verloren sein. Und doch, es tut so weh.

Ein sicheres Zeichen, dass ich immer mehr zum Menschen werde. Je länger ich hier bin, desto stärker brennen diese Gefühle in mir. Ich habe Heimweh.

Die Kirche, die er ist

Leons Tagebuch. Nacht von Donnerstag auf Freitag, 19.9./20.9., auf der Bettkante im Schlafzimmer des Waldhäuschens, 0.30ʰ

· ·

Ich bin schrecklich müde, aber ich kann nicht aufhören zu schreiben.

Als ich vom Pier zurück zum Twingo kam, entdeckte ich Sundance. Er kletterte grade einen begrasten Hügel hinunter, rutschte die letzten Meter wie ein übender Skifahrer hinab und hielt mit Mühe, Not und Geschicklichkeit seine Balance, als er auf der Straße landete. Dann kam er lächelnd auf mich zu.

„Sie da! Nehmen Sie mich ein Stück mit?", scherzte er.

„Mit Vergnügen", nickte ich. Nur dass mir nicht nach Vergnügen zumute war. Das Treffen mit Melissa hatte mich in meinem Innersten bewegt, gefordert und erschüttert. Trotzdem fühlte ich mich nicht wie sonst. Melissas Reaktion war wie eine Explosion gewesen, wie ein brechender Staudamm, sie hatte mich zwischen die gefletschten Zähne ihrer Not genommen wie eine verletzte Löwin, sie hatte Stücke von mir abgebissen und wieder ausgespuckt, sie hatte ihre Finger in meine und ihre offenen Wunden gelegt – aber die Tränen, die ich anschließend dem Fluss übergeben hatte, galten ihr. Nicht mir selbst. Das war neu.

„Was hast du Helena vorhin eigentlich geantwortet?", sagte Sundance unvermittelt, als wir losfuhren.

Ich wunderte mich nur kurz, dass er mich überhaupt nicht fragte, wie es mit Melissa gelaufen war. Aber natürlich wusste er das alles schon. Er wusste natürlich auch, was ich Helena geschrieben hatte.

„Dass ich mich sehr auf unsere Begegnung morgen freue. Und dass ich mich später noch mal melde."

„Wann ist denn später?", fragte er und lächelte. Er kannte meine Gedanken bereits wieder. Alle.

„Ich wollte... also ehrlich gesagt, wollte ich jetzt gleich noch mal spontan zum *Wunderlädchen* fahren und ihr Hallo sagen. Aber... ich wusste das vorhin noch nicht so genau. Und ich will sie natürlich auch nicht stören."

Sundance lächelte wieder.

„Das passt mir gut", sagte er.

„Was passt dir gut?"

„Dass du jetzt eine Verabredung hast. Du kannst mich da vorne an der nächsten Ecke rauslassen."

„An der großen Kirche da?" Er nickte. Ich wollte mir nicht anmaßen zu fragen, was er vorhatte.

„Ich möchte allein sein. Ich brauche etwas Zeit für mich", antwortete er wieder, ohne die Frage hören zu müssen.

„Und jetzt willst du in die Kirche gehen?"

Die Frage kam mir nur deshalb selbst so dämlich vor, weil ich mir spontan kaum vorstellen konnte, dass Gott in eine Kirche gehen würde, um Ruhe bei Gott, also bei sich selbst, zu finden. Aber als ich darüber nachdachte, kam mir das plötzlich sogar ziemlich schlüssig vor.

„Nein, ich gehe nicht in die Kirche", widerlegte er meinen Gedanken. „Die meisten Kirchen dieser Welt haben mich noch nie eingelassen, auch wenn ja öfter mal behauptet wird, dass mein Geist nur dort und nirgends sonst am Werk sei." Er lächelte. „Ich werde stattdessen ein bisschen unter meinen Himmeln in meiner eigenen Kirche spazieren gehen."

Ich glaubte, einen Anflug von Melancholie in seinem Tonfall zu bemerken.

„Bist du … o.k.?", sagte ich intuitiv.

Er lachte. „Oh ja, danke. Aber es ist sehr nett, dass du fragst."

Ich hielt an der gewünschten Straßenecke.

„Wir sehen uns, Leon", sagte er beim Aussteigen.

„Wann denn?", fragte ich schnell nach. Ich wollte nicht, dass er geht.

„Nachher!", rief er. Dann verschwand er hinter der Kirche. Und ich dachte: „Ja, natürlich." Sein Geist wohnte immer dort, wo man ihn einlud. Ihn einzuladen bedeutete vielleicht auch, die Einsamkeit zu spüren, die ihm gerade anhaftete. Wie musste sich ein Gott fühlen, den niemand verstand? Wie musste sich ein Gott fühlen, der stets beim falschen Namen angesprochen wurde?

* * *

Als ich die Tür zum *Wunderlädchen* aufschob, bimmelte das kleine Glöckchen seinen Willkommensgruß. Helena schaute überrascht zu mir, genau wie die Kundin, eine ältere fein gekleidete Dame, die gerade von ihr bedient wurde. Während die Dame sich wahrscheinlich gern ungestört auf das Beratungsgespräch konzentriert hätte, huschte Helena freudestrahlend auf mich zu, umarmte mich flüchtig und flüsterte: „Wie schön, dich zu sehen, warte einen Moment." Die Dame lächelte uns netterweise wohlwollend an. Lancaster kam aus dem Hinterstübchen geschlurft und wedelte verschlafen. Ich tätschelte seinen hübschen Kopf. Helena wandte sich wieder dem Gespräch mit der sympathischen Dame zu.

Ich versuchte inzwischen, so zu tun, als wäre ich gar nicht da, schaute mir in Ruhe die Dekoartikel an und verweilte bei den selbst gemachten Armbändern und Malas. Sie sahen wunderschön aus, handgeknüpft und mit vielen kostbar anmutenden Steinchen, manche zusätzlich noch mit kleinen Federchen verziert. Sie trugen eindeutig Helenas Seelenhandschrift. Nach ein paar Minuten endete ihr Gespräch mit der Kundin an der Kasse. Die Dame erwarb ein schönes Seidentuch, zahlte und verabschiedete sich fröhlich: „Danke und bis zum nächsten Mal, Helena."

„Ja, bis zum nächsten Mal, Frau Huber", flötete Helena ihr nach. Dann lachte sie mich an und umarmte mich erneut, jetzt viel intensiver.

„Das ist aber eine schöne Überraschung", lächelte sie.

„Entschuldige", sagte ich. „Ich wollte dich nicht stören, ich war nur in der Stadt und da dachte ich…"

„Verziehen", lächelte sie. „Ich habe nur leider keine Zeit. Ich mache heute früher zu, weil ich Renée noch bei ihrem Vater abhole. Und dann kommt noch meine Mutter und passt auf und wenn alles glattgeht, schaffe ich es vielleicht heute Abend sogar mal wieder zum Yoga."

Ich nickte und strahlte sie an.

„Klingt gut", sagte ich. Wir schauten uns an und unsere Seelen tanzten wieder für einen Augenblick an einem malerischen einsamen Meeresstrand. Plötzlich schien Helena besorgt. Sie nahm ihren Blick nicht von mir.

„Hast du… geweint?", fragte sie leise.

Auf die Frage war ich nicht vorbereitet.

„Ich… nein… ja…", suchte ich vergeblich nach Worten, die nicht fehl am Platze gewesen wären.

„Ich erzähle dir morgen davon", flüchtete ich mich in ihren mitfühlenden Blick.

„Ja, bitte… wenn du magst, erzähl mir davon", sagte sie leise. Ich nickte. Sie packte ein paar Sachen zusammen, zog ihren Mantel an, nahm Lancaster an die Leine und führte uns alle zur Tür. Wir gingen raus und sie schloss das *Wunderlädchen* ab.

„Morgen Abend bei mir?", fragte sie.

„Ich freue mich unsagbar darauf."

„Aber du siehst wirklich traurig aus, Leon."

Mein Atem setzte für einen Moment aus.

„Ich reise gerade zwischen den Welten", sagte ich nach einer kurzen Pause.

Sie umarmte mich, drückte mich einen Moment an sich, dann gab sie mir einen Kuss auf die Stirn.

„Danke, dass du auf deiner Reise bei mir vorbeigekommen bist", sagte sie, als sie die Umarmung löste. Sie schnappte sich ihr Fahrrad, stieg auf und schenkte mir noch ein Lächeln.

„Ist dir morgen Abend um sieben Uhr recht?"

„Ja. Das ist perfekt."

„Tschüss, Leon."

Sie wendete das Fahrrad und jonglierte dabei geschickt mit dem angeleinten Lancaster. Unsere Blicke trafen sich erneut.

„Tschüss, Helena."

Ich ging zum Moses-Twingo und machte mich auf den Weg. Der Stadtverkehr war besonders zäh. Stop-and-go. Loslassen und denken. Nach einer halben Stunde hatte ich die Stadtbrücke erreicht, hinter der ich mich für die Autobahn oder die Bundesstraße entscheiden musste. Ich wählte den Weg über die Autobahn, weil dort nach ein paar Kilometern eine Raststätte kam. Es war die schnellste Möglichkeit, an einen Kaffee zu kommen. Und ich brauchte einen. Die Ereignisse der letzten Tage hatten mich erschöpft. Ich nahm mir vor, am Abend mal früh schlafen zu gehen. Was grandios scheiterte, weil ich immer noch hier über meinem Tagebuch sitze und seit Stunden nicht aufhören kann zu schreiben.

* * *

Als ich auf die Raststätte fuhr, wurde mir bewusst, wie sehr ich Sundance vermisste. Zwar hatte ich kein dringendes Bedürfnis nach einem weiteren erhellenden Gespräch – sehr wohl aber nach seiner Ruhe, seiner Anwesenheit, seiner Sanftheit, seinem Charisma. Dieser Tag hatte mich erneut in den Himmel erhoben, aber er hatte mich auch in die Hölle hinabgesenkt. Meiner Seele war immer noch schwindelig von der heftigen Begegnung mit Melissa. Und sie jubelte weiter über die lichtvolle Nähe zu Helena. Ich parkte die lila Karre, schlenderte in die Raststätte und stellte mich am Coffee-to-go-Tresen an.

Seine vertraute Stimme bat mich leise, ihm einen Latte macchiato mitzubestellen. Ich drehte mich um. Er stand direkt hinter mir und strahlte.

„Sundance!", entfuhr mir die Freude aus tiefstem Herzen. Ich ging den einen Schritt, der uns voneinander trennte, auf ihn zu und nahm ihn flüchtig in den Arm. Er drückte mich kurz an sich.

„Ist es nicht überaus faszinierend, dass wir uns ausgerechnet hier treffen?", lachte er.

„Hm. Ja. Was für ein unfassbarer Zufall", spielte ich mit.

„Kannst du zahlen? Ich hab schon wieder kein Geld mehr", sagte er und klopfte mir jovial auf die Schulter.

„Klar", sagte ich und beglich die Rechnung für unser Kaffeegetränk. Wir stiegen ins Auto und fuhren los. Ich sagte ihm nochmals, wie sehr ich mich freute, ihn zu sehen. Er betonte, dass es ihm genauso ging, bat mich aber, ihn gleich in der Nähe seiner Unterkunft rauszulassen.

„Wo wohnst du denn eigentlich?" Mir fiel auf, dass ich ihn das bislang nie gefragt hatte.

„Im Mirabell, einem kleinen Hotel in der Südstadt", sagte er. „Ich muss heute Abend dort noch ein paar Dinge erledigen. Und ich brauche etwas Zeit für mich allein. Genau wie du."

Ich fragte nicht weiter nach. Er antwortete trotzdem. Irgendwie.

„Dieses Heimweh wird für immer Teil der menschlichen Erfahrung bleiben", sagte er plötzlich. „Ich habe es heute auch gespürt. All die inneren Reisen. Über die Täler und über die Anhöhen, durch die Wälder des Lernens, des Strebens, des Schaffens, über die Hügel und Auen der Freude, auf denen wir ruhen und uns stärken, bevor wir weiterreisen durch die kommenden Tage und die Nächte. Nur der Geist der Liebe trägt uns alle durch die Zeiten, das Wissen um die Heimat in den Himmeln, das tief in uns verankert ist."

Uns? Hatte er da grade *uns* gesagt?

„Ich werde nun bald wieder fortgehen", sagte er unvermittelt.

Ich suchte nach einer passenden Bemerkung, aber meine Wortzufuhr war wieder für einen Moment abgeschnitten. Ich wollte nicht, dass er geht. Er durfte nicht gehen. Aber natürlich konnte ich ihm das nicht so sagen. Und natürlich hatte er es trotzdem gehört.

„Deine Eltern", sagte er stattdessen wie aus dem Nichts. „Deine Geschichte mit ihnen hat entscheidenden Anteil daran, dass du dein Heimweh so tief spürst."

Ich glaubte zu verstehen. Ich verstand nur nicht, warum er gerade jetzt mit dem Thema anfing. Wir fuhren weiter auf der Autobahn. Er nahm einen Schluck Latte macchiato aus seinem Pappbecher.

„Du meinst, weil sie mir nie das Gefühl gaben, bei ihnen zu Hause zu sein?", ließ ich mich darauf ein. Er nickte.

„Sie hätten dir dieses Gefühl nicht mal dann geben können, wenn sie sich darum bemüht hätten."

Ich rätselte, wie er das gemeint haben konnte.

„Sie haben sich nicht bemüht, nicht wahr?", suchte ich Bestätigung.

„Nein, das konnten sie nicht. Sie waren zu tief in den Brunnen der vergessenen Kinder hineingefallen."

„Ich frage mich, was für Menschen sie wohl waren. Mein Vater – wenn ich versuche, ihn zu erspüren, ist da überhaupt nichts. Ich habe keinen Kontakt. Wenn er mir irgendwann begegnet wäre, ich meine, wenn es möglich gewesen wäre, hätte ihn nicht mal anschreien können, so wie Melissa es vorhin mit mir getan hat, als sie ihren ganzen Zorn auf mich ausgegossen hat. Mein Vater war nie da. Er ist immer noch nicht da. Er ist nun schon seit so vielen Jahren tot, doch in mir ist er immer noch nicht aufgetaucht."

Sundance verstand, wie ich es meinte.

„Lass ihn ruhen", sagte er.

„Und Mutter", machte ich übergangslos weiter, „sie war so kalt. Sie war zwar irgendwie da, aber in meiner Erinnerung ist sie doch nur eine Karikatur. Jetzt frage ich mich allerdings, was sie wohl durchmachen musste, um so zu werden, wie sie war."

„Deine Mutter hatte viel Schweres zu tragen", sagte Sundance. Ich schaute ihn überrascht an.

„Aber sie ist eine wundervolle Seele. Wusstest du, dass sie die gleiche Musik mochte wie du? Schon als kleines Mädchen liebte sie Chopin, Debussy und Satie."

Er lächelte. Ich wiegelte sofort ab. Tief in mir spürte ich eine Mischung aus Empörung und ungläubigem Staunen.

„Sundance, du weißt, ich glaube an dich…", hob ich entschlossen an. „Ich glaube dir mittlerweile wirklich alles…"

Er lehnte sich im Autositz zurück und schaute in die Ferne.

„Aber jetzt musst du dich zum ersten Mal irren. Du kannst da grade unmöglich über meine Mutter sprechen, du musst sie verwechseln. Meine Mutter hatte überhaupt keinen Zugang zu Musik. Als sie mich das erste Mal Chopin spielen hörte, verließ sie mit den Worten das Zimmer, dass sie das traurige Geklimper nicht erträgt."

Sundance nippte an einem Latte macchiato und schaute stoisch nach vorn auf die Straße.

„Ich irre mich nicht", sagte er.

Meine Seele schüttelte weiter empört den Kopf. Aber ich wollte nicht unhöflich sein. Sofern ich das nicht vollständig missinterpretierte, schien Sundance selbst in einer recht merkwürdigen Stimmung zu sein, und ich spürte keinen Drang, ihm zu widersprechen.

„Entschuldige die blöde Frage", sagte ich nach einer kurzen Weile.

„Hm?"

„Bist du wirklich o. k.? Weil du das mit dem Heimweh erwähnt hast."
Er wandte sich mir zu und seine blauen Augen funkelten mich an,
als würde das Sonnenlicht sich in ihnen bündeln.

„Ja, ich bin mehr als o. k., Leon", lächelte er.

Ich war beruhigt. Und schämte mich sogleich ein bisschen dafür,
dass ich den Impuls gehabt hatte, Gott zu bemuttern. Natürlich war er
o. k. Also stellte ich ihm doch noch die eine Frage, die mir schon den
ganzen Nachmittag unter den Nägeln brannte.

„Wird Melissa mir vergeben können?"

„Vertraue auf den Fluss, in den deine Tränen geflossen sind."

Ich erinnerte mich an seine Worte von kürzlich – über das Gebet
meines Herzens.

„Ich versuche es, Sundance", flüsterte ich.

Wir fuhren schweigend weiter. Irgendwann kam unsere Ausfahrt, es
blieben nur noch ein paar Minuten, bis ich ihn in der Südstadt absetzen
würde. Mich überkam Wehmut. Nicht mehr lange, dann würde er sich
für immer verabschieden.

„Du gehst aber nicht einfach so", brach es plötzlich aus mir heraus.

„Natürlich nicht", sagte er. „Wie kommst du denn darauf?"

„In unserer Champagner-Geschichte", beeilte ich mich, „da steht die
Frage, warum ich dich nicht einfach bitte zu bleiben. Und na ja, wenn
ich mir das aussuchen darf, dann würde ich… dich das gern bitten…
länger zu bleiben."

„Ich habe ja meinen Namen noch nicht", sagte er lächelnd.

„O. k., dann hab ich aber gleich noch 'ne Frage", erwiderte ich sein
Lächeln. „Du hast mir jetzt beigebracht, dass die Dinge, die geschehen
sollen, sowieso geschehen, nicht wahr?"

Er nickte und schaute mich wieder so wunderbar väterlich an.

„Wenn es also sowieso geschieht, wenn du deinen Namen auf jeden
Fall bekommst – wofür brauchst du dann mich?"

Ich wusste selbst nicht, ob die Frage klug oder total dämlich war. Er blieb seelenruhig.

„Jede Veränderung braucht Bewegung. Bewegung braucht Initiative. Initiative braucht ein Motiv. Auch wenn es sowieso geschieht, muss es doch von jemandem getan werden. Wenn ich dir sagte, dass ich dir ein Geschenk per Post schicke, würdest du dann fragen, wofür ich einen Postboten brauche, wenn die Post ja sowieso ankommt?"

„Du meinst, ich trage deine Post aus?"

Er nickte und verkniff sich offensichtlich ein Lachen.

„Ja."

„Und wie genau soll ich das anstellen?"

„Euch wird schon was einfallen."

„Euch?"

Er nickte wieder nur. Dann prustete er los.

„Leon, wenn dein Verstand dir jemals wieder weiszumachen versucht, dass du für deinen eigenen Weg nicht taugst – dann hör unbedingt auf dein Herz. Ich werde da unten auf dich warten und dich ermutigen. Folg deinen Träumen. Egal, was im Außen passiert. Tu es einfach. Und hör auf, so viel nachzudenken."

Sein Lachen hatte sich in ein breites Grinsen zurückverwandelt und seine blauen Augen strahlten weiter wie die Sonne.

„Hast du denn schon eine Ahnung?", fragte er mit heiterer Stimme.

„Ahnung wovon? Ich gewöhne mir das mit den Ahnungen ja gerade ab."

„Na, von meinem Namen?", zog er mich auf.

„Ich warte noch auf die nächste Flussbiegung, Sundance", lächelte ich.

Er prustete wieder los und lachte schallend. Es war unmöglich, nicht davon angesteckt zu werden. Wir lachten nun beide so laut, dass ich fürchtete, der marode lila Schepper-Twingo würde auf der Stelle auseinanderbrechen und wir gleich mit dem Armaturenbrett in der Hand auf der nackten Straße sitzen.

Das Hotel Mirabell tauchte vor uns auf. Es war klein und unscheinbar. Ich hielt an, Sundance ergriff die Klinke der Beifahrertür und öffnete sie.

„Morgen ist ein großer Tag, Leon."

„Morgen? Werde ich dich sehen?"

„Ja, du wirst mich sehen."

Sundance schmunzelte. Dann stieg er aus und winkte mir zum Abschied.

Ich fuhr über die Dörfer nach Hause. Dort angekommen schnappte ich mir dieses Tagebuch. Ich schrieb bis jetzt, es ist schon wieder zwei Uhr. Ich habe nicht mal gegessen. Morgen werde ich lange schlafen und ausgiebig frühstücken.

Ich bin müde.

Aber ich bin nur müde von diesem Tag, nicht vom Leben.

Es ist nämlich gar nicht das Leben, das einen lebensmüde macht.

Es ist die Art, wie man es durchwandert.

OFFENBARUNG

Leons Tagebuch. Samstag, 21.09.,
im Wohnzimmer des Waldhäuschens, 10.15ʰ

Der Abend gestern mit Helena hatte schon zauberhaft begonnen. Sie sah wunderschön aus, hatte uns ein ayurvedisches Gemüsegericht gekocht, dazu trockenen Weißwein und stilles Wasser serviert. Kerzen brannten, im Hintergrund sang die Stimme von Billie Holiday unnachahmlich von Liebe und Agonie. Helenas Tochter Renée übernachtete bei ihrer Großmutter. Wir waren allein, abgesehen von Lancaster, der zufrieden unter dem Esstisch lag.

Helenas Altbauwohnung war sehr gemütlich, dabei elegant und mit viel Aufmerksamkeit für zusammenpassende Farben und Stoffe eingerichtet. Auf meine Frage, warum wir letztes Mal nur so kurz herein- und wieder herausgehetzt waren, antwortete Helena, dass es ihr unangenehm war, weil es an dem Tag so chaotisch aussah, nachdem Renée ein paar Drittklässler-Freundinnen zu Besuch und sie tagelang keine Chance zum gründlichen Aufräumen gehabt hatte. Ich hatte ihr daraufhin gestanden, dass ich mir schwach vorgekommen war, als sie mich gestern im Laden überraschend auf meine Tränenaugen angesprochen hatte, dass ich in dem Moment gewünscht hätte, sie hätte es nicht bemerkt, dass mich sogar kurz Furcht überfallen hatte, dass sie einen Typen, der weint, irgendwie nicht mögen könnte. Wir hatten anschließend beide darüber gelacht und uns daran erfreut, dass uns weder Kinderchaos noch Erwachsenentränen erschrecken konnten.

Dann waren wir wieder von Thema zu Thema gesprungen und hatten alles vertieft, kindlich und frei, genau wie schon an unserem betörend schönen Kantstein-Abend. Helena hatte berichtet, wie kompliziert es für sie als alleinerziehende Mutter war, die eigenen Lebens- und Seelenfragen, dazu die Arbeit im Laden und die liebevolle Versorgung von Renée zu koordinieren. Sie hatte erzählt, dass ihr Ex-Mann Tim als selbstständiger Sportbekleidungsvertreter viel auf Reisen war und dass die Trennung von ihm sie furchtbar angestrengt und ihr Leben erst erschüttert und dann neu sortiert hatte, dass sie mehr als glücklich war, die Entscheidung getroffen zu haben, fortgegangen zu sein.

Sie erzählte mehr von Renée, wir kamen auf Melissa – ich gab Helena einen Überblick über die dramatischen Ereignisse, erzählte auch von meiner Begegnung mit Melissa gestern am Hafen und über den Grund meiner Tränen. Dann landeten wir kurz wieder bei ihrem Ehedesaster mit Tim, dann übergangslos bei meiner Bruchlandung und dem Rosenkrieg mit Valerie. Von dort schwebten wir wieder zu dem, was wir taten – zum *Wunderlädchen* und zum Klavierspielen –, von dort aus erneut zu der Frage, wer unsere Seelen waren oder zu sein glaubten, dann zu all dem, was uns Freude machte, schließlich zu all dem, was uns plagte. Wir redeten darüber, dass wir beide das Leben als Reise empfanden und dass wir beide Billie Holiday liebten. Wir fanden verblüffend viele weitere gemeinsame Vorlieben in Literatur, Malerei und Musik. Helena meinte, dass sie mich furchtbar gern Klavier spielen hören würde und erzählte beiläufig, dass sie früher jahrelang Geige gespielt hatte.

Wir hatten bereits stundenlang geredet und ich ertappte mich mehrmals bei dem Gedanken, dass dieser Abend bitte nie mehr enden sollte. In jedem Bruchteil jeder Sekunde war das Gefühl, dass wir uns seit Ewigkeiten kannten, dass wir liebende, beste Freunde waren, die sich nun nach etlichen Jahren wiedergetroffen und nun endlich die Gelegenheit hatten, sich wieder zu verbinden. Es hätte überhaupt keinen

Zweck gehabt, sich zu verstellen, sich zu verstecken, die Gefühle zu leugnen, die den Raum und unsere Herzen erfüllten. Diese Energie zwischen uns war überwältigend.

„Mit dir fühlt sich alles so anders an", sagte Helena leise, nachdem die Teller lange geleert waren und für den Moment alles andere gesagt schien. Ja, alles fühlte sich anders an. Nie zuvor in meinem Leben hatte ich das Gefühl, einem Menschen gegenüberzusitzen, dem ich mich komplett öffnen und hingeben wollte. Irgendetwas hielt mich jedoch zurück, es ihr genauso zu sagen. Sie spürte, dass ich mich bremste.

„Ich kann dir nicht sagen, was ich gerade empfinde", blieb ich ehrlich. „Nicht so sehr, weil wir uns erst seit ein paar Tagen kennen, auch nicht, weil ich nicht die Worte hätte – auch wenn sie bestimmt ungeschickt wären –, sondern weil es mir so absurd vorkommt, dir an unserem zweiten gemeinsamen Abend zu sagen…"

Ich unterbrach mich.

Sie sah mich an und begann wieder zu lächeln.

„… dass du mich gern küssen würdest?"

„Das wollte ich zwar nicht sagen…", näherte meine Seele sich rasant einer wonnigen Ohnmacht, während ich den Rest des Satzes und meine rasenden aufgeregten Gedanken ungesagt abbrach.

„Ich möchte dich nicht nur küssen", sagte ich stattdessen.

Ihr Blick war wundervoll. Natürlich dachte sie in dem Moment das Gleiche wie ich. Und wir wussten beide, dass auch das stimmte, aber nicht das war, was ich sagen wollte.

„Ich wollte sagen, dass es mir völlig absurd vorkommt, dir an unserem zweiten gemeinsamen Abend zu sagen, dass ich… noch nie… jemanden so geliebt habe wie dich. Bitte verzeih… es ist dumm, das zu sagen, aber dieses Gefühl ist mir… völlig unbekannt."

Sie nahm sich nicht die Zeit, ihr Glas Wein auf dem Tisch abzustellen, stand auf, ging zwei Schritte auf mich zu und blieb so dicht vor mir stehen, dass ich ihren Atem spürte. Ihre wundervollen Augen, ihre

Haare, die federweich auf ihre Schulter fielen, ihr zierlicher aufregender Körper in dem schwarzen Kleid, ihre schlanken Arme, ihre bezaubernden Hände mit den schönen Ringen an den zarten Fingern, die den langen Stil des Weinglases umfassten, ihre ganze grazile Schönheit, beleuchtet nur von weichem Kerzenlicht: Der Himmel stand vor mir. Ohne mich schon mit ihrem Körper zu berühren, beugte sie sich leicht vor, ihre Lippen nur noch Millimeter von meinen entfernt. Wir schauten uns in die Augen, tauchten ineinander ein, atmeten die von allem Weltlichen abgelöste, freilassende Liebe, in der unsere Seelen zu tanzen begannen, schwelgten, schwiegen, atmeten.

„Ich kenne es auch nicht", hauchte sie und küsste mich zärtlich.

Als unsere Lippen sich berührten, war alles Löschwasser dieser Welt seiner Macht beraubt, dem Feuer dieses Moments außerhalb der Zeit ausgeliefert. Auch die Schwerkraft war ausgehebelt. Wir schwebten in einen langen Kuss, der nicht endete, badeten unsere Seelen und unsere Körper in einem Meer aus ekstatischer Wonne, nichts mehr wollend, nichts anderes ersehnend, als miteinander zu verschmelzen.

* * *

Wir sanken eng umschlungen auf ihr Sofa. Ich spürte die Glut ihres Körpers, sie spürte das Fieber in meinem. Wir küssten uns sanft, schauten uns an, küssten uns leidenschaftlicher, berührten uns, ertasteten Haut, wir ließen uns los, während unsere Seelen sich hielten.

Hingabe. Es gab keine Fragen mehr. Dieser Moment war eine einzige, uns vollkommen erfüllende Antwort. Seele an Seele, Haut an Haut, von der Verschmelzung nur sanft getrennt durch letzte dünne Textilfetzen. So lagen wir eine Ewigkeit beieinander, verloren uns in Sekunden der Lust, fanden uns wieder, beherrschten uns, bittersüßer Entzug. Bis die nächste Woge eines unsichtbaren Ozeans kam, uns mit Erregung umspülte, uns wuchtig hinauszuziehen suchte, bevor sie selbst allein wieder hinaus aufs Meer gezogen wurde, wie verzweifelt darüber, uns noch nicht mit sich fortgetragen und ihr Verlangen nach uns noch nicht gestillt zu haben.

Aus dieser Nähe direkt in Helenas Augen zu sehen, war wie eine himmlische Signatur unter all das Unerklärliche, das mich seit Tagen wie ein Wirbelwind umfing. Ohne mir darüber Gedanken machen zu können oder zu wollen, öffnete ich ihr in dieser Sekunde alles, was ich bin. Alles, was ich kannte, alles, was ich spürte. Die erlaubten und die verbotenen Städte, meine Seele, meinen Körper, meinen Geist, alles gab sich ihr und dem Wunder des Moments hin. Und ich spürte sie, ich spürte ihr Herz, ihren Körper, ihr Sein, ihre Geschichte, ihre Welt.

Das Geheimnis des Seins umschwebte uns.

„Helena… Helena", floss ihr Name über meine Lippen. „Was ist das?"

„Leben", entwich ihr das Wort wie Atem. „Lieben."

Ich küsste sie erneut leidenschaftlich, löste meine Lippen von ihren, schaute sie an und sagte das Absurdeste, das ich mir je in einem solchen Moment hätte vorstellen können.

Doch sie wusste bereits… ich war jetzt sicher, dass sie wusste…

„Hilf mir."

Wir lagen so dicht wie menschenmöglich beieinander. Sie bewegte sich nicht von mir weg.

„Ja", hauchte sie. „Was immer du brauchst."

„Gottes Namen", flüsterte ich. „Gott möchte seinen Namen zurück."

Sie küsste mich sanft und strich mit den Spitzen ihrer Finger zärtlich über meine Seite, dann über meine Wange.

„Ich weiß… ich weiß…"

„Du weißt…"

„Ja."

Unsere Lippen berührten sich, ohne dass wir sie bewegten. So verharrten wir.

„Der Liebende", bebte Helena. „Alles was ist, entsteht aus seiner Liebe."

„Und ... die Liebende", flüsterte ich. Es war jetzt unmöglich, es nicht zu spüren, es war unmöglich, nicht zu verstehen, dass er beides war. Sie sah mich, ich sah sie. Wir sahen ihn.

Der Liebende.

Die Liebende.

Das ist, was er ist.

Die Liebenden.

Er ist beides und es ist eins. Ich schaute Helena an, küsste sie wieder und wieder. Sie erwiderte meine Berührungen zärtlich, dann wich sie ein paar Millimeter zurück, ich spürte ihren Atem. In ihrem seinen Atem. Das Leben. Lebendigkeit. Liebe. Lebendige Liebe in steter, harmonischer, tanzender, schwingender Bewegung. Plötzlich war da nichts anderes mehr als ein gemeinsamer Atem, der sich aus der Essenz unserer beiden Seelen zu entfalten schien, die als Lust am Leben aus uns strömte. Ich spürte das größte Wunder von allen.

Die Liebenden.

Aus zweien wurde eines. Eins. Doch einzeln ist das eine nicht komplett. Es braucht ein Einssein, das aus zweien wurde. Etwas Inneres, das Innerste in jedem von uns: wie im Tanz beide vereint, schon immer vereint und auf ewig, sich selbst und gegenseitig ersehnend, immer wieder auseinandertreibend, zueinanderfindend, schließlich sich vervollständigend. Liebe kann doch nicht anders wirken, sie braucht ein Gegenüber, sonst bleibt sie unerkannt, von sich selbst unerkannt.

Plötzlich ging mir ein strahlendes Licht auf, ich konnte hinter die Flussbiegung schauen, die ich vorher nie zu sehen vermocht hatte. Nie im Leben hätte ich es erklären können, doch ich wusste plötzlich etwas, das sich allen menschlichen Worten entzog: Gott hatte von seiner Frau gesprochen. Natürlich! Ja! Seine Frau? Er war Energie, gestaltlose Wonne, das hatte er selbst gesagt. Dann war er ja nicht männlich, dann war er auch nicht weiblich – als der Schöpfer und Träger dieser Energie bedingungsloser, reiner Liebe war er natürlich beides. Er hatte mir mit den Andeutungen über seine Frau etwas vollkommen anderes sagen wollen – nämlich nicht, dass er tatsächlich eine Frau hatte, sondern dass er auch diese Frau war, dass sie Teil von ihm war. Diese sich selbst begegnende Liebe des Männlichen, des Weiblichen, aus ihr und in ihr war Gott und in ihr, in ihm war die Urquelle allen Lebens, die Kraft, die Welten und Universen schuf.

Helena kam mir wieder näher, sie küsste und berührte mich erneut. Sie las in meinen Augen und schrieb mit ihren in meine Seele. Dann nickte sie.

„Die Liebenden", wiederholte sie.

„Das ist sein Name. Er ist die Liebenden."

Wir hielten einander, waren still, regten uns nicht. Helena lächelte erlöst, während wir uns weiter die körperliche Erlösung verwehrten.

„Warten wir", sagte sie.

Ich nickte still.

Ich küsste sie.

Ich barg mich in ihr.

* * *

Die Liebenden.

Diesen Namen würde ich ihm bringen. In diesem Namen war alles enthalten. Vater. Mutter. Schöpfungsenergie. Beziehung. Gegenüber. Geborgenheit. Miteinander. Trost. Hoffnung. Ermutigung. Vertrauen. Verschmelzung. Alles, was war, alles, was ist, alles, was uns Menschen und aller Schöpfung Sinn gibt. Wie unübertrefflich hatte er es doch selbst formuliert, als wir gemeinsam auf dem Berg saßen?

„Und niemand soll es je wieder wagen können, diesen Namen für sich allein zu beanspruchen. Möge er leuchten wie der Sternenhimmel, möge er die Menschheit in Sanftmut und Barmherzigkeit umarmen wie das Himmelszelt zärtlich die Welt umschließt. Möge er alle Seelen erwärmen, wie die Sonne jedes erkaltete Brachland zum Blühen bringt. Möge er vereinen, statt zu trennen, möge er erweichen, statt zu verhärten, möge er nähen, statt zu zerschneiden, möge er versöhnen, statt zu zerstreiten, möge er die Angst nehmen und die Freiheit von Vergebung und Gnade in sich tragen."

Wie um Himmels willen sollte „sein" Name anders lauten können – wie könnte er nicht gleißend strahlen in der Vollendung der Liebe, die er immer gewesen war, immer ist, immer sein würde, die er teilte, die er schenkte, in der alle schöpferischen, unfassbar kreativen Mächte des Universums sich trafen.

Der Rausch des Moments wich der Stille nach der Explosion aller Materie.

„Du bist ihm auch begegnet?", sagte ich leise.

Sie nickte nur leicht. Dann lächelte sie und küsste mich wieder zärtlich.

„Kannst du heute Nacht bei mir liegen?", flüsterte sie.

„Ja", hauchte ich.

Wir umarmten uns und ließen uns nicht mehr los.

Der Schlaf umfing uns wie eine sanfte Wolke aus Glück.

* * *

Wir waren eingeschlafen. Nach zwei oder drei Stunden wurde ich wieder wach. Helena schlief friedlich. Ich schaute sie an, sie sah so glücklich aus. Ich konnte nicht fassen, was hier geschah. Sie war ihm auch begegnet. Er hatte das alles gewusst. Die ganze Zeit. Jede Sekunde. Jedes Wort. Jede Empfindung.

Ich wollte mich wieder dem Schlaf hingeben, doch ich konnte nicht. Ich spürte die Erschöpfung, das Abtropfen der seelischen und die Sehnsucht der körperlichen Anspannung. Aber der eigentliche Grund für diese Unmöglichkeit, wieder einzuschlafen, war das Glück, das ich in mir spürte. So verbrachte ich die Nacht zwischen Wachsein und Halbschlaf.

Als Helenas Wecker um Viertel vor acht klingelte, war ich bereits hellwach. Helena erwachte, öffnete die Augen und sah mich ebenso fassungslos liebevoll an wie ich sie. Wir lagen eine Weile beieinander, küssten uns, lagen nah beieinander. Dann durchfuhr sie ein Schreck und sie sagte, dass sie leider schnell losmüsste, weil sie ihrer Mutter und Renée versprochen hatte, mit Frühstück vorbeizukommen, bevor sie dann noch bis zum Mittag das *Wunderlädchen* öffnen würde. Mir wurde klar, was sie mit dem Stress einer alleinerziehenden berufstätigen Mutter meinte.

Wir waren schnell aufgestanden. Statt uns über irgendetwas zu ärgern oder zu beschweren, küssten wir uns erneut, freuten uns wie die Kinder, ließen eilig wieder voneinander ab. Lancaster hüpfte um uns herum. Wir lachten ausgelassen, als wir in unsere Klamotten sprangen und Helena mir in der spontanen Hetze und aus Mangel an Alternativen eine noch verpackte Kinderzahnbürste anbot.

„Oh Gott, ich muss dir so viel erzählen", sagte sie, als sie sich kurz darauf die Schuhe anzog.

„Ich dir auch", lächelte ich und warf mir meine Jacke über.

„Hast du zufällig heute Abend Zeit?", schob ich schnell nach. „Du könntest mich in meinem opulenten Landhaus besuchen, wenn du magst. Oder passt das schlecht wegen Renée?"

„Doch, gerne, das ist wunderbar, ich kann nur dann nicht so lange", sagte sie gehetzt. „Renée besucht heute Nachmittag ihre Freundin Louisa. Die beiden gucken nämlich grade zusammen eine ganze Pippi-Langstrumpf-DVD-Box durch und sind erst bei Teil drei. Also hätte ich wohl ein paar Stunden. Und ich könnte mir Mutters Auto leihen." Sie strahlte mich an.

„Hm", tat ich ernst, „Pippi Langstrumpf hab ich aber auch lange nicht gesehen." Vielleicht sollten wir uns dann alle bei Louisa treffen und eine Staffel mitgucken."

Wir lachten beide.

„Bis sieben oder halb acht könnte ich also. O. k. für dich?", strahlte sie.

Ich lächelte und nickte vehement und glücklich. Dann gingen wir Hand in Hand durchs Treppenhaus, hinaus auf die Straße.

„Welches ist dein Auto", fragte sie.

„Oh, glaub mir, das willst du nicht wissen", sagte ich mit gespieltem Ernst.

Sie lachte wieder so bezaubernd.

Wir umarmten uns lange.

„Dunkle Geheimnisse dieser Art kannst du mir ja auch später noch verraten", flüsterte sie mir ins Ohr.

„Dieses hier ist aber zu dunkel. Das mache ich nur unter dem Einfluss heftigsten Wahrheitsserums", lachte ich. Helena entfernte das Schloss von ihrem Fahrrad und leinte Lancaster an.

Plötzlich raschelte es laut im Gebüsch. Ich schaute instinktiv auf die andere Straßenseite, die von dichten Rhododendren gesäumt war. Für eine Sekunde glaubte ich, den Hund gesehen zu haben, der für Helenas und meine allererste Begegnung verantwortlich gewesen war. Schwarze Socke.

„Hast du das auch gesehen?", sagte ich völlig erstaunt. „War das nicht Schwarze Socke?"

„Ich hab leider nichts gesehen", sagte sie. „Und ich muss mich beeilen."

Wahrscheinlich hatte ich mich sowieso geirrt.

Helena lachte mich an und küsste mich leidenschaftlich. Ich war einer Ohnmacht nahe. Wir winkten uns zum Abschied. Ich lächelte ihr nach, sie drehte sich noch einmal zu mir um.

Sie radelte davon, verschwand hinter der nächsten Ecke.

Das Wunder war geblieben. Mein Herz schwebte auf rosa Aussichtswölkchen und betrachtete unbekannte, exotische Länder aus luftigen Höhen.

Ich spürte Glück. Ich spürte Gnade. Oh Gott, ich spürte mich selbst.

Als ich gerade die Straßenseite wechseln wollte, um zum Auto zu gehen, kam mir eine alte Frau entgegen. Ich kannte sie irgendwoher, brauchte aber einen Moment, um sie einzusortieren. Es war die Frau, die er Grace genannt hatte, jene, die unvermittelt in der Fußgängerzone aufgetaucht war und Sundance ein Taschentuch gereicht hatte, als er wegen des armen Höllenpredigers seinen Niesanfall gehabt hatte. Ihr friedvoller Blick traf mich. Ich schaute sie staunend an. Sie ging auf mich zu, blieb für ein paar Sekunden direkt vor mir stehen und lächelte mich gütig an. Dann setzte sie ihren Weg leichten Schrittes fort. Ich schaute ihr nach, blieb noch einen Moment stehen. Dann schwebte ich zum Leih-Twingo. Und wirklich, schweben war es, denn jeder Schritt, den ich machte, fühlte sich an, als ginge ich auf einem Teppich aus Engelsflügeln.

SEGENSEIDE

• •

All diese wundervollen menschlichen Gefühle. Unvergleichlicher Tanz. Der Zauber der Liebe, Helenas und Leons friedvolle Wiederge-burt in Unschuld. Was für ein Glück.

Doch nun spüre ich auch starke Traurigkeit und Wehmut. Die Schmerzen der Welt bedrängen mich, sie beginnen mich wider bes-seren Wissens zu plagen. Ich bin schon so sehr Mensch geworden. Wie gerne würde ich die Saat ihrer Gewalt, ihre furchtbaren, zerstöre-rischen Kriege mit einem Atemzug aus dieser Welt fortwehen.

Ich möchte alle Menschen mit Sanftmut taufen.

Doch es ist nicht möglich. Es würde alles durcheinanderbringen.

Ich werde mich ewig an diese Reise erinnern. Nun wird es Zeit, mich von Leon zu verabschieden. Wenn ich es mit der Zeitumstellung ge-schickt anstelle – und das werde ich natürlich –, dann komme ich in genau dem Moment wieder zu Hause im siebten Himmel an, aus dem ich kürzlich abreiste. Erzengel Gabriel wird dann gerade noch dabei sein, die Taschentücher zur Eindämmung seines Abschieds-schmerzes zu zücken, der Chorleiter wird just den Arm heben, um die wohlklingenden Stimmen der tausend Engel entschlossen in den Auftakt meines Verabschiedungsliedes zu geleiten. Wenn sie mich dann alle erblicken und bemerken, dass ich schon zurück bin, können sie gleich in ein Willkommenslied überwechseln. Das sollte klappen, sie sind ja nicht ungeübt darin, meinetwegen zu improvisieren. Gabriel wird bestimmt trotzdem weinen, aber dann werden es Freudentränen sein. Und die Seraphim werden tanzen. Das sieht ja immer so schön aus. Ich freue mich schon.

Ich habe Herrn und Frau Graffelmeier einen Briefumschlag mit etwas Geld für ihre Mühen und Gastfreundschaft auf das Pult an der Rezeption gelegt und ihren Büroraum mit farbenprächtigen Calanthe-Orchideen geschmückt. Das wird ihnen etwas über die Enttäuschung hinweghelfen, dass es mit dem von ihnen geplanten Heilcenter nun doch nicht klappt. Aber sie werden später noch viele andere Ideen haben. Bessere. Auch sie werden durch ihre offenen Türen gehen. Freude und Frieden werden sie empfangen.

Ich habe es so sehr genossen, mit Leon zusammen zu sein. Sein schönes Herz ist ein Geschenk. Nun wird er es nach und nach erkennen und akzeptieren können. Und in seinen nachdenklichen Momenten wird er vor allzu tiefer Dunkelheit geschützt sein. Mein Abschiedsgeschenk an ihn wird weitere Weichen stellen. Er wird meinen Segen tragen wie ein weiches Seidengewand.

Ihm wird der Abschied nachher nicht leichtfallen, aber ich habe alle Vorbereitungen getroffen. Helena wird da sein. Die zwei kurzen Begegnungen mit mir haben sie so zauberhaft berührt. Ihr Herz war längst viel weicher als seins, war schon geöffnet für das Wunder, das nun auch sie gemeinsam mit Leon erleben darf. Zusammen werden die beiden die schönsten Ideen haben, meinen Namen in die Welt hinauszutragen, Leons Tagebücher zu veröffentlichen wird nur der Beginn sein. In ihrer Liebe werden sie die Stärke finden, den Widerständen zu trotzen, die ihnen begegnen werden, all den blökenden Stimmen der Vernunft, die versuchen werden, ihre Worte und ihre lichtvollen Erkenntnisse als Naivität und Kitsch abzutun. Doch die

Liebe der beiden wird unverwundbar sein. Wahre Liebe ist das immer. Weil sie alles zu tragen bereit ist. Weil in ihr nichts von dem ist, was die Menschen stets als mühevoll empfinden. Weil sie alle Seelenwunden heilt. Weil sie ehrlich ist und dabei nicht verletzt. Weil sie nichts will als sich selbst. Ich segne die Liebe und das Leben und die Träume von Helena und Leon. Sie werden mich wiedersehen. In vielen Jahren. Und bis dahin jeden Tag. Sie werden sehen und verstehen. Wie ich werden sie sein, was sie sind.

DER KLANG DES HiMMELS

Leons Tagebuch. Samstag, 21.9., auf dem Fußboden
im Wohnzimmer des Waldhäuschens, 0.00ʰ

Der Gefühlsrausch, den der Abend und die Nacht mit Helena mir verursacht hatte, beflügelte mich auf vollkommen unbeschreibliche Weise. Immer wenn mein Verstand zwischendurch eine Handgranate in meine Gedanken werfen wollte, wurde er von einer Welle sprudelnden Glücks umspült und hatte keine Wahl, als in den Freudentanz meines Herzens und meiner Seele mit einzusteigen. Alles, was ich in den letzten Wochen erlebt hatte, kam mir vor wie eine Reise über die Grenzen des Gelobten Landes.

Ich ahnte, dass dieser Zustand gänzlich neuartiger Glückseligkeit nicht ewig anhalten konnte, aber es war mir egal. Es konnte kommen, was wollte. In mir war etwas erwacht, von dem ich sicher war, dass niemand es mir je wieder nehmen konnte. Es war, als hätte ich den Grund des Lebens berührt, als hätte ich für ein paar Tage jenen fernen, nahen Ort sehen dürfen, an dem sich Leben und Tod, Freude und Leid, Tag und Nacht, Sonne und Mond zu einer großen, end- und zeitlosen Feier alles Geschaffenen trafen.

Die Fehden und die Kriege, auch die meines eigenen Lebens natürlich, sie würden gewiss kommen, sie würden gewiss bleiben. Immer wieder würde Ungemach drohen. Doch das, was ich im Champagner-Text geschrieben hatte, dass ich mich verloren fühlte, weil ich wusste, dass es aus diesem Krieg kein Entrinnen gab, es galt nun nicht mehr.

Ich wusste mich gefunden. Gewappnet. Zum ersten Mal. Dabei fühlte ich mich nicht stark in einem Sinne, der sich über irgendjemanden erheben wollte, sondern ich fühlte mich stark, weil ich wusste, dass alles miteinander verbunden war. Nichts von dem, was mir geschehen konnte, würde je wieder das Licht dieser vergangenen Tage in mir löschen können. Ich wusste, dass es unantastbar sein würde, und spürte Demut in meinem Herzen. In diesem Moment wollte ich nichts anderes als lieben. Ich wollte schenken, was immer ich besaß. Und selbst wenn ich nichts Materielles zu verschenken haben sollte, dann wäre da immer noch die Quelle des Friedens, an der ich sitzen, mich laben durfte, wann immer ich es wählte. Ich beschloss, regelmäßig dorthin zu gehen, an diesen geheimen Ort, der auf keiner Landkarte verzeichnet war, der aber in meiner eigenen Tiefe existierte und realer war als alle sonderbaren Ideen, die ich je über mich selbst und das äußere Leben gehabt hatte.

Chronisches Heimweh nach dem Land, in das ich viel zu selten reiste.

Dieses Land war in mir. Ich wollte es von nun an täglich bereisen. Auf seinen grünen Wiesen und Auen sitzen, an seinen Quellen mich laben, von seiner Güte trinken. Sein.

Ich freute mich unbändig auf Helena. Und ich fragte mich, wo Sundance war. Er hatte versprochen, dass wir uns sehen würden. Nun beschlich mich die Sorge, dass er vielleicht doch schon abgereist war, dass alles geschehen und vollbracht war, was er sich vorgenommen hatte. Dass er nun womöglich weitergereist war, um andere, viel bedeutendere Seelen als mich aufzusuchen, um an ihnen noch viel größere Wunder zu tun als jenes, das er mir geschenkt hatte.

Ich spürte Traurigkeit. Ob er das tun würde? Gehen, ohne sich zu verabschieden? Ohne den Namen zu hören, den Helena und ich ihm geben würden? Weil er ihn natürlich längst schon wusste? War auch das nur eine Finte gewesen? Ein therapeutischer Himmelskniff, der nur dazu diente, dass ich mein Herz öffnete? Wenn es so war, hatte es funktioniert. Aber es durfte so nicht enden.

Ich setzte mich auf mein Bett und nahm mein Smartphone zur Hand. In genau dieser Sekunde bekam ich eine sms. Sie war von Melissa. Ich öffnete sie. Da standen lauter Zahlen. Ich verstand erst nicht. Dann sah ich das Wort IBAN und das Wort BIC. Sie hatte mir tatsächlich ihre Kontonummer geschickt. Ich saß mit offenem Mund da und staunte. Ich atmete tief durch. Was immer geschehen sollte. Ich wollte vertrauen. Atmen. Atmen. Plötzlich klingelte das Telefon in meiner Hand. Die Nummer auf dem Display kam mir bekannt vor, auch wenn kein Name angezeigt wurde.

„Hallo?"

„Hallo, Yüksel hier, Autowerkstatt."

„Ah, hallo Yüksel."

„Habe Getriebe, Leon. Kriege Montag von meine Vetter von Schrott, baue ich das Dienstag dir ein."

„Ah. O. k."

„Twingo gute lila Auto? Fährt?"

„Ja, fährt."

„Willst du kaufen, wenn neues Getriebe bei dir nicht geht?"

„Äh. Nein."

„Ist gut, Montag telefonieren, dein Auto Dienstag fertig. Oder Mittwoch. Spätestens Donnerstag. Sonst Freitag."

„Alles klar. Danke."

„Tschüss."

„Tschüss."

Ich ließ mich aufs Bett sinken und schmunzelte. Falls ich den Passat jemals in diesem Leben fahrbereit zurückbekommen würde, sollte ich die langweilige Karre einfach verkaufen und mir endlich ein Auto besorgen, das zu mir passte. Irgendeinen Oldtimer. Davon hatte ich schon als Jugendlicher geträumt. Ich stellte mir vor, wie schön es sein müsste, in einem Auto herumzufahren, das mindestens so alt war wie ich – und dabei laut all die Musik zu hören, die in meinem Wohnzimmer erklungen war, als Gott mich besuchte.

In eben der Sekunde, als ich dieser Fantasie nachhing, erklang Klaviermusik. Sie kam von unten, aber sicher nicht aus der Stereoanlage. Es war ein echtes Klavier, das spielte. Mein Klavier. Ich sprang vom Bett auf, hastete die Treppe hinunter und hüpfte von dort mit einem großen Satz auf die Schwelle des Wohnzimmers. Sundance. Er saß am Klavier und spielte eine zauberhafte, all meine Sinne berührende Melodie. Ich spürte Freudentränen, ging auf ihn zu, blieb still hinter ihm stehen und lauschte den himmlischen Klängen. Nach einer kurzen Weile hörte er auf zu spielen, stand auf und drehte sich zu mir um. Er strahlte mich an.

„Schluck Champagner?"

Ich suchte nach Worten.

„Ich hab gar keinen", fand ich welche.

„Aber ich."

Neben dem Klavier stand die kleine Reisetasche, die er schon bei unserer allerersten Begegnung dabeigehabt hatte. Sie schien fast leer zu sein. Keine Zahnbürste. Keine Kulturtasche. Keine Klamotten. Er trug immer noch den anthrazitfarbenen Maßanzug mit dem schwarzen Einstecktuch, dazu das gestärkte weiße Hemd, die zurückgekämmten, dichten weißen Haare – er sah unwirklich gut aus. Der einzige Tascheninhalt war offenbar die Flasche Champagner, die er nun hervorholte.

Ich ging in die Küche und holte zwei Gläser. Im Wohnzimmer knallte ein Korken. Einen Sekundenbruchteil später hörte man lautes Splittern von Fensterglas und ein „Hoppla" von Sundance. Ich kam zurück und rechnete fest mit dem Anblick einer vom Korken zerschossenen Scheibe. Aber alles war heil. Natürlich. Er lächelte mich verschmitzt an.

„Nichts passiert."

Ich lächelte ebenfalls und stellte die Gläser aufs Klavier. Er schenkte ein und wir stießen an.

„Auf das Leben", sagte er.

„Auf das Leben", wiederholte ich.

Wir stellten die Gläser auf dem Klavier ab.

„Ich hatte befürchtet, dass du nicht zurückkommst", sagte ich leise.

„Ich brauche meinen Namen doch noch, Leon", sagte er, nun mit ernstem Tonfall.

Ich schaute ihn an. Die letzten Tage liefen vor meinem geistigen Auge als Höchstgeschwindigkeitswiederholung ab. So viele Bilder, so viele Details, Gesprächsfetzen, poetische Sonnengemäldemomente, Melissa, Schatten, Dunkelheit, Veränderung, Musik. Helena. Plötzlich war ich nur noch bei ihr, bei Helena, spürte meine überfließende Liebe für sie, fühlte die berauschende Energie von gestern Nacht, die Wogen des Meeres, die Verbindung unserer Seelen, die ganzheitliche Erregung unseres Körper. Es war wie ein reißender Fluss, der aus seiner wilden Bewegung jäh zum Stillstand kam.

Sundance und ich standen uns gegenüber, still wie die Zeit. Wir schauten uns an.

„Deine Frau", begann ich zögerlich und mit Ehrfurcht in der Stimme. „Du selbst bist sie, oder?"

Gott lachte schallend.

„Du weißt die Antwort, mein Freund. Du weißt meinen Namen."

Er machte zwei Schritte auf mich zu und legte seine beiden Hände auf meine Schultern. Seine blauen Augen leuchteten mich an wie die schönsten Sterne. Der Zauber allen Lebens strahlte aus ihnen. Der ganze menschliche Körper, den zu bewohnen er gewählt hatte, leuchtete. Als sei es normal. Als sei es selbstverständlich. Und das war es ja auch. Eigentlich. Vielleicht. Deshalb wirkte es so subtil. Dieses Licht, das ihn einhüllte, blendete nicht. Es knallte nicht wie vorhin der Korken. Das

Leuchten war sanft. Es war ganz still. Es war wunderschön. Es berührte mich wie eine Taufe mit warmem Liebesöl, mit dem nun sein barmherziger Blick sanft meine Seele benetzte.

Er lehnte sich vor, als wolle er seinen Kopf an meine Schulter legen.

„Und nun tauf auch du mich, Leon."

Ich flüsterte ihm ins Ohr.

Die Liebenden.

Er hielt inne. Ich hörte nur seinen Atem. Er nickte und gab mir einen Kuss auf die Wange.

„Wie unbeschreiblich schön es klingen wird, wenn er in allen Sprachen dieser Welt ertönt", sagte er ergriffen. Dann begann er seinen Namen melodisch in Hunderten von Sprachen zu sprechen, es klang wie ein Mönchsgesang, ein Mantra, ja, er sang, er sang so wundervoll, es klang wie schönste himmlische Musik:

LES AiMANTS

LOS CARiÑOSOS

LYUBYASHCHiYE

ALMAHABA

WALE WENYE UPENDO

TOUS AGAPiMÉNOUS

DiE GELiEFDES

MAiTEKORRA DiRENAK

Ài DE RÉN

DE KÆRLiGE

LA AMANTOJ

ANG MGA MAPAGMAHALLJUBAVi

NĀ MEA ALOHA

PYAAR KARANE VAALE LOG

YANG PENUH CiNTA

HiNiR ELSKANDi

ANPULLAVARKAL

TE HUNGA AROHA

GLi AFFETTUOSi

NA DAOiNE GRÀDHACH

AWON Ti O FERÀN

SEVGi DOLU OLANLAR

PREMAMAYA BEŚī

WEDAJOCHi

L 'AMURi

THE LOVERS

Als sein Gesang endete, legte sich eine lange seidige Stille in den Raum. Er hielt die Augen noch einen Moment geschlossen. Beim Singen hatte er die Hände gehoben, war ganz in sich selbst versunken. So verharrte er noch einen Moment in einer heiligen Stille, die ihm allein gehörte.

Dann öffnete er die Augen und ließ Arme und Hände herabsinken.

„Niemand wird in diesem Namen Krieg führen können, um jemanden zu unterdrücken, um jemanden auszugrenzen, um damit Macht zu erringen, die ihm nicht zusteht. Niemand wird unter dem Banner dieses Namens Gewalt ausüben können. Ich danke dir, Leon."

Ich spürte einen Riesenkloß in meinem Hals, schluckte, spürte wieder Tränen.

„Du dankst mir?"

Er sah mich an und nickte.

„Ja. Ich danke dir aus tiefstem Herzen, mit allem, was ich bin."

Ich sprach es nicht aus, aber natürlich dankte alles in mir ihm. Er hätte sein Ziel auch mit jeder anderen menschlichen Seele erreicht, die persönlich zu begleiten er sich ausgesucht hätte. Doch er gab mir mit diesem Moment das Gefühl, auf unaussprechliche Weise wertvoll zu sein. Es war nie zuvor geschehen. Wertvoll. Wir alle, jedes atmende Wesen, jeder Baum, jedes Tier, jeder Fisch, jede Schnecke, jeder Mensch. Geliebt und wertvoll.

Er musste meine Worte wieder nicht hören, um zu verstehen.

„Es wird in deinem gesamten Leben niemanden geben, der für dich je von größerem Wert sein könnte als du."

Äußerlich blieb ich ruhig, innerlich bebte ich.

„Nicht mal du?", sagte ich mit zitternder Stimme.

„Die Liebenden", sagte er ganz ruhig. „Wir sind eins. Ich bin in dir. Wenn du mich liebst, liebst du dich. Wenn du dich liebst, liebst du andere. Wenn du andere liebst, finden sie den Weg zu mir in sich. Wenn sie mich finden, finden sie den Mut, sich selbst zu lieben. Wer liebt, wird mich erkennen. In diesen Worten liegt das Heil der Welt. Wenn die Liebe dich berührt, willst du auf ewig in ihr sein."

Er hielt kurz inne.

„Ich werde bei dir sein, Leon."

Dann umarmte er mich, legte seine Hände erneut auf meine Schultern und sah mich an. Ich wusste, dass unser Abschied unmittelbar bevorstand. Gleich würde er gehen. Trotz seiner wunderbaren Worte war es fast unmöglich, es zu akzeptieren.

„Wenn ich einen Weg finde, deinen Namen weiterzusagen", zögerte ich. „Werde ich dann so 'ne Art Überbringer der ultimativen Wahrheit sein? Und am Ende hingerichtet auf irgendeiner Schlachtbank enden?"

„Das wird absolut nicht nötig sein", lachte er. „In der Liebe ist Gnade, in ihr ist Freiheit für alle Seelen, die bereit sind zu empfangen. Natürlich werden viele Menschen das furchtbar lächerlich finden. Sie werden euch ein großes Aber entgegenhalten. Du weißt ja selbst aus Erfahrung, wie der Verstand so redet, nicht wahr?"

Er lachte kurz.

„Diese Seelen kannst du in den Gräbern ausruhen lassen, in die sie sich ängstlich gelegt haben, bis ihre Holzkisten eines Tages von Händen geöffnet werden, die nicht deine sind." Er lachte wieder, weil er wusste, dass alle Wege unweigerlich zu ihm führten.

„Kommt mir vor, als würde ich auch das Innenleben dieser Schlafplätze aus eigener Erfahrung kennen", sagte ich.

Er nickte wieder.

„Diese Erfahrung wird ein hübscher Schutz gegen Hochnäsigkeit sein", lachte er weiter, dann wurde er wieder ernst: „Niemand wird durch die Liebe der Liebenden jemals bedroht oder gezwungen sein. Das ist unmöglich. Lass geschehen, was geschieht."

„Die Aufgabe kommt mir trotzdem ziemlich gewaltig vor", sagte ich und wollte hinzufügen, dass ich diese Worte gern für Helena und mich gemeinsam gesagt wissen wollte.

„Wer hat eigentlich behauptet, dass ihr die Einzigen seid, die ich besucht habe?"

Er hatte es wieder geschafft. Ich war perplex. Ja. Ob es stimmte oder nicht. Wer verflixt noch mal hatte das eigentlich behauptet.

Der Abschied

Mein Handy piepte. Sms von Helena. Ich öffnete die Nachricht und las.

„Helena ist auf dem Weg. Sie wird in einer Viertelstunde hier sein. Kannst du noch bleiben?", sagte ich.

„Bitte", schob ich nach.

Er bückte sich und hob die leere kleine Reisetasche auf, die immer noch neben dem Klavier stand und aus der er vorhin die Champagner-Flasche hervorgeholt hatte.

„Ich muss gehen, Leon", sagte er.

Ich ging auf ihn zu, verharrte kurz.

Dann ließ ich mich wie ein Kind in seine Arme fallen.

Die Arme eines Vaters, den ich nie gekannt hatte.

Die Arme einer Mutter, die ich nie gekannt hatte.

„Es ist vollbracht", flüsterte er. „Ich liebe dich, mein Sohn. Vergiss es nie. Ich liebe dich."

Wir hielten uns umarmt. Dann ließ er mich los und ging in Richtung Haustür.

Er öffnete sie, ging hinaus. Ich blieb in der Tür stehen.

„Auf Wiedersehen, Leon", sagte er und verneigte sich leicht.

„Auf Wiedersehen … Liebende", sagte ich mit bebender Stimme.

Er machte ein paar Schritte, stand nun mitten auf dem kleinen wild bewachsenen Platz vor meinem Häuschen.

„Und auf Wiedersehen, Sundance!" rief ich ihm hinterher.

Er lachte. Ein letzter Blick seiner Wunderaugen. Dann war er plötzlich weg. Ich schaute nach links, nach rechts, nach oben und unten. Wo war er hin? Er war nicht zum Himmel aufgefahren, er hatte sich nicht in Luft aufgelöst, da war kein märchenhaftes Kristallflirren und -rieseln, kein dumpfes oder helles Geräusch, kein Laut, kein Zischen, kein Blitz, kein Donner, nichts.

Er war einfach weg.

Einfach weg.

Ich versuchte mich zu sammeln, lehnte mich mit dem Rücken an den Türrahmen, ließ mich hinabsinken und blieb stumm auf der Schwelle sitzen. Nach ein paar Minuten hörte ich nahende Motorengeräusche. Ein Auto. Helena. Ich sprang auf, lief die paar Meter zur Auffahrt, ihr und ihrem sanften, eleganten Lächeln entgegen, öffnete ihre Tür, bevor sie den Motor ausgemacht hatte. Lancaster sprang mir wedelnd entgegen. Helena strahlte mich an, ich versank sofort in den Tiefen ihres wissenden Blicks. Wir umarmten uns, küssten uns wieder. Als wir uns voneinander lösten, ließ sie ihren Blick durch meinen wilden Vorgarten Richtung Eingangstür meines kleinen Heims schweifen. Ich stand mit dem Rücken zum Haus, konnte nicht sehen, was sie sah. Ich schaute ihr nur in die Augen, sie staunte mit offenem Mund an mir vorbei in Richtung des Hauses.

„Was ist?", sagte ich.

„Dafür, dass fast Oktober ist, blühen bei dir aber ganz schön viele exotische Blumen", verwunderte sie sich.

Ich drehte mich langsam um. Der ganze Eingangsbereich, das kleine wilde Gärtchen, die Fenster, die Regenrinne, das Dach. Alles war übersät und überzogen mit den wundervollsten Blumen völlig unbekannter Sorten in allen denkbaren und undenkbaren Farben. Blau, Rosa, Rot, Weiß, Gelb, Orange, Violett, alles prunkvoll von blühenden, efeuhaften Ranken verziert und umrahmt. Eine unwirkliche, paradiesische Pracht.

„Wow", sagte ich.

„Sehr wow", sagte Helena.

Wir standen einen Moment wortlos da. Dann lachten wir und umarmten uns erneut. Ich bat sie herein, kaum waren wir im Flur angelangt, küssten wir uns wieder.

„Wenn das so weitergeht, werden wir aber nicht viel zum Reden kommen", sagte sie.

„Reden wird eigentlich auch ziemlich überschätzt", sagte ich und wir beide begannen zu kichern.

Die Tür stand noch offen.

Aus dem Gebüsch vor der Tür war plötzlich ein Rascheln zu hören.

Wir hörten es beide, gingen zurück zum Eingang.

Vor uns stand Schwarze Socke.

Helena und ich schauten uns verwundert an.

Ich war fassungslos. Helena nicht.

„Hab ich ja gesagt. Ich glaube, er ist doch *dein* Hund", sagte sie.

„Wo, zum Henker, kommst du her, Schwarze Socke?", lachte ich ihn an, kniete mich vor ihn und öffnete die Arme.

Er wedelte, hüpfte fröhlich um mich herum und setzte sich zwischendurch halb auf meinen Schoß. Dann schoss er wieder los. Lancaster fing nun ebenfalls an herumzutoben. Anscheinend hatten sich die beiden gesucht und gefunden.

Es war, als wäre mit Helena das Glück gekommen, als hätte sie ein Wind begleitet, der soeben die Wände meines Lebens mit frischen Farben bemalte.

Wir gingen ins Haus. Die Hunde folgten uns. Schwarze Socke wirkte nun etwas müde. Er tapste ins Wohnzimmer und legte sich dort direkt vor den Polstersessel. Er schaute uns noch kurz an, wedelte noch einmal, dann legte er seinen Kopf flach auf den Holzboden, schloss genussvoll und friedlich die Augen und schlief ein.

„Wie hat er das bloß …? Er hat wohl einen längeren Fußmarsch hinter sich", sagte ich.

Helena nickte.

„Nun ist er zu Hause", sagte ich leise. „Genau wie ich."

Ich ließ mich auf den Fußboden sinken.

Lancaster nahm nun ebenfalls Platz, nur einen halben Meter von Schwarze Socke entfernt.

Helena setzte sich neben mich und nahm meine Hand. Wir betrachteten die Hunde.

„Wie heißt er?", fragte Helena.

„Sundance", sagte ich.

„Sehr gute Wahl."

Sie schaute mich an, lächelte zärtlich und erzählte mir mit ihren Blicken wieder schweigend von den Geheimnissen des Universums. Minutenlang blieben wir so sitzen. Es gab so viele Worte, die wir auf unserer Reise durch die Zeit noch machen würden, obwohl wir vielleicht auch kein einziges von ihnen machen mussten.

Wir verbrachten die nächsten Stunden in einem Raum aus Frieden. Wir redeten, wir berührten uns, feierten still, dass unseren Seelen Unaussprechliches geschehen war.

„Lass uns ein Gebet sein", sagte Helena in einem unserer sprachlosen Momente.

Ich musste daran denken, dass Sundance die Tränen eines traurigen Herzens zum wirkungsvollsten Gebet erklärt hatte. Ich teilte den Gedanken mit ihr.

„Ich weiß", sagte sie. „So hat er auch zu mir gesprochen. Aber ich glaube, er hat uns gelehrt, dass es etwas gibt, das die Kraft eines traurigen Herzens übersteigt, weil es jeden Schmerz zu lindern in der Lage ist."

„Ja", sagte ich leise.

„Lass uns nur Liebende sein."

Sie umarmte mich.

Wir schwiegen.

* * *

Nach wenigen zauberhaften Stunden war Helena gegangen, um Renée rechtzeitig abzuholen. Wir hatten uns für den nächsten Tag zum gemeinsamen Kochen und Essen verabredet. Sie würde wieder zu mir kommen und hatte mir zum Abschied das Versprechen abgenommen, ihr dann etwas auf dem Klavier vorzuspielen. Dann hatte sie mich geküsst und ich hatte wieder das Meer gespürt. Ich freute mich unbändig auf sie.

Als sie gegangen war, ging ich leise ins Wohnzimmer. Sundance lag immer noch vor dem Polstersessel und schlief wie ein Stein. Ich beugte mich vorsichtig zu ihm runter, kniete mich schließlich neben ihn und streichelte sanft über sein Fell.

„Du bist da", sagte ich. „Ich weiß, du bist da."

Ich machte leise Musik an, schenkte mir den letzten Schluck Champagner ein, den die Liebenden, Helena und ich übrig gelassen hatten, und blieb eine Weile im Wohnzimmer sitzen.

Ich dachte darüber nach, Melissa einen Brief zu schreiben, verwarf den Gedanken aber gleich wieder. *Vertrauen*, dachte ich. Ja. Was auch immer noch geschehen, mir noch begegnen würde. Der Fluss des Lebens. Vertrauen.

Es war dunkel geworden. Ich hatte ein Feuer im Ofen angemacht. Ein paar Kerzen brannten.

Nun war es fast Mitternacht.

Helena hatte mir um halb elf zwei Nachrichten zur Nacht geschickt. Sie schrieb, sie sei müde. Und glücklich. Es ging ihr wie mir. Nachdem ich lange und heiß geduscht hatte, sank ich auf mein Bett. Sundance war zwischenzeitlich erwacht, war die Treppe heraufgeschlichen, hatte direkt vor meinem Schlaflager Platz genommen und war sofort wieder eingenickt.

Das Telefon klingelte.

Wer würde mich jetzt noch anrufen?

„Hallo?", sagte ich erschöpft.

„Hallo?", sagte eine fremde Frauenstimme zögerlich.

Ich hörte sie atmen.

„Hallo?"

Nichts. Nur ein Hauchen. Atem.

„Wer ist da?", fragte ich in die Stille.

„Leon?", sagte die Stimme vorsichtig.

„Ja?"

„Du kennst mich nicht."

Eine sanfte, betagte Frauenstimme sprach. Sie klang zurückhaltend, leise, nervös. Als würde ihr gleich das Herz aus dem Leib springen wollen.

„Wer ist da? Woher kennen Sie mich?"

„Ich bin deine Mutter", sagte sie.

Eine Pause. Eine Welt ohne Gedanken.

Eine in zwei Teile zerbrochene Vase, deren Hälften sich in Zeitlupe neu zu verbinden suchten.

Atmen am anderen Ende der Leitung.

„Deine leibliche Mutter. Leon… ich musste dich weggeben. Es war nicht meine Schuld." Dann machte sie eine erneute Pause. Ich war vollkommen unfähig zu sprechen. Ich war auch unfähig zu denken. Mir war, als würde ich in einer gewaltigen Implosion in Millionen Teilchen zerbersten, mich vollkommen auflösen, und würde sogleich, innerhalb von Sekundenbruchteilen, neu zusammengesetzt werden.

Mein Leben zog sich ein anderes Kleid an. Das Universum war aus Nichts, dann plötzlich seidige Fülle. Tränen flossen und trockneten. Alles geschah in einem einzigen Augenblick.

Es duftete nach den wundervollsten Blumen.

Leben und Tod gaben sich die Hand, lächelten sich an, begannen zu himmlischer Musik zu schwelgen.

„Doch", verbesserte sie sich nach einem Zögern. „Es war meine Schuld. Ich möchte… verzeih mir… wenn es möglich ist, dann möchte ich es dir so gern erklären."

Ich wollte tausend Sachen auf einmal sagen, aber ich brachte vor Rührung kein Wort heraus. Sekunden vergingen, vielleicht waren es auch Stunden, vielleicht war es auch ein ganzes Leben.

„Bist du noch da, Leon?", sagte sie vorsichtig.

„Mutter?", sagte ich fast tonlos und hielt mühsam die Tränen zurück, die seit Ewigkeiten darauf warteten, freigelassen zu werden.

„Ja?", fragte sie leise.

„Magst du Chopin?"

Stille. Auf der ganzen Welt kein Laut.

„Ich liebe Chopin", sagte sie.

Und meine Tränen begannen zu fließen. Und ich ließ sie. Ich ließ sie alle frei. Mochten sie Teil des Flusses werden, aus dem sie geboren waren, in dem sie nun endlich Heimat fanden, mit dem sie eins waren, seit die Quelle allen Seins den wilden Lauf des Stroms freigegeben hatte. Mochten sie in ihm schwimmen, umhertreiben bis zum Rand aller Zeiten, bis ein gewaltiger Wasserfall sie mit allem, was je gewesen war, mit allem, was jemals sein würde, in die bodenlosen Tiefen der Ewigkeit ergoss.

JENS BÖTTCHER,
geboren 1966, ist Musiker, Schriftsteller und Überlebenskünstler. Als
TV-Autor schreibt er u. a. für die mehrfach mit dem Grimme-Preis
ausgezeichnete Satiresendung *extra3* und steht selbst als Gastgeber
des Talkformats *Tiefsehtauchen* vor der Kamera.

Der feinsinnige Poet und nachdenkliche Freigeist lebt, singt, sin-
niert und schreibt im schönen Rosengarten vor den Toren von Ham-
burg.

Mehr über den vielseitigen und vielschichtigen Künstler und über
seine Veranstaltungen kann man erfahren unter:
www.jensboettcher.net.

© 2019 adeo Verlag
in der Gerth Medien GmbH, Dillerberg 1, 35614 Asslar

1. Auflage März 2019
Best.-Nr. 835220
ISBN 978-3-86334-220-3

Autorenfoto S. 285: Hanne Moschkowitz:
Umschlaggestaltung: spoondesign.de | Olaf Johannson
Umschlagmotiv: Nevena Radonja · Taigi / Shutterstock
Satz: Uhl + Massopust, Aalen
Druck und Verarbeitung: GGP Media GmbH, Pößneck
Printed in Germany

www.adeo-verlag.de